アフリカ 希望の大陸

11億人のエネルギーと創造性

ダヨ・オロパデ［著］　松本裕［訳］

英治出版

アフリカ
希望の大陸

11億人のエネルギーと創造性

THE BRIGHT CONTINENT
Breaking Rules and Making Change in Modern Africa
by
Dayo Olopade

Published by special arrangement
with Houghton Mifflin Harcourt Publishing Company
through Tuttle-Mori Agency, Inc., Tokyo

アフリカ　希望の大陸——目次

架空の地図を本物だと信じて使う者は、地図をまったく持たない者よりも道に迷う可能性が高い。

——経済学者　エルンスト・フリードリッヒ・シューマッハー

エクス・アフリカ・センペル・アリクイド・ノヴィ
（アフリカでは日々新しきものが見出される）
——古代ローマの博物学者　プリニウス

A New Map of Africa

第1章
方向感覚
なぜアフリカの新しい地図が必要なのか

「誰かに聞けばわかる」

　ナイル川が発見されるまでには、二〇〇〇年もの歳月が必要だった。もっとも、それを発見と考えるのはおかしな話だ。ウガンダ東部からエジプトの広大なデルタ地帯まで伸びるその穏やかな流れは、人類が存在する前からずっとそこにあったのだから。にもかかわらず、アフリカに最初に足を踏み入れた海外特派員たち（つまりヨーロッパから来た白人）は、この川の水源から河口までの地図を描こうという、驚くべき競争に夢中になった。アフリカの水路をたどって密林へと分け入る彼らの旅の物語は、一八五〇年代のロンドンやブリュッセル、ニューヨークの新聞社へと送られた。エチオピアで未知の部族に遭遇したことやアフリカ中部の奥地の湖へ無事たどり着いたことを報告しながら、彼らはアフリカについて仰々しい文章を書くという伝統の基礎を築いていったのだ。「暗黒大陸」という言葉を生み出したのは、コンゴの旅について一八七八年に記したヘンリー・モートン・スタンリーだ。

　アフリカが「暗黒」だという誤解は、西暦紀元前にすでに始まっていた。ヘロドトスが西暦紀元前五世紀に描いたアフリカの地図は、この文明のゆりかごをほんの付け足しのようにしか描写していない（のちのメルカトル図法でも、アフリカを文字通り過小評価して小さく描いている）。ヘロドトスはこう書いた。「人類がアフリカとアジアとヨーロッパを現在のように分けたこと自体に唖然としている。その分け方が非常に不公平だからである。ヨーロッパは他の二大陸の長さ全体を

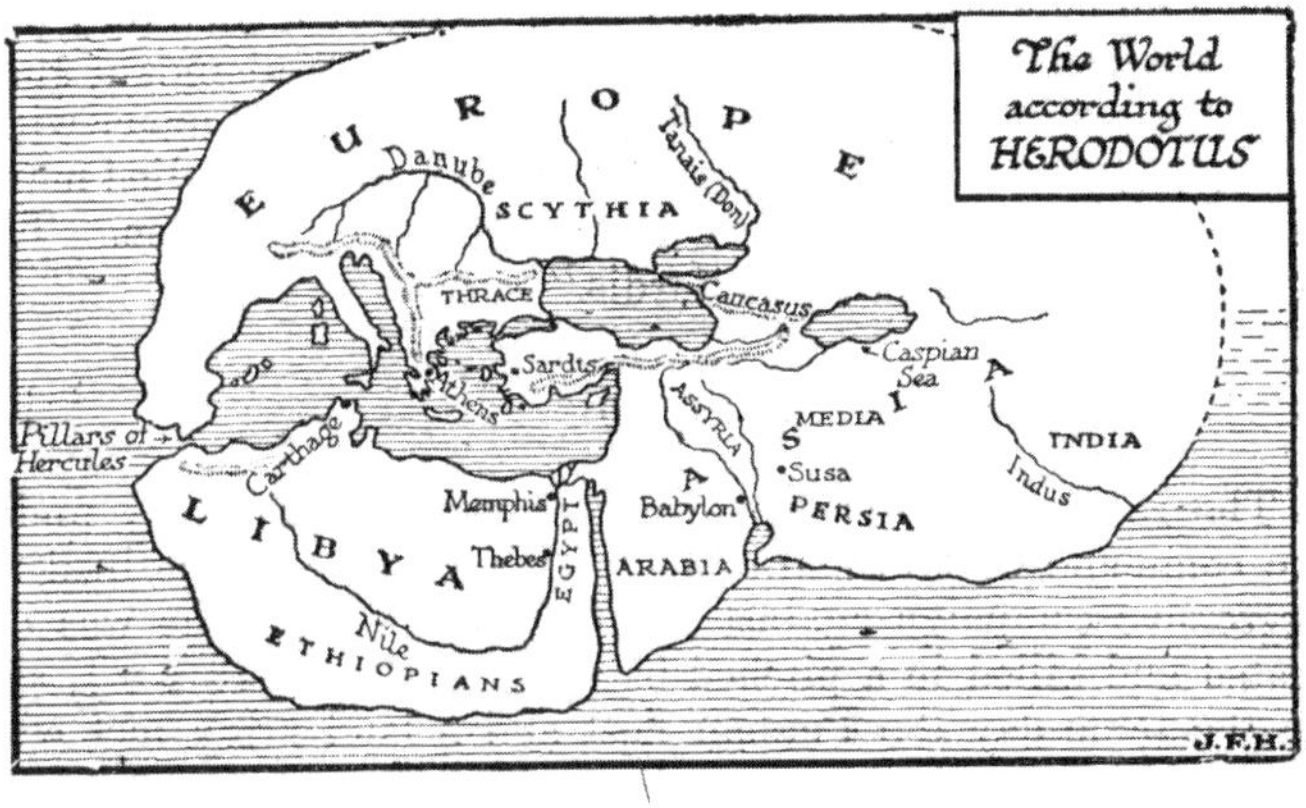

西暦紀元前５世紀に、ヘロドトスは自らの知識に基づいて世界地図を描いた。（出典 David Rumsey Map Collection, www.davidrumesy.com）

上回るほどで、その奥行きにいたっては（私の見解では）比較にすらならないほど深い」

その後一〇〇〇年にわたって、北へ向かって流れる川の謎はヨーロッパの地図製作者たちを悩ませ続けた。ディオゲネスというギリシャの商人が、ナイルの水源は「ヌビア」の奥地、いわゆる「月の山脈」の合間にあるという噂を広めたりもしている。アフリカ大陸の西岸で交易が盛んになると、すでに知られていた部族や目印となる建造物などは、一八世紀ヨーロッパの商業学校で教えられる精巧な筆致で地図に描きこまれた。だが、世界最長の川が伝説の「月の山脈」ではなくビクトリア湖から始まっていることをジョン・ハニング・スピークという探検家が「発見」するのは、それからしばらく経った一八五八年のことだった。

白ナイルの水源が発見されたという知らせがヨーロッパ中をさざなみのように伝わっていく中、エチオピア駐在のイギリス領事Ｒ・Ｅ・チーズマン少佐がこのように述べている。「これほど有名な川が……これほど長い間無視されてきたという事実は、信じがたい」。ヘロドトスと同様、チーズマンもヨーロッパ人の文化的偏見を露呈してしまった。なにしろ、ナイルはサハラの北と南を結んで言語や気候の橋渡しをし、モーゼの時代から何百万もの人々を養い、運んできたのだ。スピークがナイルを探検したころ、ナイルの水源近くで生活し、交易をおこなっていた人の数は三〇〇万近かった。探検家たちも血眼になって探すより先に、地元の住民に水源がどこにあるか聞けばよかったのかもしれない。きっと教えてくれただろう。「ここだよ」と。

このナイルの源流を探す旅は、非効率だっただけではない。現代アフリカの歴史を動かしてきた力学を象徴している。何世紀にもわたる接触（主に奴隷貿易による）にもかかわらず、ヨーロッパ人は、その無知と尊大さで、アフリカを底知れぬ未知の大陸――小説家ジョゼフ・コンラッドが呼ぶところの「闇の奥」――と捉えてきたのだ。

ポルトガルとフランス、イギリス、ドイツを中心としたヨーロッパ勢力が自分たちの解釈で描いた地図を使い、勝手に国境線を引いてアフリカを切り分けようと決めたのも、この尊大さの産物であったわけだ。一八八四年のベルリン会議で、彼らは大陸にそれまで一切存在しなかった国境線を引き、タバコからピーナッツから黄金（その後まもなくして石油も）まで、さまざまな天然資源を奪い合った。以来この国境線は、外国からの認識とアフリカの現実との間に横たわる埋めがたい溝であり続けている。

その後一世紀以上経って、グーグルが誕生する。二〇〇七年以降、このアメリカの巨大ＩＴ企業はガーナやケニア、ナイジェリア、セネガル、南アフリカ、ウガンダに支店を開設し、世界一使われているこのアメリカ製アプリにアフリカの情報を取りこみ始めた。中でも、地図は最優先事項だった。グーグルのデジタル地図製作チームが大陸中に散り、アフリカの街や通りをワールド・ワイド・ウェブという織物の中に織りこんでいった。アメリカ人たちは金に糸目をつけず、カメラを搭載した真っ赤なプリウスで南アフリカ中の都市を駆けめぐり、グーグルのストリートビュー用の画像を撮影しまくって、どうにか二〇一〇年のＦＩＦＡワールドカップ南アフリカ大会に間に合わせた。

ナイルの水源を探したかつての地理学者たちと同様、現代のグーグルマップ作成者たちも方向感覚に関しては欧米の考え方を持ちこんだ。だがアフリカで道を聞いたことのある人ならわかるだろうが、この大陸では欧米とは異なる種類の方向感覚が使われている。先進国では、かわいらしい女性の合成音声がわかりやすい指示で指定の番地まで案内してくれるかもしれない。だがアフリカでは、こんな感じになる。

タスキスの交差点のほうから来てるんだったら、ずっとランガタ通りのまま、ランガタ通りの「カーニヴォア」に入る道を通り過ぎるまで走っていくんだ。そのあと、最初に出てくる右に曲がる道でランガタ通りを離れる。ランガタ通りを〇・五秒くらい行ったら、「ラフィキズ」の隣にあるガソリンスタンドのすぐ手前で左に曲がる。その道を三〇秒行って、右手に「サイズ・ランガタ」が見えたら、その左に入るんだ。

混乱しただろうか？　これは私が本書の執筆中に暮らしていたケニアの首都ナイロビで実際に聞いた、典型的な道案内だ。もちろん、ナイロビをはじめとしてアフリカの多くの都市では通りや地区には正式な名前があるし、建物にも番地がついている。だがナイロビのようにもっとも国際的な都市であっても、住所はたいてい無視される。

地元の住民は道案内の強力な手段として会社や看板、バス停、美容院を活用している。時間や相対的な距離、自分を中心に見た方向（右や左）、共通の知識に依存した方法をとるのだ。北スーダンの首都ハルツームでは、特に目立つ目印のひとつが、かつて中国料理店の入っていたビルだった。そのビルが修繕中だった半年間、私は当時住んでいた家への道案内を、道に開いた特に大きな穴ぼこを基準に伝えていた。だが最終的には「誰かに聞いて」と言うこともしょっちゅうだった。

人類学者なら、ナイロビの通りを「ハイコンテクスト（訳注：実際に言葉として表現した内容よりも、言葉で表現していないのに相手に理解される内容のほうが多い表現方法）」と呼ぶだろう。そのような道案内は、中央集権型のシステムが存在しなかった時代の遺物だ（そして今もそのシステムが存在しない場合が多い）。そして、ここでもっと重要なのは、A地点からB地点への道案内がハイコンテクストだったからと言って、B地点が存在しないというわけではない。ただ、普通とは別の地図が必要だというだけだ。

国連主催のミレニアム開発目標の採択 10 周年を祝うポスターのデザインコンペで優勝したのは、権力と貧困を合体させたデザインだった。（出典 Stefan Einarsson）

同じことが、現代のアフリカにも言える。道案内を標準化しようと苦労しているアメリカの大手ＩＴ企業でも、ビジネスチャンスを探しているブラジル人起業家でも、冒険を探し求めるフランス人観光客でも、人々の暮らしをよくしようとしている非営利組織でも、好奇心旺盛な世界の傍観者でも、サハラ砂漠の南側で営まれる暮らしを正しく記した地図はたぶん持っていないだろう。

実際、世界がほとんどアフリカのことを考えていないという事実が、私には不思議でならない。これは、時間と評価の両方の意味でだ。ナイジェリア系アメリカ人二世である私自身には、アフリカに注意を向けるべき個人的理由がある。だが、そういった事情がなくてもアフリカについて考えたときにその内容から学べることは非常に多いのだ。二〇一〇年に、ＨＩＶ感染対策から世界中の教育の質の改善まで、国際社会共通の八つの壮大な目標を掲げたミレニアム開発目標（ＭＤＧｓ）採択一〇周年を祝ったとき、国際連合はその記念として、ポスターのデザインコンペを企画した。優勝したデザインは、権力（主要八カ国の首脳たちの上半身）と貧困（難民キャンプで列に並ぶ若いアフリカ人たちの下半身）を合体させたものだった。このポスターはグラフィックデザインとしては気が利いているかもしれないが、そこにつけられたコピーには心が痛む。「世界中の指導者たちへ――私たちはまだ待っています」。貧しく、受け身なアフリカ人は欧米の行動に恩恵を受ける形でしか存在しない、という近代史で一番の大嘘を、国連の審査員たちは受け入れたことになる。

「開発」関係の本を読んだことがあるなら、そのような印象を受けたことはあるだろう。世間一般で対アフリカ援助の論理が議論されるようになってもなお、議論は「欧米」がどうすればもっと成果を上げられるかという点に集中している。開発業界でおなじみの論者たちは、G８の首脳から世界銀行の一般職員、果ては中央アフリカ共和国のような内陸国の首脳にいたるまで、いわゆる万人向けの対処法を提示するだけだ。経済成長を妨げる固定観念や問題について多くの人々が何十年もかけて検証しているが、ごく普通のアフリカ人たちが自ら前に進むためにすでにやっていることについては、めったに耳にしない。

本書は、その状況を変えるための本だ。一ジャーナリストとして、私は哲学者ルートヴィヒ・ウィトゲンシュタインの助言、「考えるな、見ろ！」に従っている。アフリカ大陸に必要なのは、想像だけでお決まりの対応をすることではなく、目と耳を向けることだ。店主や日雇い労働者、経営者、教育者など、アフリカに暮らす現実の人々の声を聞き、彼らの物語を伝えることに専心すれば、一度は隠れてしまった彼らの力強さに再び光が当たるのだ。

その物語はたとえば、歩いて仕事に行くという単純なものであったりする。あるとき、私は母と一緒にケニアからウガンダ行きの早朝便に乗ることになった。太陽が昇るよりも早く目をさまし、空港へ車で向かう途中、列をなして歩く人影が道の両側に見えてきた。「みんなどこへ行くのかしら?」と母が不思議がる。都心へ向かって流れていく人影は、行進する子どもも兵でもなければ蚊帳の配給を求める母親の列でもない。何千人というごく普通の人々が、仕事に向かっているのだった。アフリカでは何億もの人々が毎日夜明け前に目をさまし、家族を養うためにこうして歩いて通勤しているのだ。

秘密の庭園

本書を執筆していた間ほぼ毎日、私は自分が住むケニアの首都ナイロビの共同住宅の窓から、隣にある空き地で土を耕す女性、グラディス・ムウェンデの姿を目にしていた。厳密には、彼女にそのようなことをする権利はない。マチャコスという小さな町からナイロビに移り住んできたグラディスと夫のベンソン・ムサメ、そして六人の子どもたちは、私の家の窓から見える植民地時代から残る空き家に住みついた。石とタイルづくりで、上は一三歳から下は一〇カ月までの六人の子ども全員に行き渡るだけの部屋数がある二階建てのきれいな家だ。その家の全盛期がはるか昔に過ぎ去ったことを教えてくれるのは、穴の開いた窓と朽ちかけた木の装飾だけだった。

ケニア最大の都市のにぎやかな交差点に建つこの家で、この家族がアフリカの田舎暮らし――

グラディス・ムウェンデとベンソン・ムサメ、そして彼らの息子は、ナイロビで１エーカーの畑を耕す。８人家族の彼らはこの土地の所有権を持たないが、トウモロコシとマメ、サトウキビを育てている。

焚き火で料理をし、水を運び、ニワトリを育てる生活——を再現しているのは奇妙な光景だった。だが、問題は空き地のほうだ。勝手に土地の管理人を自任した一家は、大都会の畑をまるで、世界のコーヒーと紅茶と花を育てるアフリカ大地溝帯の大農園のように扱っていた。

春になると、一家はヤシとミモザの木が影を作るところは慎重に避けながら、トウモロコシを畑に植えた。夫のベンソンが警備員として働く間、歩ける子どもたちはグラディスを手伝ってトウモロコシやマメの種をまき、草をむしり、なんとサトウキビまで育てていた。雨期の間、私は取材メモをタイプし、国の開発政策について調べるかたわら、若芽が育つのを眺めた。夏の盛りには、トウモロコシは人の背丈を超える高さまで成長していた。一家は最初に収穫したトウモロコシの一部を焼いて、夕暮れどきに家路を急ぐ労働者に売った。私が夕食を作る時間帯には、売店代わりのバス停のあたりから、排気ガスにまじって焚き火の煙のにおいがしてきたものだ。だが基本的には自分たちが食べるために植え、生きるために食べるのさ、とグラディスは言った。

ミシェル・オバマ米大統領夫人も誇らしく思うことだろう。私は、一家のずぶとさに感服した。彼らは正式にはなんの権利もなく、支援も受けず、農業技術も持たないが、アフリカ中の何百万という自給自足農家と同じように、一エーカー（約四〇〇〇平米）の土地から価値を引き出す方法を見つけたのだ。彼らの静かな努力こそ、国連のポスターに直接反論する行動であり、アフリカの発展の道筋を大きく、楽しみな方向へと変えていく大胆な日和見主義のいい例だ。

彼らの行動は、我々がアフリカに対する判断をいかに誤りがちかを思い知らせてもくれる。満員のバスから転がり出たり、バイクタクシーを呼び止めたりする何千人もの通勤客たちは、この秘密の庭園に気づいていない。近所の住民にすれば、廃屋は目障りなだけだ。政府の政策立案者にしてみれば、一家は不法侵入者だ。私は窓から俯瞰で毎日目にしていたからこそ、その土地は実質的に一家の資産であると捉えることができたのだろう。

このような目につきにくい成功について人々に伝えることが、首脳たちが口にするような、アフリカの発展をかえって妨げてしまう重苦しい話に対抗する、私なりの最善の手段だ。そのために私は、ほかの多くの先達ナイジェリア人と同様、物書きという道を選んだ。物語は、欧米の新聞でほんの小さなコラムを埋めたり、ケーブルテレビのニュース番組で画面の下を横切るテロップで伝えられたりする、悲観的なニュースに対抗する力になってくれる。本書に記した物語の数々は、私が「形式的バイアス」と名づけたもの――廃屋は廃屋でしかなく、A地点からB地点にたどり着く方法は地図に描かれた正式な道路を通る以外にないという思いこみ――に対抗するものだ。

　国連などの国際機関、経済学者、人道活動家、私のようなジャーナリストなどは往々にして、歩いて通勤する人々や都会の空き地で育つ野菜、目印になる穴ぼこや雑貨店から目を背けがちだ。では何に目を向けているのかというと、アフリカの公式な組織と公式な解決策にばかり注目している。いくつ学校を作ったか？　去年何人の母親が死んだか？　選挙は公明正大におこなわれたか？

　つまるところ、私たちはからっぽの会場でパーティーを開いていただけだったのだ。世界がアフリカに対して長年抱いてきた印象には、大きな問題がいくつもある。そのうち最大の問題のひとつが、もっとも活発で本質的かつ経済的に重要な交流が、個人やばらばらの集団の間でおこなわれているにもかかわらず、世界は政府間または公式な組織間の交流のほうばかり重視してきたということだ。グラディスとベンソン夫婦のような非公式なやり方のほうが実は日々の暮らしを構成しているのだということに、私は気づいた。「開発」に関しても、こうした非公式なやり方のほうがもっと早く、もっと多くの、あるいはもっといい成果を上げられる場合もあるのだ。

　例として、騒乱にまで発展した二〇〇七年のケニアの大統領選挙後に立ち上げられた非営利のソフト開発組織、「ウシャヒディ」を見てみよう。民族という境界線で引き裂かれた現職のムワイ・キバキと対立候補のライラ・オディンガのそれぞれの支持者たちが、何週間にもわたって地方都市や主要都市でもみあった。約一二〇〇人の死者が出て、暴動によって家を失った人は三五万人を超えた。その間ずっと、テレビ局とラジオ局はその責務を果たしていなかった。通りで血が流れている間、退屈なバックグラウンドミュージックをひたすら流し続けていたのだ。身のすくむようなこの期間、アフリカでもっとも安定している民主主義国家のひとつが、混沌の淵を転げ落ちるかに見えた。

最初はブログで、次はメールで各地の情報が集まり始め、それからケニアの技術屋たちのチームが実際に集結し、市民が携帯電話を使って暴力行為を報告できるマッピングソフトを開発し始めた。スワヒリ語で「目撃者」を意味するこのソフト、「ウシャヒディ」を使って何千という地点から情報が共有され、リアルタイムで地域に特化した情報を取り込んだ地図が作り上げられたことで、秩序を回復して救援の手を差し伸べようという努力が加速していったのだ。

以来、ウシャヒディはさまざまな形を取って世界中に広がっていった。パレスチナのガザ地区での混乱を監視し、スーダンや南米での選挙を監視し、二〇〇九年には豚インフルエンザの蔓延を追跡し、アメリカではメキシコ湾原油流出事故で流れ出た石油を監視し、二〇一〇年にハイチを襲ったマグニチュード七・〇の地震では生存者の支援に役立った。ビル・クリントンとヒラリー・クリントン夫妻もこのウシャヒディの活動を称賛している。ケニアが二〇一三年に新大統領を選んだときは、ウシャヒディから派生した「ウチャグジ（「選挙」の意味）」が政府の対応と市民の行動に目を光らせた。

ナイジェリアで二〇一一年四月に選挙がおこなわれたときにも、ウシャヒディは活躍した。その一カ月間、私はナイジェリア最大の都市ラゴスで過ごしていた――不安いっぱいで。ケニアの二〇〇七年の選挙と同様、ナイジェリアの前回の選挙も詐欺と不正行為、票の数え間違い、開票の遅れなどで台無しになっていたからだ。次の投票日が近づくと、「リクレイム・ナイジャ（ナイジェリアを取り戻せ）」と呼ばれる市民社会団体が大陸の反対側にあるケニアに助けを求めた。その開発者たちが一貫して主張しているように、ウシャヒディのモデルは市民がリアルタイムで問題を報告しなければ機能しない。そのためには、正確に電話番号を伝える必要があるのだ。

　この共同プロジェクトを率いた直情型の活動家、ンゴジ・イウェレは、ナイジェリアで長年にわたってＨＩＶの予防などの医療関連のコミュニケーション戦略に取り組んできた人物だ。広報活動なら、どこから手をつければいいか彼女は確実にわかっている。テレビや新聞を使った大々的なキャンペーンを打ち出す代わりに、リクレイム・ナイジャは仕立屋や肉屋、車のバッテリー交換屋、家具職人、石工、整備士、美容師、露店商人、バイクタクシー運転手たちに協力を求めた。実は、多くの同業組合が定期的に集まっては支払いなどをすませるついでに、政治についておしゃべりしていたのだ。こうした組合に対して、イウェレたちは一般大衆向けのスローガンを伝えた。英語と現地語をないまぜにしたピジン英語で、そのスローガンはこう訴えた。「登録や投票のときにはっきりしない、あやしげ《マゴマゴ・ウルウル》な動きを見たら、リクレイム・ナイジャに報告しよう！」「あれは、私が見た中でもっとも見事なマーケティング戦略でした」と語るのは、ケニアからはるばるナイジェリアまでウシャヒディの展開を支援しにやってきた開発者の一人、リンダ・カマウだ。ナイジェリアで「オカダ」と呼ばれるバイクタクシーは、毎日何十人もの客を乗せて走る。投票箱が盗まれるような事件が起きたときに、ショートメールで報告するための電話番号を伝えるのに最適な場所だ（美容師たちは、さらにじっくりと客に情報を伝えた）。

オカダのドライバーはシンボルとしてはちょっと風変わりだが、内側から外に向かって働きかけるという、発展の新しい一面を代表している。これまでの海外からの介入は演繹《えんえき》的、つまり外から中に働きかける形だった。時間と予算を投資して「業界」の「利害関係者《ステークホルダー》」たちの「ネットワーク」を構築し、所定のメッセージを宣伝したり二元論的計画を実行したりしてきたのだ。多くの人々がヨーロッパ中心の地図作製者と同じように、もっと適応能力が高いだけでなく、無料で活用できる既存のプラットフォームを見落としていた。

本書では、サハラ以南アフリカのそのようなプラットフォーム――あるいは地図――を五つ見ていく。特に注目するのは植民地としての過去と比較的開発が遅れている現状が共通している、四五の地続きの国だ（北アフリカの国々はこの条件にあてはまらないので除く）。奴隷制度と帝国主義に、政府の弱い統治能力が組み合わさって、これらの国は同じような不満と似たようなチャンスに沸き立ってきた。東南アジアや中南米、東欧と比べても、アフリカはひどく過小評価されている地域でもある。私が紹介する「家族」、「テクノロジー」、「商業」、「自然」、そして「若さ」という五つの地図は、ブラック・アフリカを団結させて明るい未来を形作っていく個性的な仕組みを見せてくれる。

「家族」の地図は、必要不可欠な構成要素だ。私が旅した先はどこでも、社会的な人間関係が暮らしを定義し、向上させていた。この拡張された「家族」という現象は、政府によるセーフティネットが欠如している場合には特に有用となる。本書で紹介するように、アフリカの中に構築された横のつながりは命を救い、ビジネスを立ち上げ、暗闇を照らすことができるのだ。アフリカの家族には、厖大な数の海外移住組も含まれる。彼らも財政、イノベーション、そして影響力の面で重要な資産だ。

「テクノロジー」の地図はサハラ以南のアフリカで一番の隠し玉で、ニーズと才能が出合う刺激的な領域だ。インターネットと携帯電話の爆発的な普及は、サービスの提供、情報の拡散、経済成長のまったく新しい基礎を築き上げている。数えきれないほどの地方ベンチャーがこのグローバル化の波に乗って、合理的かつ驚異的な成果を上げているのだ。

「商業」の地図は、大小問わず市場についてのものだ。ここでは何百万人というアフリカ人消費者が生きていく基盤を見出し、発展のためのいままでにない策を編み出している。市場の力と人のニーズとを引き合わせるベンチャーは、まったく新しい形の資本主義そのものを作り出しているとまではいかないにしても、新しい形の発展手段を作り出していると言える。

「自然」の地図は、アフリカの圧倒的な地理的メリットである土と太陽、水、そして世界の東、西、北との歴史的なつながりに関するものだ。アフリカの資源という富が、石油や鉱物だけにとどまらないことはますます明白になってきている。実際、食糧生産とエネルギー消費、都市化の未来は、アフリカで形作られるのだから。アフリカには、地域の繁栄と地球環境のバランスを両立する、独自の態勢が整っている。

同様に、サハラ以南のアフリカは、驚くべき規模の「人口ボーナス（訳注：就労人口の増加によって経済発展にプラスの影響が得られること）」を誇る。ここは世界でもっとも年若い地域で、人口の七〇％が三〇歳未満なのだ。無垢な状態から力を得ていく何億という若者の存在は、いい方向にも悪い方向にも可能性を秘めている。「若者」の地図の基盤となるのは、私たち全員にとって未来を左右する、独創的な教育方法だ。

これから見ていくことだが、アフリカは資源と公的機関が豊富な土地だ――公平な目で見さえすれば。これらアフリカの非公式な地図は、同時に使うにしても、それぞれ使うにしても、政府や慈善活動、既存のNGO等の正式な仕組みよりも、強い生産力と影響力を生み出す。その力を発揮すれば、巧妙かつ効果的な方法で従来の開発活動に爆発的なエネルギーを与えられるはずだ。ただし、地図を読む際の基本原則通り、自分が今どこにいて、何を持っているかがちゃんとわかっていないと、これからどこに行こうとしていて、何が必要なのかはわからない。

世界は太っている

ここで、用語について一言。「開発」という表現が大嫌いな人間が、「開発」についての本を書くのはけっこう大変なものだ――私自身がそうなのだが。「開発」という言葉は、特定の国が何かに向かって「開発」を進めていて、そこに到達する道はひとつしかないということを示唆している。文中で「開発」という言葉を使いはするが、世界を「太っている（裕福である）」と「痩せている（貧しい）」という言葉で説明するのもわかりやすいのではないかと思う。*

＊資本の社会的利益を重視する投資会社アキュメン・ファンドのネイト・ローレルが、最初にこの区別を定義した。

「太っている」と「痩せている」という枠組みは、古くさい「第一世界」「第二世界」「第三世界」という言い方や、より新しい「グローバル・サウス」「グローバル・ノース」という言い方からは一歩離れた見方だ。昔は基本方位も好まれてきた（開発に関する本の多くが、貧しい国と「西側」を対置している）が、そのような方向感覚は今ではもう意味がない。ヨーロッパ中心の地図でさえ示していることだが、今世紀の経済エネルギーの大半は東方向にあるアジア亜大陸や、中南米の厖大な数の取引相手との間で発生しているのだ。「開発」と同様、「南北」という用語は、私たちを取り巻くこの世界をちゃんと理解する手助けにはなってくれない。

では、「太っている」経済とはどんなものなのか？　私が生まれた国、アメリカがそのひとつだ。経済協力開発機構（ＯＥＣＤ）に加盟している富裕国では、豊かさはあたりまえのことだ。物が大量にある状態が普通で、国民総所得（ＧＮＩ）は年間一人当たり約四万一一〇〇ドル。問題を解決すると言っても、衛生環境や予防接種、電化といった基本的問題とはかけ離れたものになる。当事者にとってはあまり慰めにならないかもしれないが、「太っている」経済では一番貧しい人でも、歴史的に見れば過去のどの時代の人類よりも快適な暮らしをしているはずだ。

もちろん、マイナス面もある。アメリカの肥満率は世界最悪だし、ほかにももっと比喩的な意味での「肥満」問題にも苦しんでいる。サブプライムローン問題、見返りを求める献金が蔓延する政治、甘すぎるがゆえに多くの問題を生む石油の蜜の味。ヨーロッパ、オーストラリア、韓国などの太った国も、やはり富の報酬を管理するのに苦労している。消費によって加速し、さざ波のように広がっていったここ一〇年の経済危機は、ＯＥＣＤ全体の慢心を暴く結果となった。これを受けた「緊縮」制作は、一部の太った国を今後何十年も続くであろう危機にさらしている。

一方、アフリカは「痩せて」いる。東・中央アジアの新興経済国とサハラ以南アフリカのほぼすべての国（国連はこれらの国を「後発開発途上国」と定義している）では、ＧＮＩの平均は年間一人当たりたったの一二〇〇ドルだ。このような痩せた国、特にアフリカでは、病気という重荷の負担がかなり違う。マラリア、ＨＩＶ／エイズ、そして出産は、アフリカ大陸では死因の上位を占めるのだ。私の両親の生まれ故郷であるナイジェリアも、衝撃的なほどの乳幼児死亡率、とどまるところを知らない失業率、毎月二六日間もの停電に悩まされている。

こうした問題の陰には、希望の兆しが多く隠れている。アフリカ人一人ひとりを個別に見てみると、食べ物は無駄にしないし、借金は少ないし、地域全体の二酸化炭素排出量は世界でも最低水準だ。そして無謀な世界市場からおおむね排除されてきたこともあって、アフリカは最悪の金融危機も回避することができた。これから見ていくように、アフリカのビジネスの多くはより効率的な運営を目指して、「痩せている」モデルを実務と財務の両方に適用している。世界が財政のスリム化に向けて着実にベルトを締めていくのであれば、目指すべきは「アフリカ」という印のついたベルト穴だ。

「痩せた」国と「太った」国の区別を分かりやすく説明するため、私はよくトイレの「音姫」を開発した日本の企業、ＴＯＴＯの話を引き合いに出す。いまや日本で数多くのトイレに取りつけられている「音姫」は、水洗の音をリアルに再現する機械だ。「音姫」が解決したのは比較的裕福な国だからこそ生じる問題で、つまりは日本人女性が用を足す際の音を恥ずかしがって公衆トイレでずっと水を流し続けるのをやめさせるためだった。TOTOの発明で、水の無駄遣いという問題は解決された。お財布にやさしい携帯タイプが、今はベストセラー商品となっている。（訳注：現在は販売終了）

痩せた国では、トイレ関連の発明はだいぶ様子が違っている。アフリカでもっとも人口が密集した地域で一時期もてはやされた排泄物処理方法が「空飛ぶトイレ」——排泄物をビニール袋に詰めて、できるだけ遠くに投げ捨てるというものだった。無理もない。日本の滅菌された全自動の公衆トイレとはまったく違い、アフリカの非公式居住区に暮らす人たちのほぼ半数が、近代的な衛生設備という基本的な尊厳を欠いているのだ。汚物まみれの水は、病気を蔓延させる。そのうえ、大都市特有の犯罪を恐れて、夜中に公衆トイレを使うことを避ける住民が多い。「空飛ぶトイレ」はそうした背景で生まれたその場しのぎの発明で、明らかに問題のある方法だ。

ケニアのコミュニティ組織「ウマンデ・トラスト」は、もっといい方法を思いついた。非公式居住区のひとつ、ガトウェケラの住民グループと協力し、彼らは巨大な円筒形の堆肥装置を作り、そこに作りつけたいくつもの個室トイレから出た排泄物で堆肥を作れるようにしたのだ。ウマンデはトイレの使用料としてほんのわずかな額を徴収し、毎月四〇〇ドル程度の収入を得ている。さらにいいことに、このシステムなら従来の水洗トイレのように水資源を浪費せずにすむうえ、排泄物からバイオガスを生成することでコミュニティの集会所で使う電気を作ったり、毎日シャワーを浴びに来る四〇〇人の住民が使えるだけのお湯を温めたりすることもできるのだ。

このように、人の尊厳を守るという目的は一緒でもまったく異なる発明が生まれるのが、「太った」国と「痩せた」国の違いだ。「音姫」は、経済のピラミッドの上層部向けに作られた発明品の数々の一つだ。この階層の発明品はほかにも駐車場で空きスポットを見つけてくれるソフト、本物ではないデジタル作物を育てる「農場」アプリ、iＰｈｏｎｅを振るとムチの音が出るアプリなどがある。いずれも、トイレのような基本的な問題が解決したあとで生じる問題に対処する発明だ。

だが、空飛ぶトイレがまかりとおる現状では、なんでもありだ。痩せている経済は、どれほど大きな課題を抱えていようとも、発明を生む土壌となる。必要が発明の母だと言うなら、アフリカの逆境は必要の母と言えるだろう。

植民地主義と独裁政権、貧困の歴史という酸っぱすぎるレモンが、アフリカになかなかいいレモネードのレシピを与えてくれたわけだ。ここからの何章かでレシピについて説明して、それからレモネードの話をしよう。指導者たちによる一番まずいやり方ではなく、現地の人々による一番うまいやり方を検証するとどうなるか、何世紀も前から存在していた非公式経済や非国家ネットワークに正式に耳を傾けるとどうなるかを見ていく。

本書では、アフリカに問題がまったくないと言いたいわけではない。すべての政府、すべての援助、すべての近代化がアフリカにとって悪いと言いたいわけでもない。当然、投資のアドバイスをするものでも、きめ細かい経済分析をするものでもない。だが、進歩を妨げる「形式的バイアス」を暴き出し、アフリカに生きるすべての人々の未来を後押ししていける名案に光を当てたいと思う。

アフリカに関わる上で、何よりも重要なのが異なる点から学ぶことだ。太った国は痩せた国が自分たちから学ぶべきだと思いこんでいるかもしれないが、太った国が痩せた国から学ぶべきことがあるのもまた事実だ。太った国で金融経済崩壊後に広まった節約精神――少しの時間、少しのエネルギー、少しのお金でもっと多くのことを成し遂げようという精神――は、サハラ以南アフリカでは必要不可欠な生活手段であると同時に、世界にとっての新たな責務なのだ。

アフリカはひとつの国である

最後に、方法論についてもう一言。本書で紹介するすべての事例は、外部の出典が明記されている場合を除き、私の直接の取材によって得られたものだ。そして文中では「アフリカ」について語っているが、これは一〇億近くの、私がほとんど会ったことのない人々を指す。「アフリカについての書き方」という、ケニア人作家ビニャヴァンガ・ワイナイナが書いたエッセイがある。これは、私のような人間が「してはいけないこと」を記した、広く出回っているリストだ。ワイナイナの風刺に富んだ助言は、このように述べている。

正確な描写にこだわって、身動きが取れなくなってしまってはいけない。アフリカは広い。五四の国に暮らす九億という人口は、移住したり戦争したり命を落としたりするのに忙しすぎて、あなたの本を読む暇などないのだ。この大陸は砂漠とジャングル、高原、サバンナ等々だらけだが、あなたの本の読者はそんなことは少しも気にかけていない。だから説明はロマンティックかつ刺激的にして、そして細かくし過ぎないことだ。

私は、アフリカをひとつの国としては扱わない。三年をかけて一七カ国を取材した私は、到底ひとくくりになどできないほどの多様性を目撃してきた。それでも、本書は汎アフリカ《パン・アフリカン》的だと胸を張って言える。私たちは似たような困難からしっかりと学ぶことができるし、多種多様な成功からはさらに学べると信じている。大陸を横断して事実を比較しようというのも、ひとつの必要な熱意だ。ただその点については、私はその表面をほんの少し引っかいただけに過ぎない。

まずは一九世紀の、アフリカの地図を作ろうとする物語《サーガ》から始めた。この物語は、二〇世紀の開発へ向けた屈辱的な努力を映し出す鏡だからだ。ＭＤＧｓが終了し、二一世紀における人類の進歩が展開していく今、私たちは一九世紀のときよりももっとうまくやっていかなければならない。ナイル川に沿って旅していた探検家たちは、歴史的に無知だったという言い訳ができる。なんといっても、空からの視点で川や道路を地図に描いていくという考え自体を人間が受け入れるまで、何世紀もかかったのだから。ジャングルの中を歩き回り、山を登り、草原を横断している間は、俯瞰したときに自分の歩みがどんなふうになっているかなど想像もできないし、物の見方を変えることがどうして役に立つのかもわからないものだ。

これまでに目にしてきた戦争、あって当然のものとみなしている貧困、愛想を尽かしたくなるような政府などの側面からアフリカについて考えると、核心を見失ってしまう。画期的な技術と情報がすぐに手に入るこの時代、無知は言い訳にならない。本書で紹介する物語は、新たな羅針盤を提供してくれるだろう。アフリカ大陸のためだけでなく、世界経済のすべての分野のための羅針盤だ。

Kanju

第2章 カンジュ

天才と犯罪者の間を歩く、アフリカ流生存戦略

ナイジェリアのメール詐欺に隠された真実

「ナイジェリア詐欺」をご存じだろうか。ナイジェリアから先進国の人々を狙って手紙やメールを送りつける信用詐欺だ。私はずっと、なぜ自分にはそのようなメールが届かないのだろうと不思議に思っていた。私の迷惑メール対策ソフトがよっぽど優秀なのだろうか。それとも、一目でナイジェリアのヨルバ族とわかる名前が私も連中の仲間だと思わせ、詐欺を仕掛けるのはやめておこうと思わせるのだろうか。そんなふうに考えていたものだから、受信トレイに知人からこんなメールが届いたときは、喜びもひとしおだった。

お元気ですか、ご壮健のことと存じます。このような形でご連絡して申し訳ありません。また、私が急にスコットランドに行くことになったのにお知らせしなかったこともお詫びします。今私はあるセミナーに出席し、あるプロジェクトを完了させるためにこの地にいます。あなたに打ち明けたいことがあるのですが、どうか他言は無用に願います。ほかの人たちに心配をかけたくないのです。

実は、ホテルに戻る途中で強盗に遭って財布と携帯電話を奪われ、ほかにもいくつかの貴重品を盗られまして、今立ち往生しているのです。つきましては、ホテルなどの支払いをすませて国に帰る手配をするために三三五〇ドルをお貸しいただきたく、このメールをお送りしています。

ちょっとした実験のつもりで、私はこのメールの文面をコピーして、ランダムに選んだ知り合いに送ってみた。メールした四〇人中、数人は私のパソコンがハッキングされているようだと警告してくれた。ほとんどの人がメールを無視した。予想通り、金を貸そうと申し出た人は誰もいなかった。

一見、人々が関心を示さないささいなことのように思えるかもしれないが、私の故郷がこのようなメールのおかげで有名になったのは事実だ。インターネットを悪用した詐欺は世界中の多くの国でおこなわれているが、ナイジェリア人は海外からの送金詐欺に費やす飽くなき努力を完璧の域まで高めたようだ。この犯罪は、マネーロンダリングを規制するナイジェリアの刑法第四一九条にちなんで「四一九詐欺」とも呼ばれている。だがこの三桁の数字だけでは、インターネット上でナイジェリアの評判を落とす念の入った、ときには笑えるようなインターネット詐欺を働く何百何千という犯罪者たちを言い表しきれてはいない。

今ではよく知られている手法だが、この四一九詐欺の犯人たちは緊急の融資を要請したり、高額の謝礼と引き換えに莫大な額の「不正に横領した」資金を警察の目から逃れて自由に使えるようにするための口座貸しや送金手数料を要求したりするメールを大量に送信する。典型的な例では、自らの継承権を取り戻そうとしているナイジェリアの王子が登場する。標的にされた人間は社会保障番号と銀行口座番号を教えるように言われ、それを教えると犯人側が預金を引き出すという仕組みだ。また、小切手を切ったり、送金したりするよう要求されたりする場合もある。有名人の名前を出したり（たとえば退陣に追いこまれたリベリアの独裁者チャールズ・テーラーの妻など）、はるか遠くの国のいいかげんな財務処理と腐敗を悪用してひと儲けするチャンスをちらつかせたりする場合もある。

ＦＢＩによれば、年々手口に磨きがかかっていくこうした詐欺事件の被害は、年間数百万ドルにのぼるそうだ。わかりにくいウェブサイトや偽造ＩＤ、偽の銀行口座明細書などは、市場を独占するまでにいたった詐欺集団の大事な商売道具だ。昔は英文の文法がめちゃくちゃなのであやしいメールだとすぐにわかっていたのが、最近はそういう文法上の間違いもどんどん減っている。近頃の詐欺師は、知り合いに対する信用を悪用するようになってきた。知人の本物のアドレスからメールが届くのだ。一九九五年から一九九八年にかけて、四一九詐欺でブラジルの銀行バンコ・ノロエステが一億八一〇〇万ドルを騙し取られた。史上三番目に高額な被害額だ。二〇〇九年には、シンガポール在住のナイジェリア人が、エチオピア国立銀行から二七〇〇万ドルを騙し取ろうとした疑いで逮捕されている。

だが、こうした「ヤフーボーイズ」（罠を仕掛けるのに多くの詐欺師が使うメールサービスにちなんでこう呼ばれる）の最高の業績は二〇〇八年に訪れたと私は思っている。元アメリカ合衆国国務長官コリン・パウエルがロンドンのチャリティコンサートの壇上で、ナイジェリア人アーティストのオル・メインテインが歌う流行歌、「ヤフージー」に合わせてステップを踏んだのだ。この歌は、ナイジェリアの不正な経済活動で大成長を遂げた賢く静かな犯罪を褒め称える歌だというのに。歌の中では、ヤフーボーイズたちの派手なストーリーが描かれる。

俺がハンマーを振るえば
最初に買うのはハマーさ
百万ドルで
それってナイラでいくらだい？《エロ・ロ・マ・ジェ・ティ・ン・バ・セ・スィ・ナイラ？》

ヒップホップではおなじみの不遜な態度を表現するこの歌詞に、何千人ものファンが大喜びした。だがほとんどの人は迷惑メールを倫理的に卑劣な行為、デジタル世界に巣くう悪魔の証拠だとみなす。私は、こうしたメールもアフリカ全体が大きく変わっていく兆しの証拠ととらえている。

こうした詐欺行為も、要は「つながり」だ。四一九詐欺の世界展開がインターネットの普及とともに拡大したのは、偶然ではない。一九九〇年代後半にサハラ以南のアフリカでインターネットカフェが爆発的に増えたことで、高速ではないかもしれないが安いネット接続を共有できる環境ができあがった。詐欺グループの大半は、この新しいつながりを利用してひと儲けしようという若者たちだ。でっちあげた「緊急事態」メールの地名を差し替えるだけで──マニラ、ムンバイ、マドリード──詐欺師たちはパソコン画面の光を浴びながら世界中を旅するのだ。

詐欺の根底には、現実への失望もある。もちろん、金は大きな動機だ。だがヤフーボーイズの悪知恵は、ほかにできるまともな仕事がないという現状から生まれているものでもあるのだ（実際、外貨をかき集めようとする四一九詐欺が多発するようになったのは、ナイジェリアの通貨であるナイラの価値が急激に下がったためだった）。生きるために詐欺を働くというのは、雇用を生み出すことに失敗している公的な枠組みから抜け出す方法のひとつだ。苦戦を強いられるナイジェリアの金融経済犯罪委員会が首尾よく起訴した一人の若者が、匿名を条件に、詐欺師になった経緯について語っている。

俺はナイジェリアのラゴスで、貧しい家に生まれた。金はあまりなかったし、いい仕事はなかなか見つからない。一五歳のとき、学校で英語の成績が良かったのと、パソコンもうまく使えるようになってきてたからって理由で、ギャングの手先にならないかって誘われた。ギャングのボスはけっこうな報酬を約束してくれたから、家族のために引き受けることにした……逮捕される前の年は、七万五〇〇〇ドルくらい稼いだよ。それで家族のためにもっといい家を買ってやって、自分はＢＭＷに乗ってた。金持ちにはつきものの携帯電話だのノートパソコンだの、なんでも持ってたよ。

しかしその一方で、彼らが四一九詐欺を起こすのは衝動に突き動かされるからでもある。ナイジェリア人は、四一九詐欺の話になると舌打ちをする――半分は冗談で、半分は恥じ入って。だがこの犯罪を思いついたのは、英語が得意、批判的思考が得意、パソコンが得意など、教室で一番頭の良かった生徒である場合が多いのだ。少なくとも、彼らはアメリカの有名司会者オプラ・ウィンフリーやアフリカで一番裕福なナイジェリア人のアリコ・ダンゴートのように、成功する起業家に特有の粘り強さを存分に発揮していることは間違いない。一歩違えば、ヤフーボーイズも海外で事業を大成功させていたかもしれないのだ。アップルの創業者スティーブ・ジョブズが一九九五年のインタビューで以下のように語っていることからもわかるように、天才と犯罪者は紙一重だ。

自分が受けた教育の経験から言えることは、もし私のために少し余分に時間を割いてくれた二、三人の人物との出会いがなかったら、私は間違いなく牢屋に入っていただろうということだ……何かをしでかす特殊なエネルギーがある、そういう傾向が自分にあるのを自分でわかっていた。そのエネルギーは人が面白いと思うような何かをするために使われる可能性もあったし、人が気に入らないようなことをするために使われる可能性もあった。

ヤフーボーイズたちには、彼らを犯罪から遠ざけてくれるような小学校の先生、年長の指導者、あるいはシリコンバレーという場所がない。その代わり、彼らは野心と知略、手持ちの道具（自らの知恵も含む）を使って、非難の的にはなるが実入りのいい暮らしを追求するのだ。メールアドレスだけを武器に、彼らは何百万ドルもの金と世界的な悪名を手に入れ、アフリカ全域を苦しめる経済的停滞からの脱出と、ゼロから何かを生み出せることの証明とを同時に達成したのだった。

作家ルイ・シュデ＝ソケイがナイジェリアのインターネット詐欺という題材について書いたすばらしいエッセイでは、作家の笑顔が見えてくるようだ。「感心せずにはいられない」と彼は書いている。シュデ＝ソケイは、詐欺犯たちは「デジタルメディアとテクノロジーになじんだ西アフリカの若者を代表する存在であり、政治制度からも世界の慈善事業からもただ受け身に救済されるのを待つつもりはないというナイジェリアの意志の表れだ」*。犯罪を容認するわけではないが、私も四一九詐欺に関して目くじらを立てるつもりはない。俯瞰すれば、このバーチャルな犯罪の波は、新しいタイプの驚異的な起業家精神のようにも見えてくるからだ。

リサイクルとレジリエンス

ヤフーボーイズたちは、私がアフリカを旅していると常に目にする精神を体現している。それを、私は「カンジュ」と呼ぶようになった。アフリカの苦難から生まれた、独特の創造力のことだ。不安定な電力供給や渋滞してばかりの道、存在しないに等しい社会保障のせいで暮らしは大変だが、結果的に見ればそんな中でもやっていけるような並外れた能力が生まれることにもなるのだ。

「カンジュ」のおかげで、私はアフリカでの渋滞がそれほど苦にならない。露天商たちにしてみれば、ゆっくりとしか動かない何千台という車の列は、このうえない商売のチャンスだ。「ゴー・スロー」と呼ばれるラッシュアワーには、水や果物、野菜、スナック菓子、携帯電話の通話時間

＊アダオビ・トリシア・ヌワウバニの皮肉たっぷりの小説『I Do Not Come to You by Chance』、アンドリュー・アプターの『IBB=419』、そしてダン・スミスの『A Culture of Corruption』はいずれも、この経緯をなぞる作品だ。

や充電器、ときには生きた動物までもが車の窓越しに買える（さすがのアマゾンもここまではできないだろう）。彼らの売る子ども服や花火に興味があるわけではないが、車で旅をしているとアフリカにおける商業活動の力強さを垣間見ることができる。もうこれ以上見るものはないだろうと思ったその矢先、頭の上にコート掛けを載せて売っている女性が現れたりするのだ。

道路脇での商売は、頭の回転が速くてフットワークが軽い人間向きの仕事だ。車は、必ずしも商品を見るために停まってくれるわけではないが、うまく売りこめばほんの少し長く目をとめてくれるかもしれない。一度ガーナで、オリンピック記録かと思うようなスピードで四〇〇メートルを全力疾走する売り子を見て、心の中で喝采を送った。目指す客に追いついた彼を見ていると、サンプルとして車の窓越しに手渡した袋入りの剥いたオレンジを取り返しただけで、オレンジは売れていなかった。彼はそれからなんのためらいもなく、がっかりした素振りすらまったく見せず、渋滞に並ぶいらいらした通勤者たちの間を順番に回っていった。

ヤフーボーイズたちと同様、こうした暮らしもあまり美化するべきものではないが、一考の価値はある。スーダン生まれの億万長者で国際通信会社セルテルの創業者モハメッド・イブラヒム（通称モ・イブラヒム）は、実際に一考してみた一人だ。「私はいつも、アフリカ人はすばらしい起業家だと言っている」と彼は私に語った。「多くの人が、今日何をすればいいかわからずに朝目をさます。だがどうにかして稼がなければならない。だから、必要と思われることはなんでもするんだ。雨が降っていれば、傘を売る。暑ければ、氷やコーラを売る。人は暮らしを立てるために何か方法を見つけようとするもので、そこにはものすごいエネルギーがある」

彼は正しい。だがアフリカの起業家精神は、ただ暮らしを立てるだけのものではない。ルールの曲げ方を芸術の域にまで高めているのだ。世界でもっとも斬新な事業計画が知りたければ、ナイジェリアの大都市ラゴスの巨大な、ほとんどが違法な中古車の転売市場を見てみればいい。女性が顧客候補の間を縫って歩きながら、車両登録局に行く勇気がない者相手に偽造ナンバープレートを売っている。セネガルの首都ダカールでは、国際便に乗ると無料でもらえるヘッドホンとアイマスクを転売している男がいる。ケニアの首都ナイロビに行けば、グラディスのような女性が家庭菜園で作物を育てている。

探す気になって見れば、この手のエネルギーはいたるところにあふれている。ウガンダでビクトリア湖を縁取るなめらかな泥道を走っていたときには、生まれてこの方見たこともないくらい大きな穴ぼこに出くわした。穴だらけの道はアフリカでは珍しくもないが、これは意図的に作られたように見えた。普通ならモグラ塚程度の盛り上がりが、山のようになっていたのだった。避けようもなく、私の車はあっという間に穴に落ちていた。するとすぐさま、若者の集団が「助けに」現れた。危険な穴があることは教えてくれなかったが、救出作業は喜んでやってくれるというわけだ——もちろん、対価さえ払えば！　私は連中をさんざん叱りつけたが、あとになってからその悪知恵に笑ったものだ。

ナイジェリアの言語のひとつであるヨルバ語で、「カンジュ」は直訳すると「焦る」「急ぐ」という意味だ。その意味合いは「精を出す」「努力する」「ノウハウ」「やりくり」といったところだろうか。これに近い意味の言葉はほかにもあって、「ジュア・カリ」（スワヒリ語で「厳しい太陽」）はケニアの非公式市場における優秀な人材を指す。「システムD（訳注：フランス語で、「なんとかうまくやる」という意味の言葉）」と「第一五条」は、フランス語圏中央アフリカに広まっているルールやぶりや回避の習慣のことだ。ガーナでは「カラブレ」、ウガンダでは「マゲンド」と言う。政治学者ジョエル・ミグダルは、「カンジュ」の論理を「生存のための戦略——世の中の人がすべてオオカミだと考えるホッブス主義的な状態に陥る瀬戸際の世界で、行動と信念の青写真となるもの」だと称した。

言い換えれば、アフリカの「カンジュ」文化はドガではなくダーウィンであり（訳注：フランスの印象派の画家ドガはイギリスの自然科学者ダーウィンの論文に影響を受け、その作品に反映した）、主観的な美というより現実的な解決策であり、ごくわずかな手持ちではるかに多くを成し遂げることであるということになる。実際、「カンジュ」でもっとも重要なのは、それがアフリカについて外部の人間が哀れみを覚えるものの中から生まれてきたということだ。牡蠣の中に入りこんだ砂粒が真珠を生み出すように、苦難はそれに対抗する気力を生み出す。ナイジェリアの非公式経済を長年研究してきたオランダ人建築家で都市計画家のレム・コールハースも、同じ結論にいたっている。彼によれば欧米には「無限の選択肢が存在するという感覚があるが、実際にはそれらの選択肢は決まりきったものばかりだ」。一方、「ラゴスには選択肢などない。だが、選択肢がないというその状況を明確に伝えるための方法は無限に存在する」

私は三年のほとんどの時間、その方法がどれだけあるのか数えようと努めてきた。その結果、必要に駆られて生まれた強烈な労働倫理の向こうには、アフリカの発展の道筋に変化をもたらしているプロセスや製品、そして人々の物語が豊富にあることに気づいた。彼らは「カンジュ」の原材料——リサイクルやレジリエンス、そしてヤフーボーイズのわかりやすい傍若無人さ——を組み合わせて、その物語を作り出しているのだ。

リサイクルは、資源不足の環境では必然だ。「痩せた国」である上で欠かせない要素なのだ。二〇一〇年のワールドカップ閉幕から数週間後に南アフリカを訪れたとき、ヨハネスブルグの空港にまだサッカーグッズが散乱しているのを見て私は眉をひそめた。あのやかましいラッパのブブゼラも、何千本と売れ残っていたのだ。レンタカーで慣れない左側運転に苦戦していると、ラジオからこんな話が聴こえてきた。ある南アフリカ人女性が、ブブゼラで洗濯機を作ったというのだ。それは自動洗濯機と似ていなくもない仕組みになっていて、安っぽいプラスチックのブブゼラに穴をいくつも開けることで、その女性は衣類と洗剤、水をバケツの中で撹拌《かくはん》する道具を作り出したのだった。

私は車を停めた。大胆さとほんの少しの独創性、そして捨てられていた材料を使って、この女性は手洗いで洗濯しているアフリカの何百万もの人たちの日々の作業を楽にする道具を編み出したのだ。そして彼女は、私が何カ月も考え続けていたアフリカの姿勢を体現していた。私の考えでは、「カンジュ」方式の解決策の肝は、自問することにある。「私には何がある？　私には何が必要だろう？　私には何ができる？　私には何がなくても困らない？」

リネット・デニーは、その問いを毎日のように自分自身に投げかけている。彼女が産婦人科医として働く南アフリカの首都ケープタウンにあるグルート・シュール病院は、世界で初めて心臓移植を成功させたことでも有名だ。血色の良い頬をした彼女は頭の回転も速く、母国の健康と発展を思うと、いてもたってもいられない。そこで木曜と金曜の午後はいつも、きらきら輝くマウンテンベイの浜辺を通って、無秩序に広がるケープフラッツへと車を走らせる。そこの住民は一人残らず貧しい黒人だ。デニーはこの場所で、カエリチャ子宮頸がん検査プロジェクトを実施している。

「カンジュ」方式で作られたデニーの診療所は、実際には金属製の運送用コンテナを二つ、縦に積み重ねただけの代物だ。それでも、少数精鋭のスタッフたちは子宮頸部の治療をし、HIV検査をし、薬の処方と指導をおこない、婦人科系の健康に関することならデニーいわく「手術以外はなんでも」やっている。リスクの少ない妊婦なら、ここで出産もできる。また、ワンストップのレイプ相談所も併設している。ほかの多くの公共診療所と同様、ここも混み合っている。デニーは午後だけで二〇〜三〇人の女性を診察するが、「実際には二分しか診ていなくても患者には三〇分診てもらったと思わせる技を極めた」のだそうだ。

それよりさかのぼること何年も前、場所もはるか遠くナイジェリアで、ケネス・ンネブエは同じような倹約の才能を発揮してノリウッド（「ナイジェリア」と「ハリウッド」を組み合わせた、ナイジェリアの映画産業）の種をまいた。あとは説明するまでもないだろう。四一九詐欺がナイジェリアでもっとも忌むべき輸出品だとすれば、ノリウッドはもっとも愛されている輸出品だ。ナイジェリアの映画産業は、世界でもっとも興行成績のいいオリジナル映画のいくつかを製作している。ノリウッドの年間映画製作本数は最大二〇〇〇本で、ボリウッド（こちらはボンベイ発のインド映画産業）に次ぎ、世界第二位につけている。さらに、年間興行収益も世界上位で、一部の推計によれば二億五〇〇〇万ドルにもなるとのことだ。

芸術界の革命を引き起こす前のンネブエは、ラゴス在住の家電販売業者だった。あるとき、彼は何千本もの空のＶＨＳテープの在庫を抱えてしまった。友人を数人集め、安物のビデオカメラを手に、ンネブエはそのテープを有効活用しようと、ショートフィルムを撮影して空テープにダビングした。そうして生まれたのが『捕らわれの生』、一生分の莫大な富と引き換えに妻を殺し、その後不幸な妻の亡霊にずっと「捕らわれて」生きることになる男の物語だ。

一九九二年に公開されたこのベタな筋書きのイボ語映画がヒットしたのは偶然だった。だがこのヒットは、ハリウッドがサイレントからトーキーへ、あるいはモノクロからカラーへと移行したときくらいの破壊的な影響力を持っていた。既存の国営映画館や興行界は、それまでに存在した事業規模から考えるとはるかに大きなチャンスを見つけたのだ。ナイジェリア人は、自分たちが映画になっているのを観て大喜びした。もちろん、ンネブエのビデオテープの在庫は完売した。それだけではない。彼は三億人を楽しませる市場を切り開いたのだ。

世界中で何百万人もがまだノリウッドを知らないということが、私には信じがたい。私にとっては、いつも髪を編みこんでもらいに行く美容院で嗅ぐシアバターの香りと同じくらい、肌になじんでいるからだ（アメリカにあるこうしたアフリカ系女性向けの美容院では、四六時中ノリウッド映画を大音量で流している）。最新作を鑑賞するというちょっと後ろめたい喜びを味わいながら、ドラマが展開するたびにほかの客と一緒に息を呑むのが私の習慣だ。

ノリウッドの映画や連続メロドラマは、安く制作されてホームビデオとして地元だけで販売される（銀幕デビューを果たすのはごく一握りの作品だけだ）。目をむいたり、首を振ったり、指を差したりといった大げさなしぐさが映画の特徴だ。『捕らわれの生』のような悪魔との取引がテーマのもののほかに典型的なのは男と女のラブロマンスだが、ヒロインが妊娠したり、悪魔に取りつかれたり、夫の第二夫人と対決したりしてストーリーが展開していく。時代を超えて伝わる寓話を題材にしたものもある。たとえばネズミの大群が都市を襲うといった話は、地方から都会への大量移住がアフリカの社会経済的構造を根底から揺るがしているような最近の状況を受けて、特別な意味を帯びるようになっている。

ノリウッド映画の大半は伝統とモラル、迷信、そしてイスラム教であれキリスト教であれ、信心深さで彩られている。最近ではラブコメや相棒もの、強盗ものやギャングものが地元で人気だ。今一番人気の映画は『ブラックベリー・ベイビーズ』（ハイテク達人の女性たちがスマートフォンを使って冒険する物語）で、安っぽい続編が次々と作られた（私のお気に入りのコメディは『ジェニファ』『ジェニファ2』『リターン・オブ・ジェニファ』『リターン・オブ・ジェニファ2』だ）。

つい最近まで、ノリウッド映画はどれも四万〜二〇万ドルの低予算で作られていた。著作権侵害や海賊版（これも四一九詐欺と同じくらい繁栄している業種だ）の波に勝てず、映画製作者たちは現場での出費をケチり、映画を作って配給するためにぎりぎり必要な金額だけをかき集めている。ほとんどの映画がわずか一週間程で撮影されていたり、ある映画ではロマンティックなディナーの場面で使われたアパートが別の映画では殺人シーンに使われたりしているのも無理はない。

だが、ノリウッドのイノベーションのカギは、映画の製作方法にあるのではない。それなら、アメリカの映画スタジオもすでにされている。ディズニーやブルース・ウィリス映画の海賊版の販売は、昔も今も儲かる商売だ。ノリウッドが革新的だったのは、地元の観客向けに映画をカスタマイズしたことだった。観客にとってより身近な物語を英語ではなく現地の言語で撮影したことで、ノリウッドは既存の映画市場を食らいつくし、ハリウッドから観客を奪い去ってしまったのだった。

この二〇年で、ノリウッドは飛躍的な成長を遂げてきた。突破口が開かれるや否や、創造力に富んだ製作者たちはヒット作を連発し、露天商の厖大なネットワークを活用して映画を販売した。脚本制作、編集、印刷、販売の拠点として何十もの市場が次々と生まれ、何百人もの俳優が一気に有名人となり、何千人もの照明や音声の専門家、映写技師、脚本家、映像編集者たちが技を磨いている。デジタル技術は、この業界の民主化をさらに推し進めた。『捕らわれの生』から二〇年、史上最高収益を叩き出したナイジェリア映画『イジェ』はリリース初日に二〇万枚を売り、興行収益四〇万ドルを記録した。四一九詐欺と同様、低品質で必要最小限の予算しか持たない裏口商売の映画産業が、稼ぎ頭になったのだ。

だが、映画を観るという体験そのものは、昔から変わらないままだ。VHSデッキを持っていた人が、少しずつだが、DVDプレーヤーも買えるようになってきてはいる。だがほとんどの場合、映画は公共の場で、共同で、テレビのある売店や「ビデオ喫茶」、居酒屋などでなければ観られない。一九八〇年代から二〇〇四年まで、ラゴスには映画館が一軒もなかったのだ。アフリカのほかの地域、特に大都市郊外では、期間限定で村に移動映画館がやってきては、旅芸人の公演のようにして欧米映画やアフリカ映画を上映していた。非公式な配給方法のほうが主流だった。

ジェイソン・ニョックは、この現状を大きく飛び越えることにした。何度も起業してはアイデアを失敗させてきたニョックは、二〇一〇年にロンドンから母親の祖国ナイジェリアへと逃げ帰った。そのとき、母親がイギリスの『イーストエンダーズ』のような典型的なメロドラマよりは、ナイジェリアの作品のほうを好むことに気づいたのだった。そしてその年のうちに、彼はiROKOtvを立ち上げる。このモデルはきわめて単純で、アフリカ映画の上映権を取得してオンラインで公開するだけのものだ。このベンチャー事業はユーチューブから始まり、すぐに独自のストリーミングサービスを展開するまでにいたった。「ノリウッド専門のネットフリックス（オンライン映像配信サイト）」となったiROKOtvは現在六〇〇〇本以上のアフリカ映画を擁し、世界中の会員に視聴されている。*

ナイジェリア国内での視聴は私の友人が呼ぶところの「アフリカの回線容量の食欲不振」のせいで困難だが、インターネット接続が拡大していけば、iROKOの視聴者がどこまで増えるかは計り知れない。言うまでもなく、市場はナイジェリア国内や海外のナイジェリア人だけに限られない。ガーナやケニアなど、ほかの英語圏アフリカ諸国も、それぞれ独自の私設映画産業を構築しているのだ。

ブニ、ワボナ、アフリカフィルムtvなど、ほかのアフリカ映画配給会社も育ちつつある。ノ

＊ 2011年、iROKOはアフリカ人ミュージシャン向けに同様のオンライン配信サービスを開始した。これも国内外のナイジェリア人に爆発的な人気を誇っているが、欧米ではほとんど知られていない。

リウッドの未来は、古いものと新しいものの「カンジュ」的融合になりそうだ。ITベンチャーが既存の映画インフラをのっとるというこの現象それ自体が、ナイジェリアのお家芸と派手なハリウッド流のごった煮だ。四一九詐欺の大流行と同様、ノリウッドの先駆者たちはものすごく小さなものの中からものすごく大きなものを作り出した。そして、当然、自営業の監督やライター、プロデューサーたちが四六時中がんばって観客を笑わせ、泣かせ、金を払わせていなければ、産業全体が消滅してしまう。

このなんでもありな敏捷性《びんしょうせい》は、今では社会学の世界で専門用語として使われている「レジリエンス（回復力）」と呼んだほうがいいだろう。大虐殺や旱魃《かんばつ》、無謀な投資など、要するに危機的状況から回復する力を意味する言葉だ。そして、この言葉には深い、神経生物学的な根がある。脳の扁桃体は現実のものであれ感覚的なものであれ、常に危険を察知しようとしている。それは一種の煙探知機のようなもので、自分が危険にさらされているかどうかを人間が感知できるようにしてくれる機能だ。

ただし、普通の煙探知機とは違って、扁桃体はその持ち主の人生経験に順応していく。体の免疫系と同じように、無関心と防衛反応の間で理想的なバランスを保っているのだ。そして、多くのストレスにさらされればさらされるほど耐性が大きくなり、レジリエンスは発達する。これを「我慢強さ」または「気質」と呼ぶ学術論文もある。アメリカのウェスト・ポイント陸軍士官学校から今日の国際的な労働市場まで、あらゆる場所で強く求められる性質だ。

そしてこれは、アフリカの子どもが育つ中で身につけていく性質でもある。アフリカ大陸の地方から都市部まであちこち移動していた私は、ときには三、四歳くらいの幼い子どもたちがきちんと列をなして学校に向かう姿をしばしば目にした。子どもたちは毎日、埃っぽい道や人っ子一人いない道、車でびっしりの道、雨でぬかるみだらけの道をたどり、気の遠くなるような距離――一キロ、五キロ、一〇キロ――を歩くのだ。私の母がナイジェリアで過ごしていた子どものころ、正式な門限はなかったそうだ。ただ、自分の手のひらのしわが見えなくなるくらい暗くなったら帰っておいで、とだけ言われていたと教えてくれた。

富裕国のモンスターペアレントたちは、子どもをそんなに遠くまで一人でやることを考えただけでおののくだろう。だがアフリカの子どもたちはみんなで一緒に歩き、困難を乗り越えられる力を身につけているから煙探知機が作動しないようになっている。ジャーナリストのポール・タフは、クラスで一番賢いわけではないが、意志の強さと忍耐力のおかげで貧しい家庭ながら大学まで行くことに成功したアメリカの子どもたちをじっくりと研究している。私がアフリカの子どもたちに見出したのと同じものを、彼はアメリカの子どもたちにも見出したのだ。「家族からの援助をあてにできない若者、裕福な学友たちが享受しているセーフティネットをいっさい持たない若者にとっては、こうした気質は大学を卒業するために欠くことのできない要素だった」

灰色の経済

この辛抱強い力強さは重要ではあるものの、これですべてを語れるわけではない。レジリエンスは本質的に保守的なもので、元の状態に戻ることを目的としている。一方、「カンジュ」は生成的で、猛烈な勢いで前進することに注力する。そして私の経験上、アフリカで成功するためには、ときには悪知恵も必要なのだ。

例を挙げると、アフリカ大陸全域に見られる通勤の文化は、集合的な傍若無人さが基盤になっている。日が昇るころ、そして日が沈むころ、交通機関を利用できるだけの財力がある者はアフリカ各地の交差点に集まって、乗り合いバス「マタトゥ」を待つ。これは一四人乗りのワゴンで、なんとなく決められたルートをこれといった時刻表もなく、毎日何百キロも走る。料金は要交渉だ。外観は、持ち主の趣味によってさまざまに飾り立てられている。マタトゥの多くが派手なペンキ絵と数珠、大音量のレゲエ音楽を特徴とし、中には後部座席にテレビがついているものまである。カメルーンのドゥアラで見たバスのバンパーには「アッラーは偉大なり《アッラーフ・アクバル》」と書いてあった。ナイロビで見たものは、「ツイッターでフォローしてください」だった。

「マタトゥ」という言葉はスワヒリ語でざっくり「三〇セント」というような意味で、一九五〇年代にケニアの路上で車に乗ったときの相場から来ている。マタトゥ、ナイジェリアの「ダンフォ」、タンザニアの「ダラダラ」、カメルーンの「セットプラス」（標準的なセダンに乗せる七人分の客席の数から来た呼び名）、モザンビークの「シャパ」——場所によって呼び名は違えど、これらの乗り物は、何百万ものアフリカ人がどこかへ行きたいがあまり金がないときに使う主な交通手段だ。都市によっては、正式な国営バスが戦艦のように重々しく脇を走り抜けていく光景も見られる。だがほとんどの街では人を集団で素早く運ぶための集中管理システムは存在しない（私がウガンダに住んでいたときは、バイクタクシーを使うことが多かった。そのため、いつも自分のヘルメットを持ち歩いていた）。

マタトゥもやはり、機敏かつ無鉄砲な形で隙間を埋めるビジネスだ。ほかの車の運転手たちは、マタトゥを毛嫌いする。それも無理はない。マタトゥは渋滞の間中クラクションを鳴らし続ける。縁石ぎりぎりを走る。空いた道に来ると、度胸試しとばかりに反対車線を走ることもしばしばだ。たいてい、車掌が開きっぱなしのスライドドアから外に身を乗り出し、騎手のように車体をバンバン叩いては一緒に旅を楽しもうと客引きをしている。

アフリカの交通手段は、非公式な経済活動のかつてない実験場だ。耳障りなエンジン音、ひっきりなしにやりとりされる硬貨や札、渋滞に無謀に突っこんでいく乱暴運転は、国の経済活動とはまったく別のところで進化した。乗換地点はすぐさま民間の経済活動や市民が利益を得る場となった。規制もほとんどなく（たまに警察が賄賂を要求するくらいだ）、ケニアでのこの交通産業は推定三〇万台にまで膨れ上がり、年間何百万もの乗客を運んでいる。

マタトゥが支えている経済は、定義上は登録もされず、記録もつけられず、部分的には正式なGDPの統計にも含まれていない非公式経済だ。私たちはつい、非公式経済を後進性と無秩序の証拠として扱いがちだが、実際はその逆だ。二〇〇九年、南アフリカの「モカリティ」というウェブ会社が大勢の調査員をナイロビの街に送りこみ、企業情報検索サイトを作るために地元ビジネスの基本情報を集めてまわった。四万人もの店主に業種と電話番号、そして客が店を見つけるときに役立つ目印を登録するよう依頼したのだ。

すると、驚くような傾向が見られた。人口四〇〇万人の大都市で、ほぼすべての店主が挙げた目印が一致したのだ。地区によって全員が映画館のグローブ座を、カルテックスのガソリンスタンドを、南C地区のモスクを、ナイロビの象徴であるI＆M銀行本社ビルなどを挙げたそうだ。同様に、ラッシュアワーにマタトゥに乗るといくら取られるのか、甘党の通勤客向けにきれいに切り分けて道端で売っているサトウキビの相場はいくらかなどといった質問にも、彼らは全員答えられるだろう。

ハイコンテクストな道案内と同じく、こうした非公式な基準の強さと普及率の高さこそ、アフリカ経済の特徴だ。そして、この特徴は「カンジュ」の基本的な構成要素でもある。産業の歴史と「近代化」の理論が秩序や制度尊重主義、課税、明快さ、そして非公式経済の拒絶を賛美する一方で、何百万ものアフリカ人は毎日、この理論の逆をいく暮らしを送っている。

なぜだろうか。年齢を問わず、農家や映画製作者、日雇い労働者、露天商人、運転手、建築請負業者などの自営業者にしてみれば、この非公式経済活動での経験は、交渉や創意工夫、リスク判断に必要不可欠な能力を育ててくれる。世界の裕福な地域と比べると、アフリカの非公式経済は公式経済とは無関係に動いている。闇経済と公式経済の間に存在する灰色経済は不景気なとき

タンザニアのダルエスサラームでは、道路脇の柵でさえ商売のチャンスを提供する。

に仕事を提供してくれるだけでなく、経済成長の時期には実際に拡大もするのだ。非公式経済の産業は、相互に結びついている場合が多い。ある商人が家電を売っていれば、その隣の商人はその家電が故障したときに修理をする、といった具合だ。これは驚くほど安定した働き口の供給源で、小石を詰めた瓶に水を入れたときのように、労働市場に生じる隙間をすべて埋めつくしていく。

公式経済が労働人口を十分に支援しきれていない、暮らしの厳しい地域はいくらでもある。世界中で、灰色経済は一〇兆ドル分の価値があると推定されている。国家なら、上位五カ国に入るくらいの規模だ。そして、先進国でさえ、最近になってアパートや車の「シェアリング」ビジネスが流行しだしているのは、二一世紀の物品・サービスが非公式化しつつある兆しなのだ。

だがサハラ以南アフリカのほとんどの地域では非公式経済が唯一の経済で、平均するとその国の経済活動の半分以上を生み出している。映画や交通は、氷山の一角だ。ペルーのリマに拠点を置く自由民主主義研究所（ＩＬＤ）の調査によれば、ラゴスではビジネスの九四％近くが法の目をかいくぐっておこなわれているとのことだ。その労働力は五〇〇億ドル相当で、ナイジェリアに対する海外からの支援（一一四億ドル）と投資（五四億ドル）を足したよりも多い額になる。

さらに重要なのは、開発においてこの非公式経済が見過ごされがちだということだ。専門家の大半が、アフリカ人は単に決まりを守らずいい加減だという見方をする。法的強制力のある契約、財産権、さらには信号機まで、人々が決まりや枠組みにおさまっているほうが、開発にいい影響を与えるというのだ。だが現実には、アフリカの公的機関の正当性は何もかもが疑わしい。次の章で詳しく見ていくが、それにはちゃんと理由がある。結果的に、ルールとそれをやぶることとの間には、明確な関係性が生まれる。本書で見ていくアフリカ人の活気ある、比類なき創意工夫の数々は、行動と表現のための公式な場が欠陥だらけであることに対する反応なのだ。

四一九詐欺のようなアフリカ特有の巧みな詐欺の才能が存在する理由のひとつは、法を作って施行するはずの国家元首たちのほうもルールをやぶっているからだ。善き政治を奨励するために実業家モ・イブラヒムが五百万ドルの賞金を出したときも大喝采と大注目こそ浴びはしたが、賞金が提供されていた七年間のうち、実際に授与されたのは四回だけだった。スティーヴ・ダニエルズも、著書『Making Do（間に合わせる）』（未邦訳）でこう語っている。「いたるところで、我々が当然利用できるはずだと思っている公的枠組み――法律、経済、教育――は非公式の商売人たちや自営の製造業者たちの期待に応えられていない。そのため、彼らはその見事な創造力とやる気を発揮して、厖大な数の労働者にふさわしい製造と販売の仕組みを作り出しているのだ」。このような環境では、「カンジュ」はただどうにか生きていくためだけの手段ではない。非効率な中央政府の副産物として生まれた、必要不可欠な要素なのだ。

不正を暴く

非公式経済を裏返すと、アフリカで最大の問題のひとつである腐敗が姿を現す。地方政府における汚職と利益追求の影響がどれほど広範囲におよぶかは、次の章で詳しく見ていく。だが「カンジュ」はただルールをやぶるというのとはわけが違う。まったく別の次元を生み出しているのだ。その次元では、非公式経済は腐敗というよりは、むしろガス抜き弁の役割を果たす。ガーナでは、「カンジュ」の悪知恵は、最悪の腐敗を元から叩くための道具になっている。

これから見ていく多くの起業家と同様、アナス・アレメイアウ・アナスも許可よりは許容を求めると言う。ガーナのアクラで混み合った脇道に立つこの若者がガーナでも最大級の腐敗に対する調査に関与したことを教えてくれるのは、くたっとしたバケットハットだけだ。その帽子を、彼は顔を隠すためにかぶっている。この国の自警団員を自任する覆面ジャーナリストとしては、おおっぴらに顔をさらすのは危険なのだ。

世間にはただ「アナス」という偽名でのみ知られている彼は、徹底的な透明性を追求する類のジャーナリズムを実践している。私はテープレコーダーと紙とペンを武器に取材するが、穏やか

アナス・アレイアウ・アナスがガーナのアクラで運営する私立探偵事務所兼映像スタジオ「タイガーアイ」で、映像を編集する助手。

な口調で話すアナスの武器は隠しカメラや隠しマイク、かつらに変装、その他ガーナの腐敗を白日の下にさらすために必要なありとあらゆる手段だ。彼が書いた低品質の小麦粉についての記事は、地元のビスケット工場を閉鎖に追いこんだ。身分詐称の蔓延《まんえん》についての記事は、ガーナ政府の生体認証パスポートへの切り替えを加速させた。ガーナの性産業における中国の役割を暴いた六カ月におよぶ取材で、アナスは調査報道に贈られる国際的な賞であるノルベルト・ゾンゴ賞を二〇〇九年に受賞している。

多くのジャーナリストとは異なり、アナスは自分自身で取材者と情報提供者、両方の役割を担っている。つまり、彼自身が内部に潜入し、告発者となるのだ。「僕がやっているようなジャーナリズムの場合、重要なのは首謀者の名前を公表し、投獄することだ」と彼は言う。彼が好きな言葉のひとつは「動かぬ証拠」だ。これは調査の過程で彼が集める詳細な、さまざまな媒体を活用した証拠を言い表している。

アナスは七カ月間にわたり、アクラで国が運営する孤児院、「オス・チルドレンズ・ホーム」で潜入取材をおこなった。地元の牧師アベドネゴ・アクパブリ、そしてマリ出身の女性貿易業者ハジア・バルキスに扮し、アナスはちょっとした不作法を理由に子どもを小屋に閉じこめたり子どもの食事を奪ったりといった虐待や不適切な管理がおこなわれている現場を撮影した。この記事が公表されると、世間はまずこのセンセーショナルなニュースに飛びつき、そして是正を要求した。恥をかかされた政府は雇用・社会福祉の担当大臣をトップに据えた委員会を立ち上げ、アナスの主張を検証した。その結果、大枠の主張が裏付けられることとなった。アメリカ合衆国のオバマ大統領はガーナの国会で二〇〇九年にスピーチをした際、アナスを「真実を伝えるために命を懸けた、勇気あるジャーナリスト」だとして称えた。

アナス本人は言葉少ない性格なので、その派手で大胆な行動は似つかわしくないようにも思える。だが、「タイガーアイ」という名の私立探偵事務所まで運営している彼は、自分を公平な暴露者だと考えている。企業のカルテルも、政府の省庁も見逃しはしないということだ。何件かの潜入調査を成功させた彼に対し、ガーナ政府は隣国コートジボワールとの間で横行しているカカオ密輸の証拠を集めるよう依頼した。取締官が警察や国境警備を担当するその他の省庁から人を派遣していたのだが、成果が上がっていなかったのだ。

「国が困っているのは明らかだった。政府の治安当局が問題を解決できていなかったんだ」とアナス。数週間の調査の結果、彼は警察に問題があることを突き止めた。「仕事をするために送りこまれた警備担当者たちが、農家から賄賂を取ってガーナからカカオを持ち出させていたんだ」

アナスは調査結果を地元の新聞で公表するだけでなく、最近では長編DVDも制作していて、ノリウッドのコメディドラマの隣に並べて売っている。制作技術がとても洗練されているわけではないが、そこには情熱がこめられている。私に会ってくれたとき、アナスは輸出入事業における収益消失についてのドキュメンタリーを制作していた。ガーナ沿岸の港で四カ月かけて秘密裏に撮り溜めた映像を使い、ガーナ政府が支援国からいくら融資を受け、住民の手元に実際に届くのがいくらで、国境でどれだけ多くの手が賄賂で汚れるのかについての比較分析をおこなっているのだった。映像の仮題は、『国家の敵』だ。

「カンジュ」に本質的に備わっている悪知恵を活用し、アナスは報道のルールを曲げてでも法の支配を確実にしようとしている。ときには、彼自身が法をやぶることもある。プライバシーの侵害も含め、非倫理的な取材をおこなっていると非難されてきた。「たしかに、僕は法をやぶっている。だが、すべて最終的には公益のためだ」と言い、彼は透明性を求める活動に時間と労力を費やしている人間がほかにほとんどいないことを付け加えた。行動することが、彼なりの変化の起こし方なのだ。

この「カンジュ」というテーマには、本書を通じて、幾度となく立ち戻ることになる。ろくな選択肢がない中から生まれた複雑な問題の解決方法が、悪知恵を働かせたものであったり、一般常識にそぐわないものであったり、しばしば前例のないものであったりすることを、繰り返し見ていく。アフリカの（ほかの場所でも）誰もが「カンジュ」の特徴である大胆さと独創性、そしてやる気を兼ね備えているわけではない。だが少なくとも、これから見ていく実例では、「カンジュ」の悪知恵は負債ではない。苦難と生存とを分ける資産なのだ。

だから、四一九詐欺のメールを削除するよりは（いや、迷惑メールはやっぱり削除したほうがいいだろう）、痩せた国の中でチャンスというものがどのように違って見えるのか、なぜこれほど多くのアフリカ人が機能不全の公的機関の下でルールをやぶるのかについて、真剣に考えるべきだ。不満と腐敗、そして多くの場合は深刻なニーズへの反応として生まれるこの独創的な犯罪行為は、学ぶ機会を提供してくれているのだから。

Fail States

第3章

しくじり国家

アフリカの政府はなぜうまくいかないのか

分離する国家

ソマリアは長年、典型的な「失敗国家」の代表格とされてきた。ただし、その近隣にあるのは、この「失敗国家」だけではない。一九九一年にシアド・バーレの独裁政権崩壊によって国が無政府状態に陥って以来、ソマリランドとして知られる北部地域は、ソマリアからの独立を宣言して平和的な選挙を四回実施し、中央銀行を設立し、独自の通貨を印刷し、アル・シャバブのようなテロ組織を寄せつけないように入念に構築した安全保障組織を置いている。海賊が横行して荒れ放題のアデン湾に接しているにもかかわらず、ソマリランドの海岸に海賊はまず来ない。二〇一一年に「アフリカの角」（訳注：アフリカ大陸東端のソマリア全域とエチオピア東部、ケニア北東部などを占める半島）をニュースに返り咲かせた大旱魃《かんばつ》のときにも、ソマリランドは独自の資産を一〇〇〇万ドル近く使って食糧危機に対応し、飢餓を回避した。

私が初めて影の国家ソマリランドと接触したのはエチオピアの首都、アディスアベバだった。この都市は、この地域の外交上の中心地として機能している。宗主国によって定められた国境をそのまま維持することを前身であるアフリカ統一機構が一九六四年に合意して以来、アフリカ連合は分離独立運動に眉をひそめてきた。だがアディスアベバでは、独立を非難するような気配は一切見られなかった。緑が生い茂る小道沿いに、ソマリランドの領事館が南アフリカ領事館のすぐ近くに立っている。三人の女性職員は、私が彼女たちの「母国」を訪問すると聞いて大喜びし、優雅な古めかしい文字で私のためにビザを手書きし、私の証明写真を興味津々で回し見ていた。

そこまでは簡単だった。大変だったのはその先だ。ソマリランドの首都ハルゲイサへの空の旅は、今でも私の人生でもっともつらい経験のひとつとなっている。ケニアとエチオピアが（アル・シャバブの過激派による度重なる越境攻撃や誘拐への報復として）二〇一一年にソマリアに侵攻したのち、ケニア航空もエチオピア航空も、「アフリカの角」全域へのフライトを打ち切ってしまっていたのだ。くじけず、私はあらゆる伝手を頼ってこの分離国家に入りこむ方法を探した。最善の選択肢はジュバ航空という新興の航空会社で、インド洋と紅海の境目に位置する旧フランス領ソマリ、現ジブチの空港からハルゲイサまで私を運んでくれるとのことだった。期待をこめ、私は現金を山ほど用意し、人に託して予約金を届けた。

驚くほど清潔なジブチの市場《スーク》を一晩ぶらついてから、私は夜明けとともに空港に到着した。猫の子一匹いない。「ジュバ？　ジュバ？」としばらく聞きまわっていたら、空港の入口でプラスチックの椅子に座っていた男性が、あんたより賢い乗客なら遅れはあたりまえだってわかってるぞ、と教えてくれた。非公式な国家なのだから、航空会社の運行計画も非公式なのだと考えるなかった自分がばからしく思えた。現地通貨を切らしていた私は、道路脇にしゃがみこんだ。

しばらくすると戦車のような外見のプロペラ機が到着し、私はパスポートに出国スタンプを押されて滑走路へと出て行った。カート（噛むと向精神作用のある植物で、東アフリカでよく消費されている）の束と子どもを抱えた女性たちが機内へとステップをよじのぼっていく。自由席だった。私が座った席のシートベルトは壊れていた。通路をはさんだ席では、小さな男の子がカートの葉をちぎって口に放りこんでいる。機内安全設備の説明も、機長の挨拶もなかった。パイロットが音の割れたマイク越しに決然とした口調で「アッラーフ・アクバル」と言っただけだ。それだけで、飛行機は滑走路を加速し始めた。私はスカーフを頭にかぶり、楽しいことだけを考えるようにした。

ソマリランドの首都ハルゲイサでは、モガディシュにあるソマリアの中央政府が、ジュバ航空の運行計画と同じくらい軽視されていることは明白だった。緑と白と赤のソマリランドの旗が国会議事堂の上にはためいている。鉱山開発からベルベラにある紅海の港での課税まで、ありとあらゆることに対応する二三の省庁が入っている建物だ。私は米ドルと、入国の際に購入を義務付けられたソマリランドのシリングを取り混ぜて、道中必要な代金を支払った。地元住民の話を聞く限り、この国に足りないのは正式な国際的承認だけのようだった。

ソマリランドの国家計画担当大臣、サード・シレ博士は、独立について楽観的だった。彼は、開発途上国には三つの資金源があると指摘した。海外からの支援、外国債、そして海外からの投資だ。ソマリランドのあいまいな位置づけでは、そのどれもが見込めない。「国際的に認められていない国にわざわざ投資しようという人間はあまりいない」。愛国精神半分、現実主義半分でシレ大臣は言った。「独立すれば、その壁がすべて取り除ける」。ただ、期待される投資の流入は、約束されているわけではない。ソマリランドは人的、物理的、経済的にも、基本的な能力やインフラの多くが欠けたままだからだ。国の電力は、ハルゲイサに暮らす一二〇〇万人の国民のうち、ほんの一握りにしか届いていない。ほかの国民は高額を支払って自力で電気を手に入れているのだ。政府の予算の六割が、安全保障と警備に費やされている。

　だが、開発の遅れよりもさらに興味深かったのは、私が出会ったほぼすべての国民に浸透している愛国心だった。人工的に国境が引かれたこの大陸で、特定の政治共同体を共有することを肯定的に選択したアフリカ人の集団を見るのは非常に珍しいことだ。ソマリランドの非常に積極的な元外務大臣であり元ファーストレディ、そして現在はハルゲイサで大学病院の責任者を務めるエドナ・アダン・イスマイルが、ソマリランドの独特な愛国心の形について説明してくれた。「ソマリランドがソマリアから分離したとき、自分たちのことは自分たちでやるという伝統が生まれたのです」と彼女は言った。「自分たちでやりたかったからこそ、自らの手で自分たちと、そして自分たちの国の面倒をみることができたのです」

　こうした共同体主義は、苦難の中から生まれてきた。かつてイタリア領だったソマリアとかつてイギリス領だったソマリランドが統合されていた三〇年の間、現在のソマリアの首都モガディシュにあった政府はソマリランドの氏族に対する敵意をあらわにしており、国の資源がソマリランド地域に届くことはほとんどなかった。自分たちの憲法を起草していたときのことについて、シュクリ・イスマイルは手の中でグラスを揺らし、頭を振りながらこう言った。「私たちは自分たちのヤギやヒツジを殺し、コミュニティから一セント一セント集めた自分たちのお金を使っていたのです」。第一回選挙の唯一の女性選挙委員だった彼女は、生き延びるための闘いが国民の団結には欠かせなかったと考えている。「私たちはこの国をゼロから、草の根レベルから作り上げようとしてきました。国際社会の支援は一切借りずにです」

事実、海外からの介入は国民の苛立ちの種らしい。ソマリア暫定連邦政府（ＴＦＧ）（訳注：内戦状態に陥ったソマリアに二〇〇四年から二〇一二年まで存在した暫定政府）はジブチ合意やカンパラ合意のような外交の混乱のせいで生まれたと指摘するソマリランド人は一人や二人ではない。二〇一一年秋にはエチオピアとケニアの侵攻が始まり、軍がソマリア南部を覆いつくした。二〇一二年二月にはロンドンで五五人の要人が集まりソマリア問題に関する会議が開かれて大きな注目を集め、同じ年の六月には別の国際会議がイスタンブールで開催された。

こうした介入のせいでソマリアの現在の貧困と混乱が生じているのだと批判するソマリア人もいる。二〇一〇年のワールドカップで流されたコカ・コーラのＣＭソング『ウェイヴィング・フラッグ』で有名になったソマリア出身のラッパー、ケイナーンは、この現状に対して怒りと諦めがないまぜになった感情を明かした。「一九九〇年代以来、一二もの暫定政府があった。それも全部ソマリアの外、ケニアで作られた政府だ。まるで、食中毒だ。この政府がソマリアの体内に入れれば、ソマリアはそれを吐き戻すだけだ」。ソマリランドにある故郷のブラオ村に大学を立ち上げる手助けをしたシレ博士はこう言う。「ソマリア暫定政府には、我々にあるような正当性がない。それに、我々が感じているような責任感も持っていない」

話し合いによって立憲政治を回復しようとしたソマリアは、アフリカでもっとも弱い中央政府を生み出した。一方ソマリランドは、海外支援や介入なしにやってきたことが、うまく働いたのだ。スタンフォード大学のニコラス・ユーバンクは、ソマリランドは資源が限られていたおかげでより包括的な政府になったと述べている。東アフリカ交易の重要拠点であるベルベラ港からの収益を分け合う必要性もあったため、ソマリランドは植民地時代より前から存在していた氏族制度を維持した。憲法は国会と行政機関だけでなく、「グールティ」と呼ばれる信頼が厚い長老たちにも権力を与えている。

荒削りな国家であるとはいえ、ソマリランドはソマリアの国家破たんという困難の陰で「カンジュ」方式が成果を上げたいい例だ。また、開発と外交に染みついている「形式的バイアス」を思い出させてもくれる。隣国ソマリアは「国家間の外交モデルに縛られている」と言うのは、アメリカの人権擁護団体「イナフ・プロジェクト」の共同創設者、ジョン・プレンダーガストだ。あらゆる論理に反して、ソマリランドは国民の、国民による、国民のための、それなりに機能する政府になっているのだ。プレンダーガストは、こうも語っている。「ソマリランドの目標を支援することは、現在のソマリアではまったくもって機能していない中央政府の壊れた車輪を作り直すよりも、長期的に見て役に立つだろう」

国家に巣食うハゲタカたち

信頼のおける誠実な組織に慣れている観察者たちにしてみれば、受け入れるのが難しい事実であろうが、アフリカにおいて国家という枠組みは、開発の進展を常に妨げる要因となっている。中央政府の仕事を信頼している、あるいは正当性を認めているアフリカ人が、現実にはほとんどいないためだ。本書のためにする取材をするなかで、私は数えきれないほど多くの人に日々の暮らしや直面している困難、願望について聞いてきた。するとほとんどの人が、国家はインスピレーションよりはむしろ苛立ちの種にしかならないと答えたのだ。

「アフリカの政府は、結果を出さない」と言うのは東アフリカで農家への融資活動に取り組む、長身で実直な経済学者アレーク・ドンドだ。彼は、政府の統治力と実行力の両方を嘆く。「政府はよくない。それが目に見える。完了していないプロジェクトだのなんだの、ありとあらゆるものが見えるんだ。そのせいで、政府が嫌いになる。それに、約束はやたらとするくせにひとつも守られない。そのうえ、金がどこに消えたかは誰も教えてくれない」

ナイジェリアの教育省のトップと世界銀行で副総裁の役職に就いていたことのあるオビアゲリ・エゼクウェシリは自分の経験上、と巧みな前置きをした上でこう言った。「統治の大部分では、成果が上がったかどうかを把握することは重要視されていません」。『Africa Unchained（解き放たれるアフリカ）』（未邦訳）の著者でガーナ人のジョージ・アイッティは、アフリカの国家についてこう語っている。「政府が国民によって国民のために存在するものであるべきという民主主義の条件はともかくとして、国民が期待するのは、『政府』が最低限の国民のニーズに応えて動くか、せめて国民のために何かしらのサービスを提供することだ。だがこの最低限の要求にでさえ、『政府』は応えられていない。役職名さえあれば好き放題に略奪できる、マフィアじみた市場のようだ。実際、『国家』と呼ばれるものは、ギャングやペテン師、悪党たちにのっとられているのだ」

アイッティの苛立ちはかなり強烈だが、同じように感じる者は多い。二〇一三年にケニアでお

激しい論争となった2013年の大統領選挙に先立って、ケニア人アーティストや活動家たちは政治家をハゲタカで表現した落書きを壁に描いていった。（出典 Andre Epstein）
* 絵の中のセリフ：「俺は部族長。連中は俺を守るために略奪し、レイプし、放火し、殺人を犯す。俺は連中の税金を盗み、土地を奪うが、ばかな連中はそれでも俺に投票する」
* 絵右下の文字：1963年以来、ケニア人をばかにし続けている国会議員たち

こなわれた大統領選挙を前に、深夜のナイロビであちこちの壁に、腐敗しきった政治家たちを侮辱する落書きが描かれた。在職の指導者たちはスーツを着たハゲタカとして描かれ、汚れた金でいっぱいのブリーフケースを手に、札束で作られた玉座に座っている。街の中心部にあるコイナンゲ通りの壁には、「この国の国会議員を表す形容詞」のリストが書かれていた。「欲深い、自分勝手、悲惨、行方不明、ヒル」。別の落書きでは、一九九二年に多党制による民主主義が復活して以来政府を惑わせ続けてきた、高官による不祥事の数々が書き連ねられていた。そしてまた別の壁には、ケニアの人々が憤然として声を上げ、後ろめたそうなハゲタカに向かってレンガを投げつける様子が描かれている。

　国民が政治家をこのようにあざけるのも無理はない。一〇年かけて少しずつ改善を重ねてきてはいるものの、アフリカの政府の多くが、い

まだにうんざりするほど非効率的なままなのだ。タンザニアでは二〇一一年というごく最近まで、国営の航空会社が何百人も従業員を抱えていた――飛行機は一機も持っていないのに。かえって、一機もなくてよかったのかもしれない。空港当局は二〇一二年になって、空港唯一のレーダー設備が二週間以上壊れたままだったと認めたのだ。

アフリカの官僚制度は、官僚たちが私腹を肥やすための建前を提供する仕組みになってしまっている。アフリカ大陸最後の絶対君主制を守り続けるスワジランドでは、国会議員は国民の平均年収の四〇倍も稼ぎ、首相は退任時に二〇万ドル近い退職金を手にする。ナイジェリアでは、長年にわたって国家予算の七五％が政府運営費に回され、インフラや国民のためのサービスには二五％しか残されていなかった。同様に、アンゴラでは石油まみれの潤沢な予算のうち、一九九八年に公教育および福祉に回されたのは全体のたった一％だった。国家樹立の一年目である二〇一二年、南スーダンは石油による収益のうち四〇億ドルが使途不明になっていることを明らかにした。

腐敗は、大衆から知識階級にまで幅広く浸透している。アフリカの高速道路にわざとらしく障害物が置いてあるのを目にするたびに、私はついうめき声をもらしてしまう。勤務中の警察は、麻薬や強盗を探しているわけではない。「お茶」や「ランチ」――これは彼らが暮らしていくためにたかる賄賂の婉曲表現だ――を探しているのだ。あまりにも多くの国で、法を守るべき法的機関までもが汚職にまみれている。高官の行動に対する司法審査は、ほとんどがでっちあげだ。権力闘争や国際貿易協定をめぐる審判を裁判官に任せるのは、ウガンダ人の法律学教授ジョセフ・イサンガに言わせれば、「無駄な行為で、まやかしだ」とのことだ。リベリアで水資源プロジェクトをおこなっているサラン・カバ・ジョーンズは、母国に対する幻滅について語ってくれた。「役人が五万ドル、六万ドル、七万ドルもする車を乗り回し、マンションや豪邸を建てている姿を見れば金がどこに消えているかはわかる。だから人々は、政府に対してはいまだにとても皮肉な目しか向けられない」

だが公的機関の無能はしばしば、そうした国民の不信感をさらに上回る。たとえばマラウイでは、厖大な数の自給自足農家を飢えから守る唯一の手段が日々の畑作業だ。毎年、マラウイ人は国から配布される種や肥料を待って、ささやかな土地を準備する。このために国民は長い時間をかけて農作業をするが、政府側の努力はほとんど必要ない。ところが二〇〇五年には政府がその責任さえ果たさず、種まきの時期に間に合うように種や肥料を準備できなかったのだ。それどころか、最終的に選定されたあっせん業者がアルカイダと関係がある企業のリストに名を連ねていたため、シティバンクが取引を拒否する事態にまでなった。機密情報暴露サイト「ウィキリークス」で公表された情報によれば、あるアメリカ人外交官が懐疑的にこう述べたとのことだ。「適正なサービスは一切存在しない……マラウイ人が来年以降、種と肥料の不足によりかなり不安定な食糧事情に苦しめられる可能性は非常に高い」

私が「しくじり国家（fail states）」という言葉を使うのは、この崩壊した公共サービスの提供システムを説明するためだ。この言葉は実はアメリカのオタク文化から借りてきたもので、期待が裏切られたときにみんなで「しくじった！（Fail!）」と叫ぶところからきている。「しくじり」

の瞬間、人は手で顔を覆いたくなる——アフリカを旅行中、腹立たしい機能不全に直面したときの状況を簡潔に表現するしぐさだ。

それはたとえば、ケニアで入国管理局がこちらの提出した労働許可申請書の写しを「紛失した」が、意味不明な費用を支払えば取り戻せると言われるようなときだ。もしくは、エチオピアで、空港に着陸しようとしたら空港全体が停電していたというようなとき（そんな状況で飛行機を着陸させることを想像してみてほしい）。ガーナで、大学が（またしても）ストライキに入っていて、学位を取るのに九カ月待たなければならないと知るようなとき。ジンバブエで、いまや紙くずと化した現地通貨を隙間なく貼りつけた看板を見て思わず薄笑いが浮かぶようなとき。南アフリカで、起業のための書類を提出したら半年後に突き返された——しかも、インクが黒ではなく青だったという理由で——とき。リベリアで、地下の水道管から出てくるはずの水が出ないため、何キロも先の水場まで歩いて水汲みに行かなければならない女の子の姿を目にしたとき。ナイジェリアで、敷設を約束された道路が代金は支払われているのに舗装されていないとき。いたるところで、政府には頼れないというのは共通認識なのだ。

悪い境界線は悪い隣人を生む

もちろん、「しくじり国家（fail states）」は「失敗国家（failed states）」とは実質的に異なる。こちらは、地球上でもっとも機能していない国家を指すために学者たちが使う言葉だ。日々の腹立たしさと、ソマリア政府を特徴づける内戦や完全な政治破たんとはしっかり区別しておく必要がある。

同様に、南アジアや東ヨーロッパ、中南米、「太った」国家も含め、世界各地には公共サービスがうまく機能せず、貧困層が大胆かつ違法な手段でかろうじて生計を立てているような場所が数多く存在する。『Lawlessness and Economics（非合法と経済）』（未邦訳）という気の利いたタイトルの本の著者アビナッシュ・ディクシットは、「多くの国で、その歴史を通じてほとんどの間、法律という道具は非常に金と時間がかかり、信頼性が低く、偏っており、腐敗していたり弱かったりする、あるいはまったく存在しないものだった」と述べている。

近代アフリカ国家のしくじりで何が一番皮肉かといえば、アフリカの文明の歴史的な長さだろう。この大陸は、世界でもっとも早くから人類が暮らしてきた地だ。そうしてほかの文明よりも一足早くスタートしたにもかかわらず、アフリカは優位に立ててはいない。

この原因のひとつが、国家そのものにある。アフリカの近代地図は、大陸に無数に存在する部族や言語の境目をほとんど反映していない。ヨーロッパの列強が集まってアフリカを公式に分割した一八八四年のベルリン会議では、主だった部族や王国が勝手に切り分けられ、異なる部族がいいかげんにまとめられてしまった。その八〇年後、アフリカ統一機構（ＯＡＵ）は植民地時代に人為的に引かれたその国境線は以後永久に保持されると宣言する。ＯＡＵはその判断を正当化する理由として、「アフリカの国境は、独立のその日に目に見える具体的な現実となった」ためだと述べている。しかし、だからといってその判断が理にかなった、望ましいものであったとは

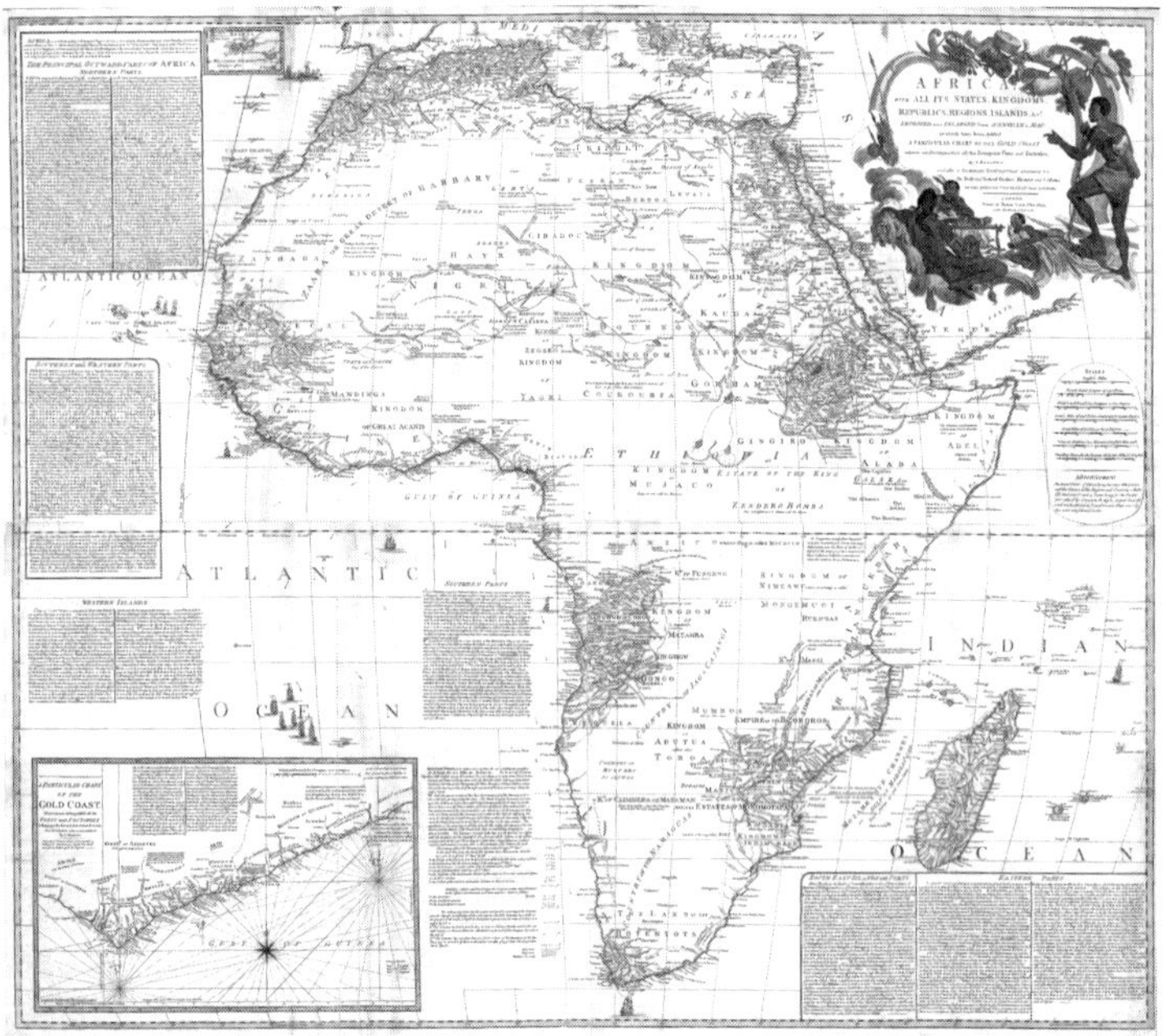

ベルリン会議より 10 年以上前の 1872 年、サミュエル・ボルトンはサハラ以南のアフリカに存在した植民地時代以前の王国を示した地図を描いている。
(出典 Geographicus Fine Antique Maps; tribal map of Africa)

1959年、ジョージ・ピーター・マードックは民族と言語を基準にアフリカに境界線を引こうと試みた。
（出典 © George Peter Murdock, *Africa: Its Peoples and Their Culture History*; 2009）

言えないし、広く認められたものだとも言えない。これもまた、「形式的バイアス」が事実を地図に落としこむことに失敗した事例のひとつだろう。

正直に言うと、アフリカ大陸の国境線はそれほど重要ではない。ソマリランドの例でもわかるように、しばしば無視されるものだからだ。アフリカの全世帯の七三％が、母国の公用語を解さない（ほかの開発途上国では、この割合は二八％にとどまる）。コートジボワールとガーナの国境線は、存在しないに等しい。国境線が引かれているのは村のまんなかで、住民たちはもう何十年も前から一緒に暮らし、商売をしているからだ。フラニ族という遊牧民族は西アフリカ一七カ国すべてに住んでいるし、私が属するナイジェリアの民族は、フランス語圏のベナン（植民地時代以前はダホメと呼ばれた王国の中枢だった）と歴史的な結びつきがある。長年にわたる武力紛争の結果、多くのアフリカ人がガーナ、ギニア、コートジボワール、リベリア、シエラレオネ間を逃げ惑っている。

東アフリカでも、「パートタイムの」難民たちがコンゴ民主共和国とウガンダの間を行ったり来たりしている。コンゴ民主共和国の北キヴ州では紛争が繰り返されているにもかかわらず、自分の土地と作物を諦めない住民も多い。一過性の戦闘が終わるまで――いずれは終わるものだから――彼らは国境を越えて避難する。彼らにとってウガンダ西部は、コンゴ民主共和国南東部の都市やバンツー族が人口の大半を占める首都キンシャサ（その先には、ほんの一筋かろうじて大西洋に面している海岸線がある）よりも言語的、民族的、気候的に共通している。同じ国であっても、文化はかけ離れているのだ。

経済的な結びつきは、パスポートよりも重要だ。コンゴ民主共和国やジンバブエを含むアフリカ南部の経済の停滞は、理論上はもっと安定しているはずの南アフリカへの移民の波を生んだ。西アフリカでは、交易によって結びついた海岸沿いの都市同士が大規模な統合を果たしつつある。今すでに、ナイジェリアの親は子どもをガーナの大学へ行かせている。そしてガーナでは国境を越えてトーゴへ安いタバコを買いに行くのが普通だ。中国資本で敷かれた複数車線の高速道路が、商業的統合をさらに加速させるだろう。東アフリカ最大級の都市や経済集団が存在するのは、ケニアの海岸都市モンバサとウガンダのカンパラとの間を走る、イギリス人が一八九六年に敷いた線路沿いだ。線路は国境とまではいかないが、都市と都市をつなぐ糸のような役割を果たしている。この地域を理解する上で、国境よりもずっと役に立つ線なのだ。

アフリカの国境は、非公式経済における商品の値段と同様、かなり揺らぎがある。アフリカの国家の多くは、その存在の正当性がきわめて危ういからだ。国家はジグソーパズルのように切り分けられた国境の内側に存在するため、国民は本質的に愛国精神に欠け、分裂しやすく、統治しにくい。政治的構造はよそものが定義したもので、そのよそものが置き捨てていった寄せ集めの機構によって不適切に運営されている。これが、本当の暮らしを表しているわけがない。

「アフリカで主権という言葉を聞くと、つい笑ってしまう。だがそれはうれしくない笑いだ」と言うのはシェイク・ティジャーヌ・ガディオ、二〇一二年の大統領選挙にも出馬したセネガルの元外務大臣だ。ガディオは、ヨーロッパ人の植民地開拓者たちがOAUに支持されて、「問題だらけの現状の元凶である、自力では生き延びられない五〇数カ国の国家を残していった」と語る。

そう言い切れるのは、ガディオ自身が自国内は言うまでもなく、外交官としてモーリタニアやコンゴ民主共和国、マリでも分離独立運動を伴う紛争解決の任務にあたっていたからだ。「フランスは我々にセネガルを残し、イギリスはセネガルの中にガンビアを残し、そしてポルトガルが隅のほうにギニアビサウを残していった。我々はかつては同じ国民だったのに、今では三つの国に分かれている。ポルトガル語を話す国民、フランス語を話す国民、英語を話す国民……そこから抜け出そうと、もう三〇年努力し続けているのだ」

アフリカ学者ピエール・エングルバートによれば、この大陸は世界でもっとも違法国家の割合が高いのだそうだ。[*1]この歴史は、フィリピンのような旧植民地、あるいはいきなりG20に格上げされたアルゼンチンやインドのような国とは事情が違う。エングルバートは、こう指摘する。「植民地国家がその地域の先住民族の経済システムや政治的組織、社会的帰属ネットワークとかかわりを持っていた例は……アフリカ全土を見渡してもほとんどない」。気まぐれに引かれた地図上の線は、国家とそれが持つべき権威との間の関係を破たんさせてしまったのだ。

アフリカの新しい不器用な国家がどうにか発展を遂げていければ、また話は違うのかもしれない。だがほとんどの場所で、正当性が低い国境で区切られた民族を統治するというプロジェクトは、経済的・社会的発展とは関係のない判断を強いる結果になっている。[*2]まったく現実に即していない国境の内側で、大陸は経済学者ダロン・アセモグルとジェイムズ・A・ロビンソンが呼ぶところの「収奪的」な体制を進化させてきた。

ジョセフ・モブツ（のちにモブツ・セセ・セコと改名）が支配していたザイール（現在のコンゴ民

＊1 エングルバートのリストには、アフリカ大陸54カ国中44カ国が違法国家として記されている。そして「合法」国家の多く（モーリシャスやセイシェル、カーボベルデのような島国）には、間違えようのない境界線があるのだと言う。彼のリストから除外された国々（ボツワナはいい例だ）には、旧宗主国の政治的・社会的構造と比較的結びつきが強い、一貫したリーダーシップが存在するのだそうだ。

主共和国）が、有名な例だ。統治するには大きすぎる国で忠誠心を維持するため、モブツは国の鉱山から得た現金収入を支援者のポケットへと直接ねじこみ、今もコンゴ民主共和国に根強く残る腐敗の種をまいた。そして政治的安定を維持するために反対勢力を殺害・投獄し、しばしば国際人権法を侵害した。国としてのアイデンティティを維持するために大統領職を崇拝の対象に仕立てあげ、愛国心を象徴するダムや銅像、宮殿などの無用の長物を建て続けた。ベルギー領だったコンゴをザイールとして作り直し、国民服を着ることを強要したり、新しい通貨を造ったり（そしてすぐに自ら破棄を命じたり）した。そしてその過程で、国民のためのインフラを骨抜きにし、国民を極貧状態へと突き落としたのだった。

コンゴ民主共和国よりはるかに小さいシエラレオネでは、シアカ・スティーブンス大統領がダイヤモンド産業を国有化した――ただし、建前だけだ。事実上は、有権者の支持を多く集められる協力者に有利な採掘契約を意図的に結んでいった。その結果、資源が豊富にあるにもかかわらずシエラレオネの財政は困窮し、密輸が横行した。計上されたダイヤモンドの産出量（とそれに伴う税収）はたった八年の間に、五九万五〇〇〇カラットから四万八〇〇〇カラットまで激減したのだ。

あるとき、スティーブンス大統領はメンデランドから首都フリータウンへと延びていた幹線鉄道を破壊してしまった。その鉄道のおかげでコーヒーやカカオなどの換金作物が海岸へと運ばれていたことなど気にしなかった。大統領は、自分の「足先」を困らせるために「脚全体」を切り落としたのだ。内陸の反対勢力がこの鉄道に頼っていた以上、破壊は絶対だった（あるいは、彼の

＊２たとえば、私が訪問したほとんどの国で、店舗経営者は国家元首の肖像写真を購入して店に飾ることが法律で義務付けられている。

疑心暗鬼も根拠のあるものだったのかもしれない。最初に首相として政界に入ったとき、その数時間後に彼はクーデターでその座を追われている)。収入源を絶たれた公務員は給料がもらえなくなり、働くのをやめてしまった。首都の税金検査官は役所の仕事を放棄し、民間経済にいそしむようになった。一九八五年にスティーブンスが一八年におよんだ政権の座から降りると、怒りに燃える反乱軍が国をばらばらに引き裂いてしまった。

二〇世紀全体を通じて、世界はこのような物語が繰り返されるのを幾度となく目にしてきた。植民地時代の遺物——たとえば、私の両親が教育を受けていたナイジェリアの英国式学校——が一九六〇年代や一九七〇年代にまだ残っていたとしても、国家は繁栄を見ることはなかった。国家元首たちは市民への義務という考え自体を拒絶し、国の中枢でおこなわれる自己本位な決定に、蚊帳の外に置かれた一般市民は苦難を強いられた。こうした決定は、民間分野にもダメージを与えた。アフリカで単一政党が一年権力の座に居座り続けるごとに、企業の生産性や成長率は急落し、製造に見合った売上高の増加も見られなくなっていったのだ。

南アフリカのアフリカ民族会議(ANC)は、政治的腐敗の根深さを如実に示す例だ。ネルソン・マンデラが率いたこの政党があの忌まわしいアパルトヘイトのあとを国民の歓喜に迎えられながら引き継いでから二〇年、党員たちは一九九四年の革命(訳注:南ア史上初の全人種参加の総選挙がおこなわれ、ANCが勝利、マンデラが大統領に就任した)は充分なものではなかったことに気づき始めている。アフリカ大陸でもっともすぐれたインフラのある国のひとつである南アフリカだが、学校や医療をはじめとする公共サービスは不十分なままだ。憲法では住居と教育は保証されているが、国民の大半がそのどちらも享受できていない。新しい黒人のトップはかつての白人のトップと見た目こそまったく違うが、搾取の仕方は同じくらい情け容赦ない。二〇一二年にマリカナのプラチナ鉱山で抗議行動をおこなう労働者たちに向かって国家警察が発砲し、三四人が死亡したときには、貧しい黒人たちと国の一番新しい少数独裁政治家たちとの間での衝突が新たに生まれたように思われた。

アフリカの国民たちが自国の政府を忌み嫌うようになる間にも、よそものたちは守られるはずの約束に対する賭け金を倍増させている。一九九〇年代以来、海外援助は市民の暮らしを最上層から改善することに注力してきた。援助国は国民の自由と「法の支配」をアフリカへの助成金や融資の条件としている。世界銀行のような大手金融機関は、援助対象国の「善き統治」プログラムに対してふんだんに資金を拠出する。欧米型の民主主義が、進歩の証明とされているのだ。

だが、選挙を実施することと、政府の能力を向上させることや国民に対して成果を出すことにはまったく別の話だ。アフリカの選挙を現場で取材してきた私は、「自由で公正」が全体像の中で目に見えるほんの一角に過ぎないことを知った。アフリカの特にずるがしこい指導者たちは、外国の野次馬たちがやかましく言わない程度の最低限の自由と公正を保って選挙を実施していたのだ。二〇一一年、カメルーンは独立から五〇年経って初めて「自由で公正」な選挙を実施した。だがその選挙は、はじめからわかりきっていた結果を覆い隠すためのパフォーマンスに過ぎなかった。結局は国民を操るのがうまい独裁的な指導者、ポール・ビヤが権力に返り咲いただけだったのだ。投票日に先立って、巨大な官僚制度の中にいるビヤの支援者たちは「一〇〇％！」

というスローガンを掲げていた。これは、一九八二年以来国家元首を務めているビヤが獲得するであろう票の数を予測したものだった（最終的な結果は七七％だった）。ジンバブエでは、二〇〇八年にロバート・ムガベが乱暴な強盗のような手口で選挙に勝利すると、民主主義を信奉する外交官たちが連立政権の樹立を強く促した。だが結果としてこの連立は対立政党の指導者モーガン・ツァンギライの陣営を弱体化させることになり、二〇一三年の選挙でモーガンは、ムガベに大敗してしまった。

欧米ではよく知られた習慣や先入観も、サハラ以南のアフリカではうまく適用できないことが多い。たとえば、ＧＤＰだ。これは数々の経済的判断や援助政策に関する決定の根拠となる中核的な統計基準であり、アフリカが「急成長を遂げている」という主張の根拠にもなっている。だが、この基準は消費やその他の現実の成長指標を計算する際に、間違いのもととなってしまう。経済学者エスター・デュフロとアビジット・バナジーは、非効率性と資源の不公平な配分を無視しているとして、ＧＤＰの手法を批判している＊。

そのうえ、ＧＤＰは基本的に、国家と紐付けられている。人口一人当たりの数字は国レベルで計算され、地方や都市部、都市周辺部の住民間の差異を平らにならしてしまう。それぞれの国の枠組みにとらわれていると、人口が多いマリ南部の首都は、ナミビアの地方都市よりもずっと悪い状況に見える。だが現実はおそらくその逆だ。世界銀行のアフリカ担当チーフエコノミスト、シャンタ・デバラジャンは、「統計局が自分の担当する省庁に属していることすら大臣がわかっていないケースを何回も見てきた」と言う。実際、何十年にもわたる計算間違いの末、ガーナの

＊南アフリカの政治科学者ロレンツォ・フィオラモンティは、なぜ海外から取り入れられたGDPへの強迫観念がアフリカ経済を傷つけるかについて、本を書いている。

統計学者たちは一三〇億ドル相当の経済活動がＧＤＰから抜け落ちていたことを「発見」した。ナイジェリアも、世界銀行からの融資条件をもっと現実的なものにすることを含むさまざまな理由から、今必死で統計をやり直している最中だ。マクロ経済統計は国の消費を分析するためには役に立つかもしれないが、アフリカのＧＤＰデータは資源の分配や、ジグソーパズルのように切り刻まれたアフリカの経済にひそむ根深い不平等を考慮していないのだ。

しくじり国家が必ずしも進歩を伴わずに自由な民主主義を模倣するようになったのは、ソマリランドよりもソマリアがひいきされる実例を見てもわかるように、欧米が政治的・経済的な形式主義を好むからだ。あまりにも多くの場合、政治は形ばかりの民主主義さえ無力化してきた。西アフリカ中で選挙監視活動の調整をおこなってきたガーナ人のクワメ・アヒアベヌ二世によれば、選挙期間になると普段はどこにいるかもわからないような政治家たちが、部族の本拠地や地方の村に出没しては新しい道路や学校・診療所建設のためのセメントを約束するのだそうだ。ケニアの在職議員たちは、そのときばかりはと気前よくするために、特別に「選挙区向け開発基金」をひねり出す。そして投票日当日、たいていの場合、選挙は平和裏に終了する。外国からの監視団が帰国していく。横断幕が公共施設の壁からはがれ落ちていく。そして政治家の約束はほとんどの場合、次の選挙が迫るまで保留されることになる。

これは、近代アメリカの――あるいは政治というテントの屋根がたるみ始めているほかの国の――民主主義に似ているように聞こえるかもしれない。だが、アフリカのそれは特殊だ。ほかの「痩せた国」（特に社会主義の歴史を持つ国）は問題を抱えてこそいるが、政府がもっと成熟している。

アメリカの「ティーパーティー（訳注：「小さな政府」を推進する保守派の政治勢力）」でさえ、市がごみを回収して電気が安定供給されるのをあたりまえに思っている。一方、アフリカでは国民と政府の間に本当の意味での合意事項があると自信を持って言える国はほとんどない。

しくじり国家は、アフリカの発展を遅らせてきた。海外援助の介入を結果的に正当化することになった経緯については、次の章で触れよう。もっと重要なのは、五〇年にわたる失望が、国家に対する人々の期待を押しつぶしてしまったということだ。* マラウイで学校教師をしているブレッシングス・チカクラが、独裁主義的な大統領へイスティングス・バンダの統治下で日々暮らしていた間に経験した燃料不足や飢えについて語ってくれた。「あの三〇年は私たちをかなり苦しめました。そして、サハラ以南のほとんどの国が、似たような状況にあるのです」と彼は言う。ナイジェリア、ウガンダ、スーダン、そしてセネガルなど、ある程度組織立った政治的抗議行動がおこなわれた国もあるにはあったが、ほとんどの人々は何かを占拠しようとするだけの意志も時間もない。マラウイの政治と、当時過熱していた「アラブの春」を比べて、ブレッシングスは言う。「国家のしくじりは肩をすくめてやり過ごされるだけです。通りに出て声を上げ、デモ行進をしようと言う人など誰もいません。頭がおかしいと思われるだけです」

だが、すべてが失われたわけではない。どれだけ欠点があろうとも、しくじり国家は近代アフリカで見過ごされがちな一定の役割を果たしている。アフリカの政府に対する信頼の危機に際して、一般市民の間から活発な「カンジュ」的反応が生まれた。アナスがあれほど自由に取材をお

＊アフリカ各国における武装した反政府勢力の暗躍も、国の違法性によって説明できる部分が多い。この反政府勢力は、大陸中で何十年も続いている紛争の元凶だ。「国家に正当性がないという理由から、それぞれの勢力が国を手に入れようと試みたり、他者に国を奪われることを恐れて戦おうとしたりする」とエングルバートは書いている。

こない、私の隣人グラディスが固定資産税を払う気がまったくなく、私のナイジェリア人の裕福な友人が自家発電に毎月何千ドルもかけているのには理由がある。私がウガンダで自分用のヘルメットを持ち歩いていたのも同じ理由だ。カメルーンの偉大な学者、アキーユ・ムベンベはこう書いている。「国家の怠慢は、いたるところで臨機応変さ《デブルイヤルディス》と『やるべきことをやる』精神を生み、国家のアイデンティティの衰退を招いた」

公的機関が破たんしている現状で、国家のルールに従うなどということはお笑いぐさだ。政治的自由、社会的保護、そして経済的チャンスの実現が失敗した国家では、一般市民は自分の運命を自らの手で切り開いていった。国家こそほかのどの選択肢より重要だという思いこみを打ち砕いたのだ。奇妙な形で、しくじり国家は何百万人という自由主義者を生んだのかもしれない。

これは、思慮深い姿勢だ。次の世紀では、国家よりも小さな（たとえば家族単位の）組織と大きな（たとえばフェイスブックのような）組織が主流となり、安全保障から病気の蔓延、交易まで、幅広い課題について新しい形の忠誠関係を築いていくだろう。ソマリランドのシレ博士も、「もっと多くの経済共同体が生まれ、地域の統合が進んでいく中で、国家の戦略性はどんどん失われていくだろう……国の境界線は、さらに重要性と現実的な意味をなくしていくはずだ」と認めている。

ソマリランドは、ほんの一例に過ぎない。ケニアの海岸都市モンバサでは、国の正式な通貨であるケニアシリングの不足に対応して、市民や起業家が超地域密着型の「補完的」通貨を発行した。「バングラデシュ*」と呼ばれる、多くの商人が暮らすモンバサの非公式居住区では、独自に

＊非公式な規範の一部は、公式な用語から名前を借用している。コンゴ民主共和国で「第15条」といえば、生き延びるための詐欺を是認する、架空の憲法条項だ。はるか遠いバングラデシュの名を採用したのも、同じような遊び心である。

作られた地元だけで使える「バングラペサ」という通貨が物々交換経済の約束手形として機能している。商売人たちはこの通貨を使って日々の取引を簡素化し、卵や油、材木を手に入れて、あとで現金と引き換えることができるのだ。一カ月の運用の結果、この通貨は取引を二〇％も増やすことに成功したと言われている。

もちろん、この地域にもしくじり国家によるしわよせがある。独立以来事実上ずっと、ケニアは植民地時代の遺物である愛国心を、想像を絶するほど多様な国民に押しつけようと苦心してきた。この一〇年間、政府は「モンバサ共和評議会」と呼ばれる非合法組織と衝突を繰り返している。ソマリランドと同様、この組織は自分たちが歴史的に疎外されてきたことを指摘し、民族的、宗教的、言語的に同一の人々による独立国家の樹立を求めている。彼らの散発的な攻撃や抗議運動に対する国の武力報復が、最近の対立をさらに深めてしまっているのが現状だ。

だからこそ、政府高官が新しい通貨の噂を聞きつけたときに、分離主義者の陰謀だと勘違いしたのだろう。「バングラデシュ」の住民が関心を持っているのは政治ではなく経済だなどと、政府は考えもしなかった。国家警察は偽造の罪で印刷業者を投獄し、反乱を恐れるあまりに創意あふれるアイデアには目を向けようともしなかったのだ。

その後、印刷業者たちは法外な罰金を払って釈放された。だがこの話は、「カンジュ」の成功例としくじり国家の狭量をうまく表している。公的機関の欠陥を埋め合わせてくれる、一般市民にとって重要な代替機関を、あまりにも多くの政治家、経済学者、外交関係者たちが見過ごしてしまっている。地域での成功をないがしろにし、ろくでもない国境やろくでもない指導者、ろくでもない習慣を支持するほうにしがみついているのだ。そして、政府の開発計画となると、その習慣はさらにろくでもないものになる。

Stuff We Don't Want

第4章 ほしくないもの

アフリカにとってのありがた迷惑

Tシャツは自分で取っておいて！

アメリカ人起業家のジェイソン・サドラーは、広告をプリントしたTシャツで収入を得ている。二〇一〇年、フロリダで自身が経営するマーケティング会社の拡張事業として、彼は「一〇〇万枚のTシャツ」というプロジェクトを立ち上げた。個人から一ドルと一枚以上の古着のTシャツを集め、それを「アフリカ」にまとめて送るという取り組みだ。『タイム』誌の取材に対し、サドラーはその目的をこのように語った。「僕はただ、何かいいことをしようとしているだけです。そして、重い腰を上げ、何か役に立つことをするよう人々に呼びかけているだけです」

衣服を活用した利他的行為に取り組んだのは、彼が初めてではない。開発途上国を旅したことのある人なら誰でも、実例をその目で見ているだろう。マラウイの病院で、私はハーバード大学バレーボールチームのTシャツを着た女性を見たことがある（その女性はマサチューセッツ州にあるその大学の代表チームにいたようにはとても見えなかったのだが）。投資家で慈善家のジャクリーン・ノヴォグラッツのベストセラーとなった回顧録『ブルー・セーター——引き裂かれた世界をつなぐ起業家たちの物語』（北村陽子訳、英治出版、二〇一〇年）は、彼女が一〇代のころに寄付したお気に入りだった古いセーターからタイトルを取っている。このセーターはルワンダの子どものもとへ届き、ノヴォグラッツに「私たちの行動——そして起こさない行動——が、世界のどこかで一度も知り合うことなく、一度も出会うことのない人に影響を与える」ことを認識させた。

グローバル化をどう見るかによって、このような形のつながりは欠陥ではなく、特性とも言える。だがサハラ以南のアフリカでは、古着はビジネスにとってはありがた迷惑だ。西アフリカでは、農業に次ぐ最大の産業が繊維産業なのだ。厖大な量の無料の衣服が地元市場にあふれてしまえば、仕立屋や服屋や繊維産業で働く労働者たちの仕事がなくなってしまう。一九九七年、ナイジェリアの繊維産業では一三万七〇〇〇人が働いていた。六年後、その数は五万七〇〇〇人まで激減したが、その大きな要因が「太った国」から寄付された衣服だった。この一〇年でマラウイ最大の繊維メーカーが閉業し、売られる衣服の八一％が輸入古着だというモザンビークやウガンダなどの国でも、関連企業が破産寸前だ。ザンビアでは、衣料業界の労働者がこの古着輸入に抗議してストライキを実行した。エチオピアとエリトリアにいたっては、古着の輸入自体を禁止している。サハラ以南のアフリカで最大級の綿生産国であるマリは、国内では一枚たりともTシャツを生産してはいない。

このばかばかしさは地元住民にも伝わっていて、古着による略奪に多種多様な呼び名をつけている。たとえばガーナでは「ブロニ・ワ・ウォ（白人は死んだ）」、トーゴでは「死んだヨヴォ（白人）の服」と呼ばれているのだ。この皮肉な名前は妥当なものらしく、ケニア人経済学者ジェームズ・シクワティはこのような「現物の寄付」を「圧倒されるほどの親切心と脆弱なアフリカ市場が衝突する破壊的な交差点」と呼んでいる。

簡単に言ってしまえば、Tシャツは「SWEDOW（Stuff We Don't Want／ほしくないもの）」なのだ。根拠に乏しく、ほとんど役に立たない——あるいはかえって害になる——開発計画を説明するこの言葉と略称を二〇一〇年に考えたのは、匿名の援助関連ブログの執筆者だ。

サドラーの一歩先を行く靴メーカーのTOMSは、SWEDOWから利益を生み出している。同社は、意識の高い消費者に対して靴選びを楽しみながら人助けができる方法を提案しているのだ。この手法では、靴が一足売れるごとにもう一足が世界中の貧しい地域に寄付される。ただ残念なのが、この手法は貧しい人々の大半が靴なら（Tシャツと同様に）地元でいくらでも買える事実を無視しているということだ。結局のところ、靴すら買えない極貧の人たちをブランドの差別化のために利用しているだけに過ぎないのだ。

私が初めてこの企業に接したのは、マンハッタンのミートパッキング地区で開催されたこじゃれた「意識」向上イベントだった。このイベントで、参加者は入口で靴を脱いでくるように求められた。裸足でのパーティーは、靴を持たない子どもたちが毎日どれだけの危険にさらされているかを疑似体験することが目的だった。

パーティーを楽しんでいた参加者のほとんどが知らなかったのは、裸足でいることの本当の悲劇は靴がないことではなく、貧しいこと——靴やほかのものが買えないこと——だという事実だ。寄付されたTOMSの靴が届けられる家族のほとんどにとっては、安定した仕事（たとえば靴を作るなど）がもらえたほうが、もっと持続的な解決策になる。TOMSは現地調達に向けて事業方針を転換しつつあるとはいうものの、そのあたりの情報公開はあいまいだ。本書執筆時点で、TOMS製品の大部分は中国で生産されている。ジャーナリストのリチャード・ステュパートによれば、「貧しい国で靴を一足作らせるよりも、中国で靴を二足作らせて一足寄付したほうが安く上がるのだろう」とのことだ。

一九九五年の映画『クルーレス』を観たことがあるなら（私の子どものころからのお気に入りだ）、アリシア・シルヴァーストーン演じる主人公が自然災害の被害者に寄付をしようとしつこく言ってビバリーヒルズの友人たちを困らせていたシーンを覚えているかもしれない。スキー板を南国に寄付することになんの意味があるのかと問われ、彼女はふてくされてこう言うのだ。「全財産を失った人もいるのよ。スポーツ用品だってなくしちゃったんだと思わない？」

スキー板はもちろん論外だが、要は、アフリカを対象とする小規模援助プロジェクトの多くがそうであるように、靴を買ったり物を寄付したりする行為は、贈る相手であるアフリカの人々よりはむしろ、欧米の都合を優先しているということなのだ。想定される問題の根本的な構造上の理由を突き詰めたり、最終的な解決策は現地で決められるような柔軟性を持たせたりはしない。それどころか、自分たちより恵まれない人々はもっとも基本的なニーズでさえ自力では満たせないのだと決めつけてしまう。これは二〇一〇年の国連のポスターにも見られた思いこみで、援助対象国を「形式的バイアス」で縛りつけることで導かれる当然の結果だ。腕の悪い地図作製者と同様、素人慈善家は自分たちが作り上げたアフリカを「支援」しているだけなのだ＊。

現実には、アフリカでは靴の製造は好景気産業だ（ゴムと革が豊富に手に入る地域では）。ベツレヘム・ティラフン・アレムがオーナーを務める靴メーカー「ソールレベルズ」は、エチオピアから靴を輸出している。この国の靴メーカーは、アフリカ大陸でも最大級の生産量を誇る。アレムは、自分の仕事が直接的な反証になると言う。「私たちは、ただ靴を売っているだけではありま

＊さらに、援助関係者が絶え間なく押し寄せてくる状況に慣れている地域では、NGO は国家と同じレベルで「正式な組織」だと捉えられている。

せん。アフリカの人たちも仕事はできるし、アフリカ発の商品を提供できるのだと訴えたいのです。外の人たちからもらうばかりではありません」。首都アディスアベバの広々とした本店で、彼女は私に言った。「私たちは商品を考案し、製造し、販売もするのです」

それまで開発政策に触れたことがなかったサドラーが「一〇〇万枚のTシャツ」を発表してから数週間のうちに、多くの活動家たちがインターネット上で怒りの抗議活動に参加してサドラーの活動が経済的・文化的にどれほど愚かな行為かを指摘し、恵まれた人々がいらないものを恵まれない人々がほしがっている証拠などどこにもないと訴えた。サドラーに宛てた公開書状で、セネガル人起業家マリエム・ジャンムはこう憤っている。「もし逆のプロジェクトを立ち上げて、アフリカの人たちに着古したTシャツを集めてもらってアメリカに送りつけたらどう感じますか？　サドラーさんはそのTシャツを着るでしょうか？　たぶん着ないでしょう」

数日後、サドラーは批判を受け入れた。彼は自分の思いつきを謝罪する長い文章を書き、こう付け加えた。「集めたお金は人々が井戸や学校、住居を建てるための支援に使います。具体的な場所や地域はまもなく決定し、今度はちゃんとやって、問題を一般論で語らないように気をつけます」。だが数カ月後、このプロジェクト自体が頓挫する。気の毒なサドラー氏は、援助で大事なのは援助そのものではなくそのやり方だということを、身をもって知ることになったのだった。

太った国からアフリカの痩せた国へと寄付金を流しこむのはもう五〇年も前からおこなわれている習慣だが、その効果のほどはあやしい。韓国やインドネシアも一九六〇年代のはじめにはナ

の寄付を受け取った（結果は敗北だった）。Tシャツは事実上まったく価値がなくなってしまったわけだが、ワールドビジョンはこの寄付を1点あたり平均11ドル65セントとして記録した。ワールドビジョンが有能な組織だと支援者を安心させるために考案された、合法だが操作的な会計方法だ。

イジェリアやコートジボワールと同じような経済状況にあったのだが、そこから成長を遂げたアジアの国と違ってアフリカの国のほうは、貧困を削減して世界市場で戦えるような水準にはまったく到達していない。

ザンビア人経済学者ダンビサ・モヨは人気の著書『援助じゃアフリカは発展しない』（小浜裕久訳、東洋経済新報社、二〇一〇年）の中で、海外からの援助こそ格差の原因であり、アフリカに対するすべての支援を取りやめるべきだと主張している。時間と金（モヨの推定によれば一兆ドル）が無駄になっただけでなく、外から内に向けておこなわれる決定が、大陸の悩みの種になっているのだと批判しているのだ。モヨの論理と計算については、活発な議論が交わされてきた。援助擁護者は、ＨＩＶや結核、マラリアなどの公衆衛生問題に対処してきた人道支援の大きな貢献を指摘する。たしかに、海外からの寄付がなければ、アフリカでは何百万人もが病気に苦しむことになるだろう。

だが、援助方法の欠陥については、モヨが正しい。アフリカへの援助の大半が、海外の代理人を介しておこなわれている。国際ＮＧＯのほとんどが、インセンティブの曲解につながりかねない資金援助のモデルにいまだに頼っているのだ＊。アフリカに海外支援をおこなう富裕国は、ときに大きな条件もつけてくる。資金を、援助国から商品やサービスを購入するために使わなければならないのだ。多くの場合、援助金はすぐに被援助国の手を離れ、スタッフの給料や日当、「手間賃」の形で世界銀行やＪＩＣＡ（日本）、ＤＦＩＤ（イギリス）、ＳＩＤＡ（スウェーデン）、ＳＮＶ（オランダ）、Ｎｏｒａｄ（ノルウェー）等々のアルファベット羅列組織へと流れていく。

＊寄付を促すため、業界は「間接費の比率」を減らすことにこだわっている。寄付金のうち、どのくらいの割合が事務管理費で、どのくらいが活動に使われたかという比率だ。これにより、多くの非営利組織が寄付（たとえばTシャツ）の価値を過大評価する事態になった。アフリカの16カ国で活動するキリスト教系慈善組織ワールドビジョンは、プロアメフトチームのピッツバーグ・スティーラーズが第45回スーパーボウルで勝利することを当てこんで作られた10万点のグッズ

援助をこのような形で「縛る」ことで、介入にかかるコストは一五〜三〇%増加すると推定されている。にもかかわらず、この習慣は根強く残っている。イギリス企業に振り向けられるイギリスの援助契約の割合は増えているし、アメリカも毎年対外援助予算の三分の一近くに相当する三一九億ドルを、支援を必要としている国々ではなく、国内の大手企業一〇社に割り当てている。二〇〇〇年にモザンビークで洪水があったときには、「縛られた」アメリカからの援助のためにスタッフたちはハーレーダビッドソンにまたがって出張所から出張所へと移動しなければならなかった。「まるで、暴走族が医療を提供しているようだった」とジャーナリストのステュパートは言う。「見た目には圧巻だが、まったくもって無駄だ」

慈善事業は、一夜にして純粋な善行から重荷へと進化したわけではない。これは何世紀にもわたってアフリカの地図を描き間違え続けた結果なのだ。一七世紀から二〇世紀初頭にかけて、植民地支配はアフリカの経済を搾取することでヨーロッパの列強を支えた。第二次世界大戦後は、同じ列強の一部が――ヨーロッパ再建のためにアメリカが推進した復興計画「マーシャル・プラン」の成功を見て――援助の概念をすべてに適用していった。

二〇世紀の間中、海外の勢力は主に冷戦中の同盟関係にのっとって、ふたたびアフリカを切り分けていった。アメリカはコンゴ民主共和国のモブツのような暴君をただ反共産主義者だからという理由で支持したが、与えた資金がどう使われるかなど気にもしなかった。ソ連も同じようなことをエチオピア、アンゴラ、モザンビークでやっている。これまで見てきたことからもわかると思うが、こうした政治的動機による援助は、世界でもほかに類を見ないほどの最悪の汚職を招いた。一九八〇年代には、援助漬けのアフリカ経済の腐敗が見え始める。まともに運営されていなかった国営産業の生産性が減速したのだ。国際通貨基金（IMF）と世界銀行はそれに応えて痩せた国を救済するべく、痛みを伴う一連の「構造調整」プログラムを立ち上げた。

ベルリンの壁が崩壊すると、戦略的援助の現実的な価値が疑われるようになり、代わりに管理が前面に押し出されるようになった。援助国は、援助にまたしても条件をつけるようになる。今度は、飢餓や投獄、戦争や略奪をやめればこのお金をあげますよ、という条件だった。「選挙をやれば、三番のパネルの後ろに隠れている賞品がもらえますよ！」といった具合だ。富裕国にしてみれば、ムチを振りかざすのにもそろそろうんざりしてきたところで、腐敗政権の鼻先に援助というニンジンをぶらさげるほうがましに思えたのだ。

だが、事態はあまり変わらなかった。一九九〇年代に自由化と民主化の波がサハラ以南のアフリカを席巻すると、人口一人当たりの収入が減少した。さまざまな国際開発政策が現場での実態にうまく合っておらず、場合によっては非生産的でさえあることが発覚した。ジョンズ・ホプキンス大学のデボラ・ブローティガム教授らが実証してみせたように、援助の流入と現地政府が果たす機能とは反比例の関係にある。開発途上国に一ドル寄付されるごとに、政府の支出が四三セント減るのだ。ケニア政府は、世界銀行からの援助と引き換えに労働、農業、教育の改革をおこなうことを一五年間で五回も約束しては反故にしている。

もう何年にもわたって、援助国は効率が悪く、実態に即していない援助しかしてこなかった。国連や世界保健機関の資金は国ごとの担当者や大規模な人道支援団体に分配され、その団体が大規模な国際NGOに支援を割り振り、そのNGOが現場に近い小規模なNGOに活動を下請けに出すのだ。大手組織の例で言えば、ビル・アンド・メリンダ・ゲイツ財団は世界中から助成金の申請を募集し、資金を拠出しているが、財団の職員はほとんどがシアトルの本部から一歩も動かない。個人からの直接の寄付であれ、富裕国からの互恵的な紐つきの援助であれ、大量の物品や金銭は組織や援助関係者の超官僚制度の中を通過していくのだ。

今世紀には、新しい形の介入が始まっている。ジャーナリストのニコラス・クリストフが「日曜大工（DIY）式の海外援助革命」と名づけたものだ。クリストフによれば、これは太った国での裕福な暮らしを捨てて開発途上国で自分なりに変化を起こそうという、やる気だけはある慈善家たちを指すのだそうだ。クリストフの着眼点には頷ける。社会的連帯がグローバルになった今、草の根の慈善活動は一九世紀の宣教師たちや二〇世紀の平和部隊から、新世紀世代の教会グループによる慈善活動旅行や学生が参加する一学期間のボランティア活動、それにジェイソン・サドラーのような目をきらきらさせた「社会起業家《ソーシャル・アントレプレナー》」たちへと裾野を広げた。「キヴァ」、「ヴィッタナ」、「マイクロプレース」などの小規模援助の仕組みも、自宅にいながら慈善活動をしたい人たちに機会を提供している。

個人レベルでの援助は冷戦時代の独善的な援助が終わると同時に発生し、政府から個人へと焦点を移すことになった。新時代の援助のわかりやすい例としては、アフリカのエイズ対策への寄付つきの製品やクレジットカードの共通ブランド「(RED)™」（アップルやアメリカン・エキスプレスなどが参画）、セレブによるアフリカでの養子縁組、そして長年にわたって世界各地で慈善活動に取り組み続けるロックバンドU2のボーカル、ボノの存在などが挙げられるだろう。国際的に認知された活動家たちが、安価な抗レトロウイルス薬を必要としているエイズ患者の支援から、崩壊しかけているアフリカ政府の債務免除、あるいは二〇〇三年にスーダン西部ダルフールで起こったアラブ系政府対黒人反政府組織による内紛の和平交渉まで、既存の活動を拡大させていった。ジェイソン・サドラーもその一部に過ぎなかったのだ。

サドラーの場合もそうだったように、こうした善意は、充分な理解の代わりにはならない。データは正直だ。アフリカへの海外援助という領域全体が、被援助者の依存心を強めたり援助者間での集団思考を促進したりするだけでなく、現場での実態を読み違えるリスクをはらんでいる。特に海外からの介入が——国境のときと同じように——現実を考慮していない場合、援助は非生産的になってしまう。

助産師エドナ・アダン・イスマイルが働くソマリランドの病院は、海外から現金と物資両方の寄付を受けている。イスマイルは、寄付されたＭＲＩの装置が到着後すぐに故障した話を聞かせてくれた。この高額な医療機器が買えるだけの資金があれば助産師を四〇〜五〇人は育てられたし、そのほうが公衆衛生にとってはもっと持続的な影響を与えられたのに、と彼女は憤る。国連財団で働くホリー・ラッドは、赤十字と協力して実施されたはしか対策プロジェクトについて教えてくれた。彼女のチームは、子どもに予防接種を受けさせるため、地方の村の母親がどのくらいの距離までなら来てくれるかを調べようと思った。そこで調査の協力者に、今日は何キロ歩きましたか、と聞いたのだ。「母親たちは、その質問に答えられませんでした。彼女たちは生活の中で歩いた距離を測ることなどないのです。時計だって持っていないのですから」

カメルーンに暮らす温厚だが活動的な女性実業家レベッカ・エノンチョングは、国連の女性問題に特化した機関、国連ウィメンがウガンダの地方に住む年配の女性たちにマイクロソフトのエクセル表計算ソフトの使い方を教えようとしたときの話をしてくれた。何週間にもわたる研修の結果、一握りの女性がエクセルを使えるようになったが、この活動にかかった費用は六〇万ドルにのぼった。「もし一〇〇〇ドルでも、あるいは一〇〇ドルでもいいから、彼女たち一人ひとりに携帯電話を支給するために使っていたら……社会にもっと大きな影響を与えられていたと思うのですが」と彼女は首を振る。「でも、彼らは地元住民に何が必要かを聞くことをしないのです。ニューヨークにあるオフィスに座っているだけで……現地の私たちがどんな暮らしをしているか、まったくわかっていないのです」

二〇一二年初頭、「インビジブル・チルドレン」というアメリカのNGOが、ある動画を制作した。これは「神の抵抗軍」という、ウガンダのカルト的で残虐な武装勢力の指導者ジョゼフ・コニーの逮捕を長年訴え続ける彼らの活動を紹介したものだ。このビデオには、アメリカで白人の父親が息子に向かって、何千キロも離れたアフリカでのテロ活動の基礎知識を教える映像も入っている。この短い動画は人々に行動を呼びかけるために制作されたものだが、より正確に言うと、このNGOの「行動キット」を購入するよう呼びかけるものだ。

動画の単純化された内容は、非ウガンダ人の意識向上を目的としていた。そして実際、目的を達成した。ユーチューブで一億回近く視聴された『コニー二〇一二』というタイトルのこの動画は、ただ動画を観るだけで複雑な地政学的問題を「解決」する機会を提供しているのだ。ただ、この動画は重要な事実をないがしろにしている。コニーは何年も前にウガンダを離れていて、アメリカはコニーを追い詰めるためにすでに軍事資金を投じていたのだ。さらにたちの悪いことに、この動画は危機に瀕したアフリカという図を誇張し、増幅させている。当のウガンダ人たちは、前進しようと努力していたというのに。

ニコラス・クリストフは、インビジブル・チルドレンを「安楽椅子の皮肉屋」(訳注：自分は安全な場所にいて何もしないのに、危険な現場で活動する人間を皮肉る人々) の攻撃から擁護している。こうした活動の批判者に対して、クリストフは浜に打ち上げられた大量のヒトデのたとえを持ち出す。小さな女の子が辛抱強くヒトデをひとつずつ拾っては、海に投げ返している。全部のヒトデを助けられるわけもないのに、なぜそんなことをするのかと聞かれた女の子はこう答える。

「だって、あのヒトデだけは助けてあげられるでしょ」

クリストフは、ジャーナリズムにとってもっとも貴重な土地で、貧困と人権について果敢に取材を続けている。エドナ・アダン・イスマイルとも会ったことがあるそうだ。世界の開発が遅れている地域で生き延び、暮らしていくのが複雑な問題だということは、彼もわかっているはずだ。ヒトデのようにただ受け身に浜に転がっているだけとはわけが違う。それにもかかわらず、海外の仲介者を美化することは、根本的に貧しい人々を見下す行為だ。ナイジェリア人作家テジュ・コールは、これを「白人の救世主産業コンプレックス」と呼んでいる。「欧米では誰でもなかった人物がアフリカに行けば救世主になれるか、少なくとも自分の気持ちを満足させられる」という意味だ（国連のポスターにも表れているこうした考え方は、ラドヤード・キプリングの詩から取って「白人の重荷」とも呼ばれる）。現地の意見や機関を無視した開発計画は、どれほど綿密に練られたものでも、「ほしくないもの（ＳＷＥＤＯＷ）」になってしまうのだ。

部外者が立てた計画

ＳＷＥＤＯＷがピークを迎えたのは二〇〇〇年、国連が壮大なミレニアム開発目標（ＭＤＧｓ）を宣言したときではないだろうか。人類の発展を加速させる新たな道筋を作るために、一八九の加盟国の代表たちがニューヨークに集結したのだ。彼らが描いた地図はこのようなものだった。

一．極度の貧困と飢餓を撲滅する。
二．万人の初等教育を実現する。
三．ジェンダー平等を推進し、女性の地位を向上させる。
四．乳幼児死亡率を引き下げる。
五．妊産婦の健康状態を改善する。
六．ＨＩＶ／エイズ、マラリア、その他の疾病の蔓延を防止する。
七．環境の持続可能性を確保する。
八．開発のためのグローバルなパートナーシップを推進する。

これらの目標がいいものかどうか（妊産婦の健康状態を改善したくない者などいるだろうか？）、その目標が達成できているのかどうか（アフリカではほとんどできていない）はいったん脇に置いておこう。ＭＤＧｓは外から内に向かって作られた。つまり、「一〇〇万枚のＴシャツ」と同じ話に行き着くのだ。

ここから、いくつかの大きな問題が生じた。実態を伝えるために公式な指標に頼ったのも問題のひとつだ。たとえば目標一では、一日一・二五ドルで暮らす人を基準に貧困を測っている。だが渋滞相手の露店商人や仕立屋、農家として働いていると、収入は日によってまちまちだ。つまり、この指標は無意味だということになる。儲かる日もあれば、稼ぎのない日もある。公式な枠組みではそのような実態は捉えきれない。

また、目標二については、小学校への入学率を上げることに注力している。アフリカの各国がこの目標を達成しようと尽力していて、アフリカの中央、西部、東部、南部では、一九九九年には五八％だった入学率が二〇〇八年までには七六％に増加した。だがこの新たな水準で、何百万もの人々が置き去りにされているという事実もある。給料がろくに支払われない教師たちが、学校に来なかったり、退屈で時代遅れなカリキュラムを教える技術を身につけていなかったりするのだ。自分がよく知らない内容だと、教えずにまるごと飛ばしてしまうこともあるらしい。教室は過密状態で、お腹を空かせたまま登校する生徒も多い。小学校に注力するために、高校や大学、職業訓練はないがしろにされてしまう。「生焼け」状態で学校を中退した何百万人もの生徒たちは、完全に支援の輪からこぼれてしまうのだ。

外から内に向けた援助の仕組みは、さまざまな目標を相互に結びつけることに失敗した。目標一だけを取って見ても、「貧困」と「飢餓」の間のわかりやすい関係性は農業だろう。これが、アフリカではもっとも一般的な唯一の収入源だからだ。貧しい人々がもっとたくさんの質のいい食糧を育てられるよう支援することで、貧困だけでなく、アフリカや世界全体の不安定な食糧供給に対抗できるすばらしい防御策になる。だが、驚くべきことに、MDGsには農業への投資が含まれていないのだ。*

イギリスの医学雑誌『ランセット』は一〇年目を迎えたMDGsについて、怒りよりは悲しみに満ちた分析を発表した。分析では、目標四、五、六が具体的すぎて、より幅広い医療制度の実施を阻害していることが指摘されている。マラリアのための資金はマラリアにしか使われず、HIVの治療費はHIVにしか使えなくなっていると言うのだ。ルワンダのキガリで私は、赤い頬の陽気な若い女性、ベティ・ムテシと長い対話の時間を持つことができた。ムテシはMDGsの順守と実践を担当するルワンダ財務省で働いているが、各目標間の連携不足を嘆いてこう言った。

「私が抗レトロウイルス薬を持っていて、それをあなたにあげたとしても、食べる物がなければあなたは困ったままですよね。問題は薬だけじゃないのです」

ムテシの言葉は、外から内への援助が抱える問題の核心を突くものだ。演繹的な計画策定では、各分野が相互に関連し合う発展が拾いきれない。MDGsからこぼれた目標をいくつか挙げてみよう。たとえば、家族計画、若者の雇用、ITの導入、報道の自由なども、発展にとっては重要

＊さらに驚くべきことに、2000年に草案が作られたMDGsは、気候変動については一切触れていない。サハラ以南のアフリカではほかの地域よりもはるかに気候変動の影響が大きいのだが。

な要素だ。二〇一五年には新たな目標が発表されるとは言え、国連の一九三の国と一五の機関は、もっとはっきりとしたビジョンを打ち出すには構造的に問題がある。

設計上の欠陥は、それ自体腹立たしいものだ。だがMDGsはその上に、政府が政策を決定する際、そして追加の海外援助の条件を満たす際に便利な、コピー&ペーストのしやすいテンプレートになってしまっている。「形式的バイアス」と寄付者の傲慢さが手に手を取って、創意工夫の余地を奪ってしまっているのだ。省庁は関係者との会議を招集したり、政府公認のイベントを開催したりして、たびたび「貧困削減戦略案」を書かせることで、MDGsをひっきりなしに思い出させる。ガーナやルワンダ、ケニア、タンザニア、南アフリカを含む複数の国が、MDGsの枠組みを国の公式な政策にまるごと写し取った「ビジョン」計画を採択している。「ルワンダでは、苦労して車輪を発明する必要はない、などと言われます」とムテシは言う。「ただMDGsとビジョン二〇二〇に乗っかって、自分がやりたいことがその中に入っているかどうかだけ確認すればいいと」

現在の構造では、援助国は間違った相手に力を与えている。二〇〇九年におこなわれたダンビサ・モヨとの討論の中で、国連のエイズ対策特使として五年間アフリカに派遣されていたスティーブン・ルイスは、援助に対するモヨの批判が「援助そのものの本質的な性質にはまったく触れていない」と指摘した。「援助国や多国籍企業、世界銀行、国際通貨基金が、いかに援助を想像し得る限りもっとも操作的かつ破壊的な形で使っているかについては、述べられている。しかし、まったく知識がないおせっかいな慈善家たちと略奪する気満々の被援助国政府がここに加わるとどうなるのかという、問題の奥深さについては触れていないのだ」

行動する村

二〇一〇年、ウガンダ人作家でコンサルタントのテディ・ルゲは、ＭＤＧｓの一〇周年を祝う国連総会を見ていた。「国連週間」の間中、セレブや慈善活動家、国家元首たちが委員会やパネルディスカッション、パーティーに参加するべく、国連本部があるニューヨークのタートルベイに集結した。中には、同じ週に開催されていたクリントン・グローバル・イニシアティブ国際会議のほうにも顔を出して演説をする参加者もいた。ＭＤＧｓの記念すべき年にあたることもあって、二〇一〇年の話題はほとんどが貧困についてだった――貧しい人は一人も招待されていなかったが。「参加者にとって貧困層はただの数字だ。統計に過ぎない。視界に入っていないんだよ」とルゲは言う。

ルゲは、アフリカ開発の悪しき習慣をこのまま続けることはない、と考えた。「よし、と思ったんだ。貧乏人にはキャビアとワインをごちそうしてくれないって言うなら、私はマイクを手に村に出かけて行って、住民がＭＤＧｓのことを何か知っているかどうか聞きに行こうとね」。そこで二〇一〇年一一月、ルゲはウガンダ北西部にあるキクウベ村に舞台を設置し、人々にカメラを向けて、スピーカーのスイッチを入れた。

そこから生まれた対話は、まったく予測もしていなかったものになった。インターネットで生中継されたからだけではない。地元住民たちが、MDGsの計画立案者たちが到達していなかった結論を導き出したのだ。「彼らは、自分たちがすることはすべてつながり合っていることに気づいていたんだ」とルゲ。「教育に投資すれば、その投資が地域の健康に影響を与える。地域の健康は村での商売に影響を与える。村での商売は健康や幸せ、教育に影響を与える――すべてがつながっているんだとね」

この観点から見れば、ルゲのこの「ヴィレッジ・イン・アクション」はMDGsの「ミレニアム・ヴィレッジ・プロジェクト（MVP）」を補完するような内容になっている。MVPを考案したのは、経済学者ジェフリー・サックス。サックスがお膳立てして生まれたコロンビア大学と国連による貧困削減のためのパートナーシップは、今ではアフリカ大陸全域の一四の村で五〇万人以上を対象とする活動になっている。MVPの評価できる点は、本当の発展に必要な要件が相互に結びついていることを認識し、教育と医療、収入創出に同時に取り組んでいるところだ。調査対象となったすべての村においてマラリアと乳幼児死亡率は減少しており、水の質と畑の収穫量は向上していた。都市部に移住していた住民たちが戻ってきた村もある。

援助活動から被援助国の政府を切り離すというサックスの考えは正しい。資源はアフリカ経済の上層部ではなく、最底辺にこそもっと届けなければならないのだ。だが、サックスのプロジェクトにはかなりの費用がかかる。ある推計によれば、一世帯あたり最大一万二〇〇〇ドルにもなるそうだ。問題になっているひとつの村では、地元経済の一〇〇％に相当する現金流入があったとも言う。そのような投資（と宣伝）があれば、事態が好転するのもあたりまえだ。だが現在対象としている一四の村以外に活動を展開していこうとすれば、サックスが必要とする資金は天文学的な数字になる。従来の援助と同様、ＭＶＰも外部からの資金と人材への依存が足かせとなっているのだ。

持続可能性についての一般的な疑念は、しかしながら、慈善業界の勢いをそぐまでにはいたっていない。この業界は裕福な国家や個人に対し、もっと寄付をしようとしきりに促している。そして小規模な慈善団体は、遺贈や支援に依存し続けている。ビル・アンド・メリンダ・ゲイツ財団と投資家ウォーレン・バフェットは協力し、開発援助のための資金を増やそうという運動を開始した。発展に向けて資金を潤沢に使う方針がぶれないサックスは、富裕国に対して今以上に寄付するよう、飽きることなく呼びかけている。アフリカの国家元首たちに向けた二〇〇四年のスピーチでは、彼らが世界中に頭を下げてまわり、「援助を増額するようしつこくかつ大胆に頼み続けるべきだ」と語った。この一〇年で、モ・イブラヒムやパトリス・モツェペ、トニー・エルメルのようなアフリカ人慈善活動家たちも、財団と寄付のモデルを模倣するようになっている。

だが、金よりも大事なのは計画の設計だ。国境が必ずしも歴史的背景を反映していないのと同様、入学したからと言って教育が保証されるわけではなく、助成金が下りたからと言って繁栄が約束されるわけではなく、出産時に命を落とす女性が減ったからと言って男女平等が実現するわけではない。ケニアでおこなわれたあるイベントでは、メリンダ・ゲイツをはじめとする数々の開発関連専門家たちがＭＤＧｓを達成する方法について講演をおこなったが、そこで地元のジャーナリスト、ムチリ・カランジャが立ち上がってわかりきった事実を述べた。「こういうことをするのに何百万ドルも必要だとは思えないのですが」と彼は言ったのだ。「私たちが敬意をもって女性に接するのに、何百万ドルもいりません。女性がリーダーシップを取るのに金がいりますか。いらないんですよ」

アフリカ人たちも声を上げ、聞く耳を持つ相手に向かって語りかけている。「ヴィレッジ・イン・アクション」の最初の集会では、ルゲの母親でありキクウベ村の代表でもあるミリー・ブシンゲが基調講演をおこなった。まだ活動がはじまったばかりだったこともあり、ＭＤＧｓについてブシンゲは聞いたことがなかったが、その作成者に対してはこのようなメッセージを送った。「世界中の人たちに知ってもらいたいのは私たちが存在しているということ、力を得て生きているということ、生身の存在であって、ただのニュース記事ではないということです。私たちがどのように暮らしているのか、どのように生き延びているのか、どのように学び、育ち、どのように成功や失敗をしているのかを知っていただきたいと思っています」

私が出会った人々の多くは、国連のポスターが示唆したようにただ待つだけではなく、しくじり国家を相手に抗議行動を起こすのでもなく、自分たちで対策を考えている。「私たちは自分たちで教育をおこない、医療を提供し、電気を作り、水を手に入れ、ごみを処理しています」と語るのは、長年にわたって小規模な開発活動の第一線に立ってきたナイジェリア人活動家、ンゴジ・イウェエレだ。「では、地元政府はなんのために必要なのでしょう？　私自身が地元政府ですよ」

本書は、無政府主義を呼びかけるものではない。しくじり国家の文化を嘆く中でも、事態の好転を願うアフリカ人は数多い。暴君もいつかは死ぬ。断片的な改革もいつかは根付く。二〇一一年には、アフリカ全体で三〇ほどの選挙がおこなわれた。知的な政府と自由な民主主義に利点があることは、議論の余地がない。そしてアフリカは——対立が絶えなかった一七〇〇年代のヨーロッパのときと同様——政治的勢力図が民族的勢力図に沿っていたからといってそれほど状況がよくなるわけではないだろう。だが過去の失敗と中央集権的でない文化から生まれた反応との間に存在する胸躍るような魔力は、アフリカにおける開発の枠組みを変えるだけの力を持っているのだ。

同様に、本書は負債にショックを受けた富裕国の立法者たちがやろうとしているように、援助をやめさせようというわけでもない。たしかに、世界中からの寄付はたとえ多くの仲介を経ているにせよ、アフリカの暮らしを改善してきた。ゲイツ財団や世界エイズ・結核・マラリア対策基金のような大規模な組織はアフリカの健康のために何百万ドルも寄付し、見事な結果を出している。開発経済学者チャールズ・ケニーは著書『Getting Better（改善の兆し）』（未邦訳）の中で、乳幼児死亡率は減少し、寿命は延びてきたと語っている。サハラ以南のアフリカにおける識字率も向上し、世界銀行の開発指標で最底辺に位置していたアフリカの国の多くが「中流階級」に上がってきた。

最近の調査では、開発において何がうまくいくか、いかないかをもっと精査する傾向が生まれている。基本となるのは、いまや医学研究の分野では標準になっている無作為化比較試験の手法だ。二〇一〇年にオックスフォード大学で考案された多次元貧困指数は、栄養状態や電気の利用、学業を修了した年数などのもっと非公式な全体像をとらえようとするものだ。この指数では、家の床が何でできているのかまでが調査対象になっている。そして一〇年におよぶ遅れの末、国連はようやく画期的な人間開発報告書を発表した。その内容はアフリカが食糧を確保し、将来に向けて繁栄していく手段として農業に注力するものだった。

だが、いまだに時間と金を無駄にしている援助国や援助団体を名指しすること、あるいは恣意的なだけでなく破壊的な国家中心のモデルを批判することについては、なんら恥じる必要はない。アフリカが公式な開発の道筋に乗るために「大きなひと押し」が必要だと主張する専門家たちでさえも、間違った地図に沿って間違った方向に押すのは無意味だという点については同意するだろう。

ここで説明してきた歴史的、政治的、そして文化的な枠組みは、サハラ以南のアフリカで状況を改善するためには、非国家的ネットワークに任せたほうが早いかもしれないことを示唆している。しくじり国家の存在によって開発が遅れる一方、聡明かつ集合的な代替案も生まれるのであれば、援助が王宮や国会を通って流れこむことにはほとんど意味がない。開発のための「対策」がはるか遠い場所で生まれてよそものによって実施されたり、単なる惰性で政府に運営されたりするのも、やはり無意味だ。

ＭＤＧｓの期限は二〇一五年で、アフリカを対象とする新たな目標設定はすでに始まっている（訳注：二〇一五年九月二五日に、後継となる「持続可能な開発のための二〇三〇アジェンダ」が採択された）。次世代の善意の慈善活動家や実業家、学生、活動家たちは、次のことを認識しておくべきだ。一部の援助関係者がささやいている「自分たちをお役御免にする」という目標を達成する上で、非国家的構造や非公式な近道こそ、役に立つのである。

The Family Map

第5章 家族の地図

アフリカ人は元祖ソーシャルネットワークに生きる

一緒にボウリング

モザンビークの海岸に、インド洋の高波が激しく打ちつける。波が高く岩が滑りやすい中、何十人もの女性たちが働いている。強い波に体を揺さぶられ、ときには腰まで水に浸かりながら、海に向かって立つぎざぎざの岩から貝を引きはがしているのだ。まだ働けない――あるいは歩けない――子どもたちは、一番最近子どもを産んだ女性がまとめて面倒を見ている。次に誰かが出産するまで彼女は仕事を免除されるが、グループの日々の稼ぎの中から自分の取り分はもらえるのだ。この非公式な託児制度のおかげで、寄せては返す波打ち際で注意を払っていなければならない幼子がいても、女性たちは日銭を稼ぎ続けることができるようになっている。

ここインハカ村の社会的関係がもたらす真の力をさらに実感したのは、女性たちの仕事場を離れてからだ。車を走らせていくと、その日の獲物を詰めたビニール袋を頭に載せ、市場へ歩いていく女性たちがいた。そのうち一人のビニール袋がやぶけている。その女性は私の運転手に、この先にある町まで彼女の一日分の労働であるその荷物を運んでくれるよう頼んだ。何も聞かずに、私たちは大事な荷物を預かった。

彼女の名前すら聞かなかったのだが、こうした取引が面倒な政府や慈善団体の手続きを通さずにどれほど簡単に成立するかに、あとになって感心したものだ。旅の間中、日々を乗り切るためにチップや人の親切、協同組合を頼りに生きている人を、私はモザンビークの女性たち以外にも

モザンビークのインハカの女性たちは、働きながら互いに子どもの面倒を見合う。

非常にたくさん見てきた。

私は、このような協力関係がナイロビの売春婦たちの間にも存在することを知って驚いた。この都市では、売春は公然の秘密だ。日が暮れると、おおまかに組織された客引きや売春婦、用心棒たちは、安全と収入のためにお互いに頼り合う。あるベテラン売春婦が、この商売における互恵関係について話してくれた。「通りで商売してるんなら、一番の安心はほかの女の子たちがいるってことよ」と言う。「職業組合みたいなもんね。銀行と同じ。向こうがこっちに貸しを作って、こっちは何かの担保や保証を提供する。たとえば、あたしが引っかける客五人のうち三人を向こうにまわすとか、あたしのウィッグを貸してあげるとかね」。そう言って彼女は笑った。「どれだけ単純で、ありえなさそうな関係でも、必ず安全を保障する手段になるの。好意からやってるんじゃない、生き延びるための手段なのよ」

こうした密接な関係が、しくじり国家で起こりがちな問題を覆す。国家という枠組みの中での相互関係は不均衡で遠慮もなく、ときに略奪し合う関係にもなる。一方で、国家を排除すれば相互関係は均衡が取れ、互恵的で、より支援し合う関係になる傾向があるのだ。そしてそれだけでなく、ひとつの取引が別の取引につながることもある。アフリカのバーチャルではない現実のソーシャルネットワークが強力なのは中央の機関が弱く、独りでボウリングをするよりは誰かと一緒のほうがいいからにほかならない。

『孤独なボウリング』（柴内康文訳、柏書房、二〇〇六年）は、ハーバード大学の教授ロバート・パットナムが自らを隔離するアメリカ人を嘆いて書いた本だ。富裕国では隣人は他人であり、ビジネスは希薄で、不平等が蔓延している。私たちはコーヒーショップに集まるが、交流するためではなく、手持ちの電子機器でインターネットを利用するためだ。私たちは昔ほど信心深くもなくなっていて、家族は小さく、その結果社交性にも乏しくなっている。『アメリカン・ソシオロジカル・レビュー』誌によれば、二〇〇六年にはアメリカ人の四人に一人が近しい友人や親友と呼べる人がいなかったそうだ。二〇年前に比べると、はるかに孤独化が進んでいることがわかる。ティナ・ローゼンバーグは著書『クール革命——貧困・教育・独裁を解決する「ソーシャル・キュア」』（小坂恵理訳、早川書房、二〇一二年）で、富裕国の人々は社会的集団の重要性を見落としていると語っている。「私たちは、他人のために使う時間などないと思っている。友人はもう十分いて、プライベートはプライベートなままにしておきたいと思っているのだ」

だがアフリカの大部分では、植民地の歴史としくじり国家の文化の集積が、まったく違う遺産を生んだ。公式な経済的・政治的資源もなく、コミュニティは非公式な次善策を考えざるを得なかったのだ。社会という資産が、重要な通貨となった。交流を繰り返すことは、相互的な善意を生む。社会的境界線は崩壊し、頼みごとはあたりまえになっていく。物自体の所有権も、意味合いが変わってきた。水汲みポンプはみんなが使う。携帯電話の充電所や公衆トイレも、みんなが使うものだ。インハカで走っていた車は私のものだったが、同時に運転手のものでもあり、あの女性のものでもあったのだ。

そう考えてみると、私は高速ボートから乗り合いバスのマタトゥまで、ありとあらゆる形の交通手段を他人と共有してきたことになる。ルワンダでは、農場を訪れる私をトラックが拾ってくれた。しかも帰りも、同じトラックに乗れるものと当てにできた。みんな目的地はキガリだからという理由で、農場の作業員の一団に自分の軽トラックの荷台を提供したこともある。渋滞の中で二時間ほどおしゃべりしてはじめて、イワシの大群よろしくまとまっていてくれた彼らのほうが私に気を遣ってくれていたことに気づいた。軽トラックは彼らの日常的な交通手段で、私は侵入者に過ぎなかったのだ。

富裕国では弱体化してしまった社会的な絆が、アフリカではいまだ健在なのだ。むしろ、公的な結びつきよりも強い場合が多い。実際、私が旅したすべての場所で、親戚関係とご近所関係のほうが市民権よりも重視されていた。慣習も、政治と同じくらい重要だ。言語は法律を超える。私自身、この名前によって、自分のことをナイジェリア国民よりはヨルバ族と言うほうが多いし、そう認識されることが多いと思う。ヨルバには年長者に感謝するときに使う言葉と、自分より社会的地位が低い相手に感謝するときに使う言葉がそれぞれある。母親は長子の名前で認識されることが多く、これもまた、コミュニティ内で密接な関係が保たれている証だ。

この文脈に根ざした知性と人間関係をとりわけ重視する姿勢こそ、アフリカの「家族の地図」の本質だ。だから子どもたちは集団で登校するし、アフリカの道案内に見られる暗黙の最終手段が「誰かに聞いて」なのは、一〇回中九回は、それでうまくいくからだ。アフリカの日々の暮らしは、たいていが相互依存で回っている。私の経験上、本当の意味で独力で生活している人間はまずいない。身内は身内の面倒を見るし、人に対する親切心が、別の日には自分への親切として返ってくることが多い。「カンジュ」文化をホッブスの「万人の万人に対する闘争」のような混沌からソーシャルネットワークに根ざす密接な社会的関係へと変化させる大前提には、相互依存があるのだ。

「アフリカのコミュニティをしっかりとつなぎあわせているのが地域レベルでの統治だということに、みんな気づかないのです」と非営利のソフト開発組織ウシャヒディ・ナイジェリアの活動家、イウェレは言う。「どんな小さな村でも町でもいいですから、訪ねてみてください。何がこの人たちをまとめあげているのか？　それは、どうやって公共の場を清潔に保ち、葬式を出し、農業や経済活動のために土地をどう共有してどう使うかについて、自分たちで整理してきたやり方なのです。これは、政府とはまったく関係なくおこなわれていることです」

ここでいう「家族」は血縁関係に限られないつながりを指す専門用語だ。そして、アフリカの「家族の地図」は国によるセーフティネットが存在しない中で暮らしを定義し、支えるものだ。これから見ていくように、家族は医療の提供から電力網のない場所での電力ビジネスまで、開発にかかわるさまざまな解決策をしっかりと支えている。

ロコミネットワーク

アフリカの「家族の地図」の第一の特徴は施しではなく、連帯だ。家族はプラス方向の結びつきを基盤としている。自分のまわりにいる人々の中で自分を認識するということだ。このような連帯は、アイデンティティを行動へと変えていく。あの四一九詐欺の匿名の犯人がそもそもその商売を始めた理由を覚えているだろうか。家族を支えたかったからだ。同じ部族というだけでも、連帯の本能が引き出される。コンゴ民主共和国では、カサイ族の血縁関係のつながりは非常に強く、所有物も血族内で引き継がれていく。特定のもの、たとえば食糧や水などは、共有されるのが前提だ。首都キンシャサで育ったヴァネッサ・ムランガラはこう言う。「誰かがうちの玄関に来て水をくれと頼んだら、私に断るという選択肢はありません」

この帰属感覚はある意味、「国家」の本来の意味でもある。行政的な関係や強制的な関係ではない。ムランガラらは地理、歴史、民族、文化に基づいて所有物を共有しているのだ（これは、大勢を失望させてきた国家とは非常に対照的だ）。

だが、連帯はよそものも仲間に入れることがある。私のお気に入りのたとえは、マラウイで水資源プロジェクトに携わっているあるカナダ人の話だ。彼はブランタイヤという街から首都のリロングウェに行きたかったのだが、現金が底をついたうえに銀行のＡＴＭが故障して途方に暮れていた。ポケットをすべてあさったが、バス代が五〇セント足りない。そこで不足分を埋め合わせるため、自分の携帯電話の通話時間を売ろうという綿密な計画を立てた。

最初に声をかけた女性は、はじめは変な顔で僕を見た（たぶん、僕がチェワ語で話していたこともあると思う）。でも笑顔になって、僕が必要としていた金額をくれたんだ。僕はあとでお金を返そうと彼女の連絡先を聞いたんだが、彼女は笑って断った。それがここではあたりまえなんだ。そして、それが答えなんだ。すべてをつなぎあわせている接着剤さ。人だよ。人同士。公共サービスがあてにならないとき、世界が必ずしも予想通りにいかないときは、まわりにいる人にもうちょっと頼るようになるんだ。

ゲイツ財団がガーナの母親たちに病院で出産するよう説得するための資金として五〇〇万ドルを拠出したとき、その資金を申請した医師は、地元住民の同意を得ようと村で会議を招集した。そして母親たちを病院へ送迎してくれる人に謝礼を支払うと申し出た。すると、地元の小型バス運転手たちが「カンジュ」方式の報酬を提案したので医師は驚いた。母親たちの出産は喜んで手伝う、だが暴利をむさぼるのではなく、自分たちの村に帰る客を優先的に乗せて戻れればそれでいい、と言ったのだ。友人を助けるのに代金は取らないのがあたりまえだという彼らの意識に気づかなければ、この提案を理解するのは難しいかもしれない。

こうした連帯の一番わかりやすい例は、ケニア中北部のイクンボという小さな村出身のデイヴィス・カランビの体験ではないだろうか。祖母に育てられたカランビは、八年生以降は祖母に学費が払えるはずがないとわかっていた。そしてこう考えたのを覚えている。「自分が高校に行けても行けなくても、自分の持てるわずかな資源を最大限に活用しよう」

毎年一回おこなわれる全国共通の試験で彼は自分のクラスどころか、学区で一番の成績を取った。大喜びした祖母は牛を売って、孫が高校に一年通えるだけの学費の半分を捻出した。だが二学期になり、残りの学費が払えないとわかると、学校は彼を退学にしてしまった。くじけず、カランビは校長に直談判をしにいく。「つけでもいいから、もし四年間学校にいさせてくれたら、校長の家で一六年でも二〇年でも、必要なだけただ働きをすると言ったんだ」。校長はカランビの学費を肩代わりしてやることはできなかったが、彼が見落としていた大きな財源を教えてやった。地元のソーシャルネットワークだ。

カランビは故郷の村に戻り、住民たちから試験の成績のことで祝福を受けた。そして、彼が抱える問題が村中に知れ渡り、校長の助けもあって、住民たちから資金が集められたのだ。「僕が学校にいられるようにとあんなにたくさんの人たちが薪やパパイヤ、サトウキビ、金に換えられるものはなんでも持ってきてくれた光景は、初めて見たよ」。それぞれが提供できたものは少ないながらも村全体がカランビの高校の学費を支払うことに成功し、以来、同じように才能ある若者を今も支え続けている。

ケニアの水準から言ってもかなり貧しい人々から一〇シリング（一〇セント以下）ずつ集め、村はイクンボの住民が金のことで将来を制限されることのないようにとその資金で新しい中学校を建設した。「いずれ、僕たちはもっと組織だった自治体になって、自力でなんでも運営できるようになるはずだ」。最近結婚したばかりで、今はナイロビに住んで世界規模の公衆衛生問題に取り組む仕事をしているカランビは言う。ランチを共にしながら、彼はソーシャルネットワークの重要性を明示してくれた。「学校に通い続けるために必要な最大の資源は金じゃない、やる気だ。何もかもうまくいかないときでもやる気さえあれば、まわりの人たちが僕のやっていることに目をとめてくれる」

痩せた国では、こうした地域ぐるみの財政支援がしっかりと根付いている。特に、資金源がほかにない場合（何百万というアフリカ人が置かれているこの状況については、第七章でもっと詳しく見よう）、それは特に意義深い。ナイジェリアでおこなわれたある学術調査によると、一世帯あたりが平均二・五世帯を相手に金の貸し借りをしているのだという。そして、通常の銀行からの貸し付けと違って融資の条件が柔軟なため、貸し手も借り手も、不安定な収入に対応することができる。短期の借主なら元金よりも少ない額を返済すればいいし、緊急事態に金を貸したなら元金よりも多く返済を受けられるかもしれない。調査対象となった家庭も経済的打撃から完全に逃れられているわけではないが、横のつながりが衝撃を和らげてくれるのだ。

もちろん、こうした取引の成功はコミュニティ内の情報量――つまり、他人の状況を理解しているかどうか――にかかっている。最寄りの舗装道路から何キロも離れているような村なのに、カランビが学費に困っているという話はあっという間に村中に広まった。これが、「家族の地図」の第二の特徴だ。無償の支援以外にも、ソーシャルネットワークは情報を効果的かつ迅速に伝える驚異的な能力を持っているのだ。

　これには、明らかな理由がある。密接に絡み合うアフリカのソーシャルネットワークの中では、プライバシーはほとんど見られない。ケニアでは、私のような二〇代の女性が独身のまま一人暮らしをしているというのはかなり珍しい。この国では、何世代もが一緒に暮らす家庭のほうが普通なのだ。モザンビークで貝を採っていた女性が私の運転手にその日の獲物を預けたのは、あとでどこに行けばその運転手を見つけられるかわかっていたからだ。タンザニアの地方で一年間暮らした私の友人、エリザベス・イーズは、家族や地域内の人間関係が先進国に比べてはるかに密接だと感じた。プライバシーを保とうとして失敗した話を冗談のようにしながら、彼女はその事実を受け入れた。「私の身内には、いまでは村の全員が含まれているというわけ」

　社会的なフィードバック・ループ（訳注：フィードバックをリアルタイムで頻繁に繰り返すことによって、より良くバランスのとれた結果を導き出すこと）は、貴重で柔軟性の高いツールだ。近しさ、親しさ、信頼を活用した開発プロジェクトは、必要な情報をより早く広めることができる。ガーナでは、新しい作物や農業技術を農家が受け入れるかどうかは尊敬を集める「ベテラン」農家の行動と密接にかかわっていることを研究者たちが突き止めた。私たちが「口コミ」と呼ぶものだが、研究者はこれを「近傍情報」と呼ぶ。同じ商売をやっている隣人同士の集団は、互いの行動を注意深く観察している。そして誰が成功しているか、誰が成功していないかをよく見ているのだ。農業に関して言えば成功は収穫時にわかるもので、次の作付け時期の判断材料になる場合がある。肥料を使うよう農家を説得したり、モロコシやキャッサバからパイナップルのようにもっと収益性の高い作物に切り替えるよう説得したりするには、誰もが見ている畑で新しいことを始めてみせることが驚くほど効果的だった。

同じような意味で、避妊から手洗いまで、責任ある習慣が普及するのをもっとも妨げるのは誤った情報だ。タンザニアのダルエスサラームで、私は炭を売る男たちのグループの話を聞いた。彼らは毎日街から最大一七キロも歩いて炭を作るための薪を集める。作った炭は油を差した自転車に山積みにして、日が沈むころに売りに来るのだそうだ。四日分の炭の値段は八五〇〇タンザニアシリング、もしくは五ドル。灯油も同じくらい高い。環境を汚染するこれらのエネルギーは、家庭の支出の大部分を占めているのだ。このグループがいる場所から二〇〇メートルほど離れたところの、らせん階段をのぼった上にある電気屋で売っている太陽光パネルについて聞いてみたところ、彼らは設置にかかる費用が八〇万シリング（五〇〇ドル）くらいするだろうと思っていたが、実際は三〇ドルだった。

私が言いたいのは、どれだけつましい稼ぎの人間でも、太陽光パネルには手が届くはずだということだ。そもそも、今すでに環境を汚染する手段に高い金を払っているのだからなおさらだ。環境にやさしい手段のほうが彼らにとってもずっと安上がりになるのだということを、私は説明してみた。すると彼らは当然、炭焼き職人としての自分たちの生活が立ち行かなくなることを心配し、地元市場で売っている太陽光発電商品の質のことも心配した。そして、私が説明した値段を信じていない様子だった。私は苛立ちを覚えて立ち去った。顔見知りにはなれても、信用はしてもらえなかったのだ。

隣のウガンダでは、女性たちのほうが太陽光発電の普及大使として私よりはるかに成果を上げている。これは、太った国の化粧品販売手法を独創的な形で応用したものだ。「メアリーケイ・レディース」と呼ばれる販売員たちは、アフリカを除く三五カ国の女性にチークやアイシャドウを売っている（業績がいいとご褒美にピンク色のキャデラックをもらえるらしい）。ウガンダ、ルワンダ、そして南スーダンでは、NPO「ソーラー・シスター」がこの販売システムを再利用している。この組織は太陽光発電に関心を示した女性（主に主婦）にソーラーライトをひとかかえ渡し、その利点について指導する。起業家となったこの女性たちは村に戻り、そこからどう売るかは彼女たち次第だ。ライトがひとつ売れるごとに、女性は希望小売価格の一割を利益として受け取れる。

この非営利組織による販売員の採用と研修システムは、収入をもたらす手段として四〇〇人以上の登録「シスター」たちに大歓迎されている（もちろんアフリカで女性起業家を応援しているのはこの組織だけではない）。自家発電のエネルギー革命については第八章でもっと詳しく述べるが、この仕組みは、効果的な横のつながりを実証する、もっとも興味深い例だ。

シスターたちは、ソーラーライトがまだなじみがなくて勝ち目のなさそうな市場において、非常に有益な情報源になってくれる。彼女たちのような地元密着の販売員なら、中央集権型のマーケティング方法よりもずっと効果的に商品の機能や再生可能エネルギーの価値について説明できるだろう。シスターたちによるほんの少しの啓蒙活動で、「多くの家族がソーラーライトを手が届く、安全な商品として見るようになります」と言うのは、ウガンダでソーラー・シスターを運営しているイヴリン・ナマラだ。「この先ずっと、家が明るくなるのですから」

気候変動についての統計や販売経験の年数より何より価値があるシスターたちの財産は、口コミ力だ。まず彼女たちは、参入する市場にもともとつながりがある（ウガンダのシスターたちのほとんどは、公式・非公式さまざまな女性グループを通じて採用されている）。さらに、「成功」という社会的価値を提案できるという強みを持っている。メイクをばっちり決めた化粧品のセールスレディたちと同じように、シスターたち自身が商品の利用者なのだ。このソーラーライトの使用による成功と、販売によって増える収入とを併せれば、シスターたちがほかの女性にとってあこがれの存在となることは間違いない。

ソーラーライトのような環境にやさしいエネルギー関連商品を都市部の電力網から外れた地方の家庭へと普及させるのには女性の役割が欠かせない。同様に、社会のセーフティネットの機能全般に関しても女性は中心的な役割を果たす。保護者、労働者、意思決定者、あるいは起業家（少なくともパートタイムで）として、アフリカの女性たちが行動の変革を仲介する存在であることは見過ごされがちだ。

アフリカの女性とソーシャルネットワークについて語る上で、「トスタン」に触れないわけにはいかない。これはセネガルとガンビアで女性器切除の慣習を撲滅するために何千という村を説得してきた組織だ。幼い少女の陰核と陰唇のほとんどまたはすべてを切り取ってしまうこの伝統は、何千年もの歴史がある。セネガル政府が法律でこの慣習を禁止したのはもう一〇年以上前だ（ガンビアにはそのような法律はない）。だがつい最近まで、この文化的慣習はアフリカ大陸の何百万人もの女性たちを苦しめてきた。

女性器切除の慣習が続いてきたのは、社会的規範が根強く残っていたことに関係している。もう一〇〇〇年以上、イスラム教がこの地域に広まるよりもはるか前から（セネガル人の九四％がイスラム教徒で、イスラム教はこの習慣を容認していない）、女性器切除はおおまかに言うと、欧米で結婚式に白いドレスを着るのと同じような感覚でおこなわれてきた慣習だった。どの家族も娘が結婚する絶対条件として求めるものだったのだ。セネガルのティエスのような中規模都市の郊外にある村では、近隣の村で結婚相手を見つけるために娘たちが切除を受けていた。研究者らは、この慣習に奇妙な二元性があることに気づいた。ほとんどの村が、すべての娘を対象に切除するか、まったくしないかのどちらかだったのだ。女の子が性器を切除される可能性を推測するには、近所の家に切除される娘がいるかどうかを調べればいいというわけだ。

セネガルで大きな影響力を持つ導師《イマーム》デンバ・ジャワラはトスタンと協力し、セネガルとガンビア、ジブチ、ギニア、ギニアビサウ、マリ、モーリタニアにおける女性の健康と教育全般に二〇年以上取り組んできた。意識を変える戦略には境界線や常識の再定義が欠かせないことを彼らは知っていた。結婚式に蛍光色のズボンをはやらせようとするようなものだ。女性器切除は有害だと地域住民の大多数を納得させられれば、さらに多くが追随してくれるかもしれない。

トスタンが主導した最初の放棄宣言は、一九九七年におこなわれた。第一回にふさわしく、最初に導師ジャワラが説得した家庭は、自分の家族だった。彼の村、クール・シンバワと縁戚関係にある一〇の村で、ジャワラは事実と身近な事例を根拠に、女性器切除への反対論を述べた。医学的・心理的根拠の裏付けも役には立ったものの、なにより魔法のような効き目があったのが、公共の場での宣言だった。セネガルの町で舞台を設置しておこなわれた宣言イベントが、ガーナでベテラン農家が作物をパイナップルに切り替えるのと同じくらいの効果を発揮したのだ。村Aが今後女性器切除をしないと公に宣言すれば、村B〜Zもすぐあとに続くということだ。

だが、変化に対するこの文化的・精神的構造が、逆に働けば同じくらい簡単に変化を妨げることもある。宗教は、アフリカでは社会的連帯の複雑な形だ。特定の宗教の一員としての連帯感は、国家の一員としての連帯感よりもはるかに強い場合が多い。私の家族も含め無数のアフリカ人が、国の失敗による不足を補完するために宗教組織に頼っている。私の祖父は一八歳になって初めて学校に通うようになったが、それは英国国教会系の宣教師たちが教育を自分たちの務めだと考えたからだ。彼らが誓った教育への献身は、まず間違いなく私が今この本を執筆しているのと同じ理由によるものだろう。

だが、信仰には破壊的なネットワーク効果もある。牧師たちが救済と引き換えに一〇分の一税（訳注：キリスト教徒が宗教組織を支えるために、対象物の一〇分の一を納める制度）を取るという乱暴な「繁栄の福音」は、アフリカで多くの敬虔なキリスト教徒が貧困にあえぎ続ける原因だ。私は、典礼がおまけのような教会の礼拝に参列したことが何度もある。そういう礼拝で、一番重要なのは献金袋を回すことなのだ。同様に、マリやナイジェリア、ソマリアなどでのイスラム原理主義者による活動も、国の経済的・社会的発展にはまったく注意を向けず、代わりにイスラム法の名のもとにおこなう人権侵害を重視している。

ナイジェリアの首都アブジャにある「民主・開発センター」のジブリン・イブラヒムは、家族の「崩壊」こそ、ボコ・ハラムやアル・シャバブのような宗教系テロ組織の行動が活発化した原因だと考えている。「ワッハーブ派イスラム教も、ペンテコステ派キリスト教も、家族の影響力を取り除いてしまいました」と彼は言う。「父と母の言うことは聞かなくていい、彼らは天国に行けることを保証してくれるわけではないのだと教えるようになったのです。代わりに牧師の言うことを聞きなさい、説教師の言うことを聞きなさい、導師の言うことを聞きなさい、とね。家族の統制が失われたら、なんでもありになってしまいます」

一方でセネガルでは、女性器切除を普及させたのと同じ信仰心と家族の輪が、逆に女性器切除の撲滅に役立った。導師ジャワラのソーシャルネットワークが、伝統の中断に役立ったのは、その伝統を始めたのもまたソーシャルネットワークだったからだ。そこでは男性と女性はともに慣習の放棄を宣言し、互いに責任を負い合わなければならなかった。したがって、慣習を続ける村の人間が慣習のない村の人間と結婚すれば、慣習の輪は永遠に断ち切られる。今回の例では、村の規範が国による規制または放置と同じくらい――あるいはそれ以上の――力があることが証明されたのだ。

助け合う医療

社会的教育という手法は、もっと広範囲にわたる健康の問題に対しても効果を発揮する。アフリカの公衆衛生に対する嘆きの声は（正当な理由から）多く聞かれるが、一般的な医薬品の存在は広く知られているし、深刻な健康問題に対する解決策も開発されている。マラリアには治療薬があり、結核の治療法も確立されているし、HIVのための抗レトロウイルス薬も――やっと――手に入りやすくなってきた。しかし、だからといってそれらの解決策が対象者にちゃんと届くことが保証されているわけではない。ローゼンバーグが著書『The Social Cure（社会的治療）』（未邦訳）で「人々は命綱を投げ返す場合もある。特に、文化がそうしろと教える場合には」と指摘するように、たとえば南アフリカでは、抗レトロウイルス薬の普及は誤った情報や恥ずかしさなど、お役所では対処できない多種多様な要素のせいで遅れている。ローゼンバーグはこうも書いている。「十分な圧力をかければ、アフリカ各国の政府も妊婦に薬を届けるところまではやるだろう。しかし、その妊婦が薬を飲みこむまでは、彼らの仕事は終わっていないのだ」

アフリカで医療を必要としている人々にとって一番の薬は、正しい知識かもしれない。風邪と同じで、命にかかわる病気についての情報も、反復的な接触によってもっともよく伝わる。そういう意味では、村の常識というのが強力なツールとなる。

医療の提供と患者の管理の現場でも、こうした分散型の手法は効果的に作用する。たとえば、直接服薬確認療法（DOTS）は、結核の蔓延や恐ろしい突然変異を食い止めるために現在採用されている主な手法だ。世界保健機関は各国政府による賛同が必要だとしてはいるものの、この手法は横のつながりが基盤になっている。つまり、患者本人以外の人間（最初のうちは医師や看護師）が、患者が治療薬を飲み下すところまでを目で見て確認するということだ。

時間が経つにつれ、DOTSは医療関係者ではなく聖職者や学校の職員、ほかの患者などによっておこなわれるようになってきた。訓練を受けたわけではない彼らボランティアは、長期にわたる治療期間中、治療の継続に対する責任を患者と共有する。ソーラー・シスターと同様、この手法の利点は立派な研修や特別な医療の専門知識にあるのではない。むしろ身近な人々が患者の情報を共有し、それが患者を結核から守るさらなるやる気へとつながっていくことに価値があるのだ。DOTSは一九八〇年代にタンザニアで生まれ、マラウイではHIV治療にうまく取り入れられた。研究者は、高血圧や糖尿病、統合失調症などの非感染性の病気にもコミュニティ主体のこの手法を採用できるようになることを期待している。

対応の難しいこうした慢性疾患では特に、社会的つながりが薬と同じくらい、生き延びる上で重要な影響力を持つ場合があるからだ。ジャーナリストのセリア・ダガーは、モザンビークのエイズ患者グループについて、病気とともに生きていく気力と意志の力をお互いに高め合っている、と報告している。患者グループは治療を受けに行くためのタクシー代を融通し合ったり、自分たちが抱える社会的不名誉に立ち向かえるよう励まし合ったりしているのだ。「具合が悪くて家に一人ぼっちで閉じこもっていると、息をしている死体と同じように扱われる」とある患者は語った。「だけど、グループの中にいれば、病気でも一人の人間として扱ってもらえる」と感じるのだそうだ。

地元発信のフィードバック・ループとモニタリングは、あらゆる開発活動に欠かせないものとなりつつある。ここでも、地図がカギとなる。誰がどこにいるのか、物理的な意味だけでなく抽象的な意味でも知っていればその人に接触し、個人的あるいは文化的にしないようなこともするように仕向けられるかもしれない。これはマイクロファイナンスが近年、個人よりもグループに融資するようになってきているのにも通じるものがある。コミュニティは階級組織や公的機関よりも下位レベルで融資をモニタリングしてくれるのだ。

「家族の地図」は、アフリカにおける医療のまた別の問題を解決する一助にもなってくれる。僻地での診療所不足だ。医療従事者の不足が深刻な五七カ国のうち、三六カ国がアフリカにある。保健予算についてはアフリカ中で海外から支援のてこ入れを受けているし、慈善団体もかなりの額を負担しているが、各国政府の医療支出の恩恵を受けられるのは比較的裕福な都市部の人口のほうがまだまだ多い。わかりやすい例としては、モーリタニアでは国営病院の補助金の七二%が、国民のうちもっとも裕福なほうの四〇%に流れているのだそうだ。タンザニア人医師のゴッドウィン・ゴッドフリーは、タンザニア北部の一五〇〇万人への医療提供を担う八五〇床の病院で外科医としての技術を身につけた。彼がイスラエルで一時期働いてから帰国すると、国内にはほかに小児心臓外科医がおらず、手術待ちの患者の数は五〇万人を超えていた。

アフリカの僻地で病気になるということがどれほどすさまじく不便かは、いくら言っても大げさにはならない。医療不足の地域に住む患者は一日分の稼ぎを棒に振ってはるか遠くにある診療所まで出かけなければならず、そこまで行ったとしても診てもらえる保証どころか、治療法があるという保証もない。また、医療従事者は、ちょっとした贅沢が手に入らず、住み慣れた地域から遠く離れた僻地での勤務を嫌がる。レントゲンや血液検査器具のような物資も不足している。

公共交通機関の欠如が医療の軽視につながり、悪循環へと陥っていくのだ。

「家族の地図」は「看護」の定義を拡大するもので、それがゴッドフリー医師のような人々にとっては大きな助けとなる。職務の委譲――本来なら医師にしか許されていない医療行為を看護師ができるよう訓練し、看護師の仕事を地域の保健師ができるように訓練すること――などは、専門職の空白を埋める上で大きな効果を発揮してきた。超地域限定的な病歴や医療とは別の不安、迷信、懸念などは、地元の保健師のほうがよく理解している場合が多い。職務を分散することで、簡単な仕事と見慣れた顔を治療の最前線に据えることができるのだ。

正式な法令や明確なガイドラインがない状態で、アフリカの国の半数近くがすでに医師ではない病院の職員に簡単な手術をさせるようになっている。タンザニアでは、子宮外妊娠時の帝王切開や子宮摘出、開腹手術の八四％を外科医ではない病院職員がおこなっているそうだ。モザンビークでは、この数字が九二％にものぼる。アンゴラの地方にあるカルケンベ病院は、ベッドが一八〇あるのに、医師は一人もいない。一九八〇年代以降、医師不足の空白を埋める看護師たちは、保健省の手が届かない地域で命を救う技術を学んでいる（保健省は、このような仕組みがあることすら認識していない）。

アフリカで公衆衛生の現場にいる人々は、多くの住民が頼りにする伝統治療師をどう活用するかについて熱い議論を交わしている。多くのアフリカ人（平均八〇％）が、口コミを頼りに、もっとも安くて信頼されている治療師を選んでいるのだ。だが伝統療法は骨折の間違った治療や自宅出産による死亡、科学的根拠のない薬草による「治療」などにつながる場合がある。ＨＩＶやがんが祈祷で治るという証拠は、どこにもない。

これに対応するため、WHOは公式な基準の作成に注力した。地元住民の信頼を受けて伝統療法をおこなう人々に注力するのではなく、伝統療法の種類の登録と研究を進めたのだ。これでは、病気や治療の提供についての情報源を無視することになりかねない。それよりも伝統治療師に欧米の診療器具を与えたり、彼らを通常の医療への照会システムの中に組みこんだりするほうが、より良い治療へと無理なく移行していけるのではないだろうか。

地元住民に研修を受けさせたり権限を持たせたりすれば、医者に行く人、薬を飲む人を増やすことができる。だが、もっとも金のかからない医療活動――「予防」――はそれよりはるかに難しい。太った国では、喫煙が健康によくないこと、正しい食生活が望ましいこと、運動が大事なこと、定期的な健康診断で命が助かるかもしれないことは誰でも知っている。だが、知っているからといって正しい行動を取っているかと言うと、そうとも限らない。アフリカの場合、すぐれた予防法がもっとも必要なのが、HIVだ。

南アフリカにおいてHIVは、感染率がアフリカ大陸で最悪だったこともあり、もはや軽視できない病気になっている。かつて保健省の大臣が治療法としてニンニクとレモン汁を推奨していたようなこの国で、「治療行動キャンペーン（TAC）」などの世界的な活動組織が国内一〇〇万人以上の成人に薬を配布してきた。感染率は少しずつ減ってきてはいるが、そのペースはまだ遅すぎる。約五五〇〇万の南アフリカ人がHIVに感染しており、痛ましいことに、若者が大陸中に病気を広めている。情報が手に入る今、彼らはエイズのことを知らないから病気を広めているのではない。リスクを過小評価しているがゆえに、病気を広めてしまっているのだ。

一〇代の間での新たなＨＩＶ感染を防ぐことを目的とした調査では、ケニア人の若い女の子たちは年配の男性のほうが感染者である可能性が高いと説明するビデオを見せられていた。やがて、年配男性と関係を持っていると自己申告する女の子はいなくなった。ほかの手法に比べると、脅し戦法というのはもっとも安上がりで、もっとも効果的な方法だ。隣の畑のやり方を真似る農家と同じように、ティーンエイジャーたちもほかの女の子が習慣を変えていると知れば、「パパ」との関係を絶つ可能性が高いのだ。

だが、そのパパがそもそも感染せずにすむとしたらどうだろう？　エイズ関連のＮＧＯ業界では、男性の性的健康は戦略としては見落とされてきた。ＨＩＶが不当なほどに高い割合でアフリカの女性を苦しめているのは事実だが、公衆衛生に大きな影響を与えるのはむしろ男性の行動である場合が多い。「女性が今日と明日、夫に安全なセックスをしてほしいと頼むとしましょう。彼女は夫に殴られ、放り出され、実家の両親は『家族に恥をかかせるんじゃない』と言って彼女を追い返すだけです」とナイジェリアの活動家イウェレは言う。「ですが、男性がコンドームを使おうと意識的に判断すれば、その男性の命も相手の女性の命もより安全になるのです」。同じ理屈が、病気の蔓延を防ぐ目的での男性の割礼運動のきっかけになった。アフリカの家父長制度は残念ながら今も根強く残る規範かもしれないが、アフリカの家族を今も襲い続ける病気の撲滅運動に役立てることもできるのだ。

ティーンエイジャーたちの仲間意識、男性優位主義、そして非正規の医者がどれも賢いエイズ対処法には思えないなら、「家族の地図」が家族という概念そのものと同じくらいややこしいものだということを思い出してほしい。縁故主義と部族主義はその最たる特徴で、汚職と賄賂も同様だ。こうした特徴は政府内部に蔓延しているが、大小問わず民間企業でも見られる。コンサルティング会社マッキンゼー・アンド・カンパニーがサハラ以南のアフリカの新興企業一三〇〇社に、自分たちがもっと拡大していかないのはなぜだと思うかという質問をした。キャッシュフローの少なさと乏しいインフラに加えて、多くが従業員への不信感を答えに挙げている。このような風潮の中、経営者はなじみのある親族あるいは共通の情報を持つ仲間内ばかりで固まってしまい、部外者が仕事を得られるチャンスはなくなる。

だがこれは、政府の縁故主義に比べればたいした不満要素ではないだろう。アフリカの優等生と言われるボツワナのような国でさえ、省庁の主要ポストはイアン・カーマ大統領の親族が占めている。能力ではなく親しさを評価基準にする世界中の仲良し「学閥」ネットワークと同様、アフリカの縁故主義は能力の低下や、最悪の場合は流血沙汰に発展する危険性もはらんでいる。一部のしくじり国家の政府組織は、特定の民族派閥によって占められていた。だからこそリベリア、シエラレオネ、チャド、そして最近ではコートジボワールでも、恨みと暴力が増幅したのだ。

こうした状況にある国の多くでは、アイデンティティ政治（訳注：主に特定のアイデンティティに基づく集団の利益を代弁しておこなう政治活動）以外の政治は存在しない。一党政治であれ多党政治であれ、アフリカの十数カ国の有権者たちは支持政党を決めるとき、宗教、部族、文化、言語、地理的派閥に分かれていく(ケニアでは、票決を取るのはまるで国勢調査をするようなものだ)。

純粋な愛国心が根付かなかった国では、強引なアイデンティティ政治が主流となる。マサチューセッツ工科大学のダニエル・ポスナー教授が指摘しているように、アイデンティティ政治は気まぐれな中央政府による資源配分と関係している。* 「政治家が資源の提供を有権者に約束するような場合、有権者がその約束の信頼度を測るのに民族性を判断基準にする場合がある」。ほとんどの場合、約束自体の信頼性が低いことはここでは無視される。たいして約束を守りもしないのに、ずるがしこい指導者が権力の座に居座り続けるための抜け道は、組織票だ。

一般にはあまり知られていないが、武力を伴う民族間紛争は、資源の奪い合いと関係している場合が多い。文明の衝突ではなく、経済的・環境的関心に基づく衝突なのだ。牛泥棒、報復としての自宅の襲撃、それに放火までもが、さまざまな環境が重なり、天然資源に乏しいがために緊張が走るアフリカの各地で記録されている。放牧地が消え失せ、水源が干上がっていく状況に文化的・宗教的な境界線が重なり合うと、こうした地域では奪い合いが増えることになる。

それでも、アフリカにおける本来の意味でのソーシャルネットワークの寛容さと知性が、地方の未来へ向けた希望に欠かせない基本的要素のひとつであることには変わりない。また、しくじり国家の脅威に対する効果的な防衛策でもある。独立から何年もの間、タンザニア北西部の農村地帯では、財政が厳しい社会主義政府が牛の強奪をおこなっていた。一九八〇年代に入ってこの略奪行為がエスカレートしてくると、住民たちはそれぞれにできる範囲で対抗するようになった。裕福な農民たちは共有資金を積み立て、資金を出した世帯の財産を守るために国の安全保障当局

＊この方法で、アフリカの有権者は民族的関心と経済的関心の両方を一致させている。

者に払う賄賂を捻出した。貧しい人々は賄賂を払うことができなかったため、中央の警察とは異なる警備組織を村ごとに編成し、非公式な民衆議会がこれを管理した。

アメリカの大統領夫人ミシェル・オバマは南アフリカを訪問したとき、同国がアパルトヘイトと闘っていた間中、並外れた地域組織力を発揮していた非公式なコミュニティ「ソウェト議会」を称賛した。「集結した人々が讃美歌を歌うときに活動家たちは計画的に、歌の中に秘密の集会の場所や日時を織りこんだのだそうです」と彼女は語った。「教会での礼拝や葬儀の場でさえ、反アパルトヘイト集会になることがありました」

頭脳流入

連帯と地域の知性に加えて、「家族の地図」の第三の特徴はその範囲だ。街単位や居住区単位でアフリカ人同士を結びつける微細なつながりは、地球全体に広がる同族ネットワークも支えている。現在、アフリカからの移民の地図は植民地支配を逆転させたような状態になっている。英語圏アフリカ人はカナダやイギリス、オーストラリア、インドにまで進出している。フランス語圏アフリカ人はおおむねヨーロッパに集中し、ポルトガル語圏アフリカ人はポルトガルとブラジルに基盤を置く。そして全員が向かうのがアメリカだ。スーダン人はアトランタに、ソマリ族はミネアポリスに、エチオピア人とエリトリア人はワシントンD・Cに。ニューヨークではフランス語圏アフリカ人たちが闊歩している。

アフリカからの移民――悪く言えば「逃亡者」だが――のコミュニティに対する批判としては、彼らがアフリカにとっては総じて損失をもたらすというものがある。二〇世紀に拡大したアフリカ人の富裕国への移住を「頭脳の流出」と呼ぶ者もいる。母国でもっとも必要とされているときに、優秀な専門家たちがいなくなってしまったからだ。この結果、ジンバブエでは医師一人当たりの患者数が六三〇〇人、ガンビアでは九三〇〇人にのぼっている。エチオピアではこれが四万五四〇〇人、リベリアでは一人の医師が七万一四〇〇人もの患者を診なければならない計算になる。南スーダンでは、一一三〇万という住民に対し、医師は一二〇人、看護師は一〇〇人しかいないのだ。

それでも、移民コミュニティは故郷の人々の暮らしにとって欠かせない存在になっている。移民管理に関する国務省会議で、前国務長官ヒラリー・クリントンは移民が「ざっくばらんに言うと、我が国の平和部隊とUSAID（米国国際開発庁）、OPIC（海外民間投資公社）、国務省が全部ひとつにまとまったような存在なのです」と正しく表現した。

私自身、アフリカからアメリカへの移民の一例だ。私の両親は、学生だった一九八三年にナイジェリアを出た。クーデターによって国が一〇年におよぶ独裁政権に突入する前の年だ。だが、二人は決して故郷を見捨てないような人生を築いてきた。私が子どものころ、シカゴにあった自宅の客用寝室には常に「おじさん」や「おばさん」が泊まっていて（本当の血縁関係があったのはそのうちごくわずかだった）、アメリカで生活の基盤ができるまで滞在していた。アメリカに住んでいても、ヨルバ語とヨルバ料理、そしてヨルバ族に囲まれた子ども時代だったのだ。両親がシェル石油で絶対ガソリンを入れないのがなぜなのか、理解したのは一〇代になってからだ。シェルの親会社ロイヤル・ダッチ・シェルが組織的にニジェール・デルタ（訳注：ナイジェリア南西部、ニジェール川のギニア湾に面した三角州地帯で、アフリカ有数の産油量を誇る）の三角地帯を破壊し、ヨルバの一族を殺戮《さつりく》していると、両親は信じていた。故郷から遠く離れていても、できるかぎりの変化を起こすことを、私たちは期待されていたのだ。

やがてナイジェリアが軍による支配から少しずつ脱していくと、家族で鎮痛剤や丈夫な靴を山ほど抱えての里帰りが頻繁に、長期間にわたって繰り返されるようになっていった。両親は、イバダンという都市にある母校で研究と指導をするようになった。私もよくついていったものだ。そしてナイジェリア国外にもおよぶ同心円を描きながら、一人で旅してまわった。一五年以上にわたって西アフリカの生活のテンポ、伝統、忠誠心と常につながっていたことが、私に本書執筆への道筋をたどらせたのだろう。

ワシントンで政治記者として働き始めた私は、アフリカ系移民の友人たちと政治や開発問題について議論するようになった。ギニア人移民はアメリカにやってくると、国中で同じことをやるうまい方法を編み出した。オハイオ中部に住むギニア人のママドゥ・バリーは、アメリカ国内に暮らす同胞に向けて彼らの関心を引くような話題を提供するラジオ番組を毎週放送している。「ラジオ番組」というのは、やや大げさな呼び方だ。彼は周波数を割り当てられているわけでも放送権を持っているわけでもないし、立派な放送機材を持っているわけでもない。ジャーナリズムを学んだことすらない。だが、電話だけは持っている。そして彼の知り合いもみんな、電話を持っている。

そこで毎週数時間、バリーの番組「ギネー・ヴュー」は無料の電話会議ソフトを使って、活発な「トークショー」を放送しているのだ。フランス語圏の西アフリカ出身者が大半を占めるアメリカ在住のリスナーたちが参加するこの電話会議には、過去と現在、故郷と遠い国をつないで、ひねりをきかせた会話が繰り広げられている。司会者はリスナーに質問を投げかけ、リスナーは電話会議の要領でボタンを押して意見を述べる。

議論を交わし、情報を伝え、移民の輪を強くするためにこのような活動をしているアフリカ人はほかに何百人もいる。「フレカンス・ガンダル」という番組はフランス語と、西アフリカの多くで話されているフラニ語で、宗教番組も含む放送をおこなっている。「ジャック・ロジャー・ショー」はワシントンD・C在住のコートジボワール人が司会を務める番組だが、新しくブルキナファソからセネガルにいたる地域にまで放送エリアを拡大した。聴取率は、予想通りに推移する。コートジボワールで選挙時に危機が発生したときや、二〇〇八年にギニアのランサナ・コンテ大統領が死亡したときなど、信頼できる情報源が少なかったときには聴取率が上昇したのだ。

電話会議形式のラジオ番組はアフリカとの情報交換を民主化する、典型的な「カンジュ」行為だ。アフリカ専門店でテレホンカードを買ったり（私の家族はいまだに買っている）、帰郷する友人の友人に手紙を託したり（これも私の家族はいまだにやっている）といった既存の方法の何光年も先を行っている。電子メール、スカイプ、インターネットやケーブルテレビのニュースでさえ、故郷で交わされている会話を再現することはできなかった。ここで紹介した番組は、ラジオを介した、新世界型のなじみ深くアナログな情報交換手段だったのだ（ただし、アフリカでもっとも普及し、もっとも重要な通信手段である携帯電話が登場するまでの話だが）。

近年の移民たちの活動の中でも特にすぐれているのは、ソマリア生まれの国際送金サービス、「ダハブシール」だろう。利用者はアメリカのミネアポリスで現金を預け、ソマリアのモガディシュでもインドのムンバイでも、好きなところで現金を引き出せる。逆ももちろん可能だ。ダハブシールのＣＥＯアブディラシド・デュアルは、何十億ドルという国際送金を管理している。きちんとした服装に身を固めてケニア、ソマリア、イギリス、そして中東を飛行機で飛び回る、しっかりした目的意識を持った男性だ。

デュアルの父親は一九七〇年に送金の仲介業を始め、ソマリアとペルシア湾岸諸国との間で品物を人力で密輸しては売り上げをソマリアで待つ家族に届けていた。一九八八年までには地域内の同業者の中ではトップを走るようになる。ただ残念ながら、その年に勃発した内戦でデュアルと生き残った家族も含む五〇万を超えるソマリ人が離散し、世界中に難民として散らばってしまった。不幸な時期だった、とデュアルは語る。「家族や友人を失い、家やそれまで知っていた何もかもを捨てなければならなかった。一方、難しい状況に順応し、工夫していくことに挑戦する時期でもあった」。デュアル一家は幸運にも、ソマリからの移民がもっとも多いロンドンに落ち着くことができた。「父はそのことがもたらすチャンスに気づき、離散家族が故郷に送金する手助けをしようと思い立った」

ダハブシールはまたしてもゼロからのスタートを切り、今度は壊れかけたコミュニティをまと

ダハブシールは、世界でもっともないがしろにされている市場との間での現金のやりとりを可能にする国際送金サービスだ。この看板は、ソマリランドの首都ハルゲイサ中心地にある支店を宣伝している。

めるため、離散ソマリ人がいる各地に出張所を立ち上げた。「知人や親戚を助けるのはソマリ文化の一部だ。だからこのビジネスには自然と文化的伝統が備わっていたことになる」とデュアルは言う。何十年にもわたって無政府状態が続いたせいで商業銀行サービスが皆無だったソマリアで、ダハブシールは当時も今も、アフリカの角の数百キロ圏内で金銭取引をおこなう唯一の手段だ。

　以来、デュアルの事業は一四四カ国に広がり、このシステムを使っていまやエチオピア人、スーダン人、ルワンダ人、ウガンダ人も世界中で送金することができるようになっている。デュアルはソマリアで初めてのデビットカードを導入し、世界中で五〇〇〇人近い従業員を抱えている。最近の食糧危機や内戦に際し、ダハブシールは人道支援もおこなうようになった。国連、人道支援NGOオックスファムやセーブ・ザ・チルドレンは、業務を円滑に進めるためにダハブシールを頼りにしている。出稼ぎ移民からサハラ以南アフリカへの送金は公的な海外援助金に匹敵する勢いで、毎年二一五億ドルにのぼる。その金のほとんどがいまだに家族から家族に対して、一回に二〇〇ドル未満という少額で送られていることを考えると、驚異的な規模だ。

アメリカを含む一部の政府は、強い根拠もなくダハブシールがテロ活動につながると批判している。パキスタンのダハブシールで一時期働いていた人物がキューバのグアンタナモ湾で拘束された例が槍玉に挙げられているが、それ以上のつながりは今のところ見つかっていない＊。だが、マネーロンダリングに使われる可能性があったとしても、ダハブシールはアフリカ各国の発展にとっては総合的にプラスになる。アフリカの移民コミュニティはダハブシールのようなサービスを使って、しくじり国家が守りきれていない人々を支えているのだ。非公式な弊害どころか、これは庞大な資産だ。

アフリカからの移民が役立つのは経済的側面だけではない。アメリカ連邦議会でアフリカの角を中心とした対アフリカ政策策定に一〇年以上かかわってきたエリトリア系アメリカ人のセムハル・アライアは、「移民アフリカ女性ネットワーク（ＤＡＷＮ）」という組織を設立した。これは、世界各地を股にかけて活動するアフリカ女性の知識と技能を活用することを目的とした組織だ。アングロサクソン系、ヨーロッパ系、またはアジア系の民族は離散して新しい場所に溶けこんだが、エリトリアからアメリカに到達するアライアの足跡は、アフリカの角にへその緒を残したままだ。「アフリカ以上につながりの強いコミュニティはないのではないでしょうか」とアライアは言う。「世界中に散った私たちの移民仲間は、まだ新参者のままです」

＊ 2013 年、バークレイズ銀行は「ブラックリスト」国のイエメン、ポーランド、バングラデシュ、パキスタン、スリランカ、ソマリアとの取引をこれ以上引き受けないと発表した。

DAWNは、アライアの呼ぶところの「模範づくり」に注力している。アフリカからの移民は一人ひとりが小さな政治家であり開発コンサルタントであり、小規模投資家でもあるし、また小さな大使なのだ。しかも、彼らの役割はますます強くなってきている。太った国での比較的強固な市民社会で経験を積んだことで、彼らは海外での組織づくりのテンプレートを手に入れているのだ。アフリカ人の形式張らない共同体主義を故郷の発展のために役立てることも、ここに含まれる。「教会での資金集めや、村で国民の休日を祝っていたことを思い出してください。故郷を災害が襲ったとき、どれほどあっという間に資金が集められたかを思い出してみればいいのです」とアライア。「私たちは無意識に組織を作って、それをあたりまえのものとして考えているのです」

これこそ、アフリカの長年にわたる移民送出に見える希望の兆しだ。そして徐々に、政府機関も「家族の地図」を活用するようになってきている。アメリカ国務省も、アライアを含む関係者らとともに、移民管理の重要性を認識し始めた。「国務省が外交と呼ぶものを、私たちは実家への電話と呼ぶことができます。外交と呼ばれるものを、私たちなら家庭の事情と呼ぶでしょう」と言うのは国務次官マリア・オテロだ。

ダハブシールの例を見てもわかるように、もっとも困窮している国からの移民が、もっとも献身的である場合が多い。自分で国を去ることを選んだのではなく強制的に故郷を追われた彼らは、いつか取り戻すつもりの故郷の成功に投資する。同様に、彼ら移民はアフリカにおける自由への闘いには欠かせない要素だ。エリトリアの内戦は移民からの出資を受けていたし、エリトリア国民は世界中どこにいても政府によって二%の税金を課せられている（これは賛否両論だが）。ルワンダで大虐殺のあとに国を再建しようという努力が始まった際、再建プロジェクトに資金を出したのは海外の移民コミュニティだ。一方で、ハビャリマナ政権との三年におよぶゲリラ戦を闘ったポール・カガメが率いる反乱軍を支え、資金を提供し続けたのもまた、海外移民からの資金だった。南スーダンでも、残虐なハルツーム政府からの解放には政治的・経済的亡命者たちの力が欠かせなかった。二〇一一年に南スーダンが二五年の歳月を経て独立を勝ち取ると、多くの移民が人生をやり直すために母国へ戻っていった。

南スーダンに限って言えばまだ結論は出ていないが、そこから何千キロも離れたリベリアでは、海外移民が紛争後の環境で国の発展にどのような役割を果たすかを見ることができる。一九九〇年代の大半が戦火にまみれていた首都モンロビアで、私は人生の大半を難民として過ごしてきた三〇歳の上品な女性、サラ・ジョーンズと会った。実際的な考え方の持ち主である彼女の物語はきわめて典型的だ。彼女の家族は、リベリアにおける民政の終わりの始まりから逃れるように国を脱出した。彼女は隣国コートジボワールからエジプト、フランスと渡り歩き、そして最終的にアメリカにたどり着いた。二〇〇五年にハーバード・カレッジを卒業してからは、故郷の学校で学ぶ親戚を支えるために送金する何百万というアフリカ人の仲間入りをする。二〇〇八年になって一五年以上におよんだ内戦による混乱が鎮まると、ジョーンズはようやく故郷に戻ることができた。だが、そこで目にしたものを、彼女はすぐには理解できなかったと言う。

私自身、二〇一一年にリベリアを訪問しているので、彼女の驚愕が理解できた。首都を出てすぐのところには古い水道管が草の間から顔を出していて、中には爆撃された家の崩れ落ちた壁から突き出ているものもあった。かつて広々としていた首都モンロビアの砂浜は非公式居住区と化しており、砂の上に作られているがために、住居には安全な水もトイレもなかった。その砂浜を歩いてみると、住民たちは誰でもアクセスできる水源である大西洋で水浴びや洗濯をしていた。内陸では、小川が飲み水、料理、水浴び、排泄物の処理、これらすべてをおこなう場所として使われていた。戦争によって、衛生設備はいたるところで破壊しつくされていた。

リベリアに帰国してまもなく、ジョーンズは水の安全に注力するNGO、フェイス・アフリカを立ち上げた。彼女は家族ぐるみで親しくしていた友人とともに一軒一軒家を訪ね歩き、国際的鉄鋼大手アルセロール・ミッタルが拠点を置くグランドバッサ郡でニーズ調査をしてまわった。「私たちはごくシンプルでローテクな解決策を目指しています」。私の取材に対し、ジョーンズはこう説明した。「最初のプロジェクトでは、太陽光を使った最先端の精巧な浄水システムを試してみて大失敗しました。こんなものを管理できるだけの知識が地元になかったからです」。以来、彼らは地元の技術と地元の職人を使い、新しく井戸を掘ったり古い井戸を修復したりするほうが、差し迫った水のニーズに応えるには確実な方法だと確信したのだった。

ジョーンズはリベリアに帰れるときにはできるだけ帰国して、政府のサービスが届かない空白を埋めることの難しさをその瞳でしっかりと認識しながら非営利組織を運営している。「政府からはたいした支援を受けられません」とジョーンズ。「正式な認証を受けるために政府には届けを出しますが……基本的に、なんでも自分たちでやっています」。これまでの慈善活動も、安全な飲み水を得られない多くのリベリア人にも対応できるよう支援の空白を埋めてきた。フェイス・アフリカはそれに加え、初期の、放棄された支援プロジェクトの後始末もするようになった。彼らが修復した井戸のひとつは二〇〇四年にマーシー・コープスという組織が設置したものだったが、二年も経たずに壊れてしまい、その後五年間放置されていた。それをフェイス・アフリカが手押しポンプを修繕し、地元の手助けとプロクター・アンド・ギャンブル（P&G）からの資金援助を受けて使えるようにしたのだった。

草の根活動はそれぞれの国で、国がやろうとしないことに対する大規模で長期的な解決策を模索し続けている。言うまでもなく、リベリア中に安全で清潔な水を届けるというジョーンズの目標は達成までは程遠い。だが、地元発の活動から学ぶところは非常に多い。従来のNGOは主要都市に活動を集中させて、実際にはより大きなニーズのある地方の村を見落としがちだ（村中で学費を出してもらったデイヴィス・カランビの村がいい例だ）。一方海外移民は、支援活動が脆弱な地域に金と時間を投資する意志がある。ビジネスであれ社会活動であれ、あるいは言語や道案内であれ、ハイコンテクストなアフリカ社会を熟知した彼らは大きな財産だ。

リベリアで、私は二三歳のカナダからの帰国移民、ショーン・ウィンターにも会う機会があった。彼は二〇〇五年の大統領選挙でエレン・ジョンソン・サーリーフ（訳注：アフリカで初めて民主的に選ばれた女性大統領。二〇一一年にはノーベル平和賞を受賞）が勝利したという知らせを聞いて帰国したのだそうだ。「すでに手に入れた知識のある国にずっとい続けても意味がありません。向こうにいて、向こうで請求書の支払をして、あれをやってこれをやって――そんなことより、故郷の経済を向上させることを何かやっていたほうがいいでしょう」

そう思うのはショーンだけではない。先進国への移民を経験したアフリカ人たちと交わした会話の多くで、私は彼と同様の希望と責任感の入り混じった声を耳にしてきた。これからも、このような橋渡し役のアフリカ人たちは増えていくだろう。彼らは農業からIT、企業金融まで、さまざまな分野で活躍することになる。彼らこそ、一九八〇〜九〇年代に移民を送り出してきたアフリカ経済に、移民二世の若い世代があらためて取り組むようになったことを示す証拠だ。経験を積んだ多くの若きアフリカ人たちは、太った国の中間管理職としてせっせと働くよりも故郷に戻り、円滑な帰郷ができるように「帰国クラブ」を立ち上げている。これこそ、二〇〇八年の世界的金融危機に対するひそかな慰めだろう。アフリカの「頭脳の流出」が、「頭脳の流入」に転じたのだ。

ゆるく定義された「家族」の中には、インセンティブと効率性とが兼ね備えられている。それは武器となると同時に、防具にもなり得る。そして幸い、これは無料でふんだんに手に入る財産だ。もっとも客観性に欠け、したがってもっとも困難な手段ではあるが、「家族」は、アフリカではもっとも古い非国家ネットワークのひとつなのだ。

次の章では、一転して最新の地図を紹介しよう。

The Technology Map

第6章

テクノロジーの地図

アフリカのデジタル革命に学ぶこと

急上昇する携帯電話普及率

一九九七年、アメリカからの飛行機がコートジボワールに着陸したとき、ラリー・サマーズを待っていたのは井戸だった。国内最大都市アビジャンの喧騒から数時間離れたところには、清潔な水が手に入らない状況がもう何年も続いている村があった。住民はこの不便を我慢してきた。女性や幼い子どもが遠くまで水を汲みに行ったり、手掘りの井戸や天然の湧水から汲んだ不衛生な水を飲んだりしていたのだ。

そこへ登場したのがＵＳＡＩＤ（米国国際開発庁）――一九六一年にジョン・Ｆ・ケネディ大統領が立ち上げた、海外援助のための機関だ。熱意あふれるアメリカ人技師たちが村の住民のために井戸を掘った。公的な命名式には当然、アメリカの公的な役人に出てもらわなければ。というわけで命名者に選ばれたのが、聡明だがしばしば服がしわくちゃのラリー・サマーズ、ビル・クリントン政権の財務副長官だった。まずは飛行機、次に車、最後はボートで移動してきたサマーズは、ようやくアメリカが支援した蛇口のもとへとたどり着いた。軽くひねるだけで新鮮な水が流れ出し、村人の暮らしを彩った。

サマーズが潟湖《ラグーン》を渡って幹線道路に戻る途中、鋭い電子音が水をかくオールの音をかき消した。側近が音の出所を探り当て、「ルービン財務長官からお電話です」と電話を差し出す。上司のロバート・ルービンが、アメリカの財政赤字かアジアの債務危機を心配して電話をかけてきたのだろう。サマーズは電話を受け取り、ボートは前進を続けた。そのときのことを思い出し、彼は笑みを浮かべた。「あんな場所でワシントンとまったくなんの問題もなく通話していたのに、誰もそれがたいしたことだと思っていなかったんだ」

サマーズの笑顔の源は地中深くにめぐらされた管ではなく、午後の雲に隠された、何千キロも上空の通信衛星だった。一九八〇年代以降、通信衛星は世界中にインターネットと携帯電話の電波を届けている。現在、この接続性はアメリカの政府高官同士の通話を保証するだけではない。現代の暮らしのありとあらゆる側面に影響を与えているのだ。アフリカでは、この接続性のおかげで何百万という人々が自分の属する地域、階級、宗教、文化の枠を越えて旅立って行った。今まで目に見えていなかった世界に、手が届くようになったのだ。

アフリカにおける携帯電話の普及率は、ホッケー・スティックを思い浮かべるとイメージしやすい。グラフにするとホッケー・スティック型に、この一〇年間で新規利用者が急激に増加しているのだ。サマーズの出張の時期にこの急上昇が始まったわけではないのだが、話を始める地点としてはちょうどいいだろう。ルービンがコートジボワールに電話したころ以来、アフリカにおける携帯電話関連産業の規模は五六〇億ドルにもなり、携帯電話の契約者は五億人を超える。サハラ以南には、今では固定電話の一〇倍も携帯電話があるのだ。一九九九年には、携帯電話の電波が届く範囲に住んでいたアフリカ人は全体の一〇%にも満たなかった。それが二〇一二年には、六〇%を超えた。携帯電話の所有者は主に北アフリカのアラブ地域と南アフリカに集中していたが、二〇一二年にはサハラ以南の六億五〇〇〇万人が契約している。* ＭＴＮやボーダフォン、オ

＊本書の執筆中、私はこの数字を何回も上方修正しなければならなかった。2020年までに、アフリカでインターネットに接続しているスマートフォンは5億2500万台にのぼると推定されている。

レンジ、バルティ・エアテルなどの多国籍電話会社が携帯電話を持ちたくてたまらない消費者を奪い合い、接続性を向上させて価格を引き下げている。ごく基本的な機能しか持たない「低機能電話」は圧倒的な大ヒット商品だ。ノキアが売った一〇億台目の携帯電話を手に入れたのは、ナイジェリア人だった。

携帯電話技術の急速な普及は、アフリカ人にとっても驚きだった。一九九九年、ケニアの電話会社サファリコムは、市場が二〇二〇年までに三〇〇万人規模になっているかもしれないと予測していた。だがその予測より七年も前に、サファリコムだけで契約者は一七〇〇万人を超えた。利用者は、海外の取引先と連絡を取るのに「ブラックベリー」のメッセージサービスを頼りにしている多忙なエグゼクティブから、電話で予定を調整する家政婦まで、多岐にわたる。私の父方の祖母は一九二〇年代にイギリスの植民地支配下で生まれた女性だが、教会の行事を把握するのに携帯電話を活用している。仕事をしている人にとっても、仕事を探している人にとっても、携帯電話は必須アイテムだ。ナイロビの低所得層居住地であるキベラで三人の幼い子どもたちを育てる女性のもとを訪ねた際、携帯電話の話題になった。彼女が自慢げに見せてくれたのはノキア一一〇〇。その使いやすさと手に入りやすさから、「通信業界のＡＫ‐４７」と呼ばれている機種だ（訳注：ＡＫ‐４７はその使いやすさで全世界に普及した旧ソ連製の自動小銃）。彼女が持っていたのは中古品だが十分機能していたし、プロバイダの新興電話会社ＹＵは、コートジボワールにいたサマーズをワシントンへと結びつけたネットワークの一〇倍も強力なネットワークに彼女を結びつけていた。

マリ北部では、この国独特の軽快で美しい旋律の民族音楽が、デジタル回線を伝って旅をしている。無数の地元音楽ファンが、低機能電話をｉＰｏｄ代わりに使っているのだ。アリ・ファルカ・トゥーレのような大御所ミュージシャンからイバ・ワンのような最近のラッパーまで、さまざまなＭＰ３形式の音楽を携帯電話で保存・再生することができる。悲哀や称賛、抵抗の歌を共有し、人から人へと伝えていく文化的慣習は、エレクトロニクス時代仕様にアップグレードされた。携帯電話からメモリーカードを取り出せば、ほかの携帯電話にいくらでも音楽を移せるのだ（ブルートゥース技術が、音楽の共有をさらに容易にしてくれた）。

携帯電話の所有が文化的に主流になってくると、サハラ以南のアフリカもついにデジタル世界の仲間入りをするようになってきた。二〇〇九年七月、全長一万キロにおよぶ光ファイバーケーブル、ＳＥＡＣＯＭがインド洋から姿を現した。アフリカとアメリカのベンチャー投資家たちが出資したこの巨大な海獣は今では南アフリカ、モザンビーク、タンザニア、ケニア、ジブチをつなぎ、ケニアの元大統領ムワイ・キバキに言わせれば「光ファイバーケーブルがなかった世界最長の海岸を、世界につなぐことができた」。インターネットのゴールドラッシュ時代の到来だ。同じく光速の通信ラインが、アフリカの西海岸を伝い下りていっている。二〇〇七年から二〇一一年の間に、アフリカのインターネットの通信速度は秒速三四〇ギガバイトだったものが三万四〇〇〇ギガバイトへと跳ね上がった。二〇一二年末には八本以上の光ファイバーケーブルが海底を走り、大陸の北から南までのブロードバンド接続を可能にした。サハラ以南のアフリカにおける携帯電話のデータ通信量はすでに年々倍増する勢いだ。アフリカの携帯電話を利用したインターネット契約者数は、二〇二〇年までに今の一七％から三七％にまで増えると見込まれている。

このようにざっと見ただけでも、インターネット接続がこの大陸を変える可能性の大きさを見て取ることができる。経済学者ジェフリー・サックスは二〇〇五年の著書『貧困の終焉——二〇二五年までに世界を変える』（鈴木主税・野中邦子訳、早川書房、二〇〇六年）について私に語る際、アフリカ大陸でインターネット技術が爆発的に普及する前にこの本を出してしまったことを嘆いていた。「今ならまったく違う本になっているだろう」

テクノロジーには、アフリカだけでなく世界中にとって非常に深い意味を持つ四つの特徴がある。民主的、市場を基盤としている、革新的、そして、ますます開発に効果を発揮するようになるという特徴だ。「カンジュ」とうまく組み合わせれば、アフリカのテクノロジーは医療や経済、小売流通などの問題に対して賢く無駄のない解決策をもたらしてくれる。しかも、これはほんの序の口だ。

テクノロジーの潜在能力は、まずはその劇的な力の再分配が基盤となっている。サマーズがボートに乗っていたのとちょうど同じころ、テクノロジー系の雑誌『ワイアード』が海底ケーブルについての特集を組み、デジタル接続がなぜ重要かを説明した。

ケーブルは、ワームホールが物理的空間でのワープを可能にするのと同じようにサイバー

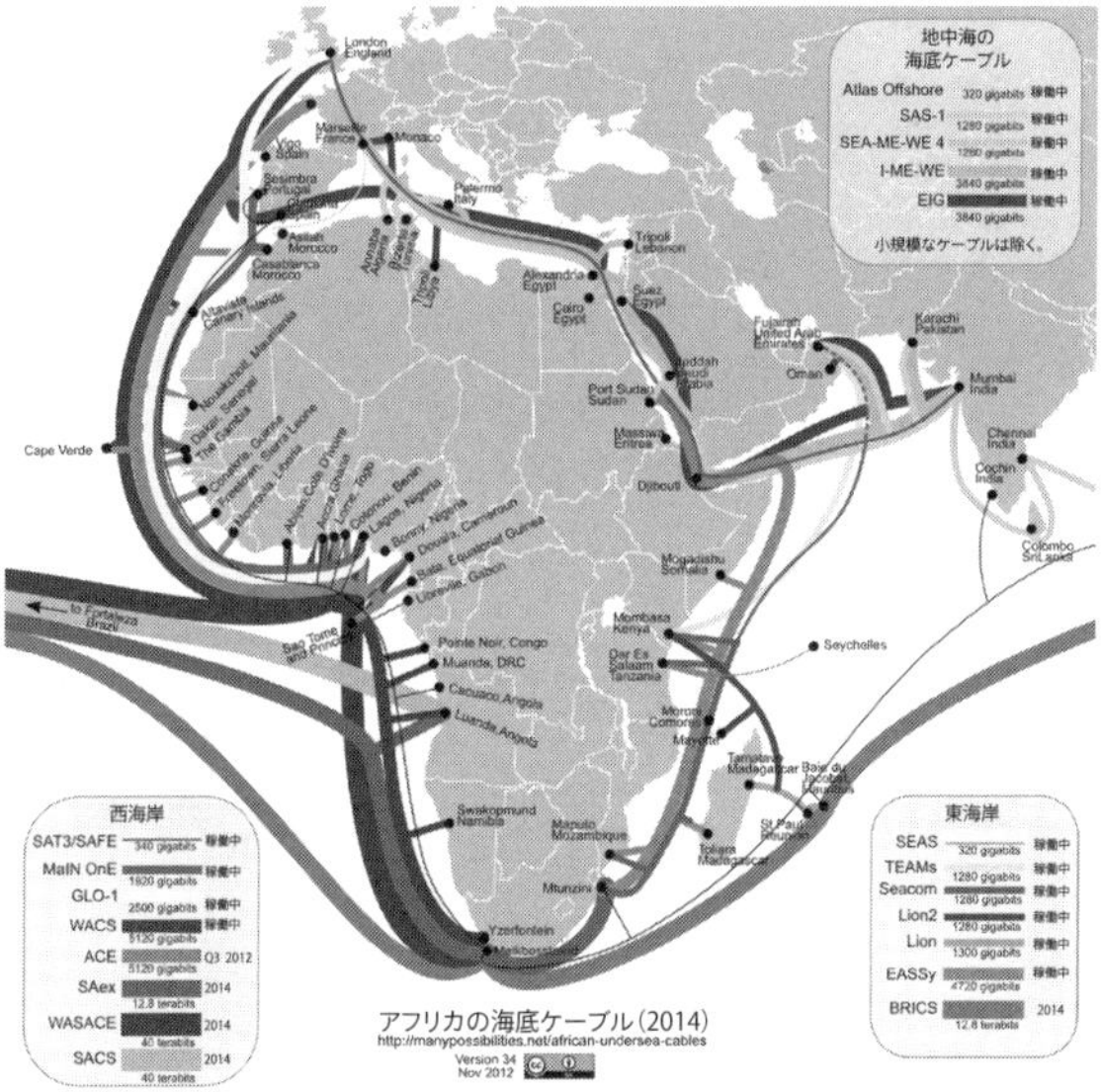

2009年から2014年の間に、アフリカのブロードバンド・ネットワークは、いたるところに広まった。
(出典 Steven Song, licensed as BY; 2014 African undersea cable map)

空間でのワープを可能にしてくれる。ケーブルの両端にある二点は、情報という観点からは同一の地点となるのだ――たとえ地球の反対側に位置していたとしても。

ケーブルはロンドンをルサカ（ザンビアの首都）に、ルサカをロンドンに変えることができる。携帯電話の利用方法が通話からインターネット接続へ移行したことによって、アフリカ大陸の普通の人々が富裕国の人々と同じ情報を手に入れられるようになった。デジタル接続は社会における伝統的な権力の配分を逆転させ、アフリカ中で階層主義を排除した。アフリカのテクノロジーの進歩を初期のころから現場で体験してきた人類学者ケン・バンクスは、「アフリカ人利用者の大半にとって、『中央集権』とはすなわち『リモート（ネットワーク上にあってアクセスするもの）』を意味する。一方、『分権』は『ローカル（手元にあるもの）』を意味する」と語った。言い換えれば、携帯電話で、リモートにあったものにアクセスし、ローカルに持ってくれば、誰でも物事の中心にいられるということだ。世界は完全にフラットになったわけではないが、中央と周縁との差はますます区別しにくくなってきている。

フンケ・オペケは、インターネット世界の秩序に関して長年の経験を持つ人物だ。ナイジェリアで訓練を受けたエンジニアで、インターネットブームの波に乗ってアメリカで仕事をしたオペケは、大手通信会社ベライゾン・コミュニケーションズでの職を捨てて故郷に戻り、南アフリカ系電話会社ＭＴＮの最高技術責任者になった。彼女はまもなく自分で「メイン・ワン」という民間企業を立ち上げてＣＥＯとなり、海底に光ケーブルを敷設する仕事をしている。

　ナイジェリア最大の都市ラゴスの中心部にある彼女の事務所には、メイン・ワンがモロッコから南アフリカまで、アフリカの西海岸すべてを網羅する予定であることを示す地図が貼ってある。末端での接続サービスは地元のインターネットやテレビ、電話会社向けに販売される。オペケは、自分が売っているのはただのインターネット接続ではないと考えている。「情報は力を与えます。まずは教育とビジネスチャンス、雇用の機会という点でアフリカの若者たちに力を与えているのです」。自身のベンチャー企業について、彼女はそう語った。「世界を舞台に活躍してやるくらいの熱意がある事業にとって、インターネットは、世界中の人々とつながり、対等な立場でやりとりをするためのスキルやクリアな視界を与えてくれるものなのです」

　インターネットアクセスの統計はまだそこまで到達していない。ストリーミングやツイッター、電子メールを利用しているのは、地方や貧しい人々よりも都市部のエリート層のほうがずっと多い。だがアメリカの情報交換サイト「クレイグズリスト」のアフリカ版を目指す挑戦が始まったのはカメルーンの活気のない町、リンベからだった。その挑戦を始めたフリッツ・エクウォゲは丸顔に穏やかな笑顔を浮かべているが、その下には激しいほどの起業家精神が隠れている。彼は一六歳のときに、コンピューターのプログラミング技術を身につけた。しかも、コンピューターを持っていなかったにもかかわらず。ノート型もデスクトップも買うことができなかったエクウォゲは、友人が持っていたテキサス・インスツルメンツのＴＩ‐８２という高機能計算機を借りたのだ。「僕がその計算機を借りるお礼として、彼が数学の試験に合格できるようなソフトウェアを開発してあげたんですよ」と彼は笑う。

この困難が足かせになるどころか、エクウォゲはそのおかげで、アフリカ大陸でもっとも多才なプログラマーの一人になれた。まだ高校生のときに、彼は電子機器の電源を遠隔操作で入れたり切ったりできる簡単な携帯電話用プロトコルを開発した。それはほんの遊びで作ったものだったが、改造ができる頭のいいやつという評判が確立され、彼の起業家精神の種となった。それが芽生え、エクウォゲは携帯業界の開拓を今も続けているのだ。

二〇〇七年に、エクウォゲは広告を集めて掲載するウェブサイト「ケラワ」を立ち上げた。彼のコンピューター能力もそうだが、このベンチャービジネスも「カンジュ」から生まれたものだ。技術系の専門学校を卒業した彼はカメルーン最大の都市ドゥアラに引っ越したかったが、どうしても住む場所を見つけることができなかった。市場の空白に気づいた彼はその空白を埋めるためにケラワを立ち上げ、掲載する広告と告知情報の募集を始めた。すぐさま、カメルーン国内と近隣のガーナやナイジェリアのインターネットユーザーたちがオンラインで商品やサービスの取引を始めるようになった。現在、ケラワはアフリカ四三カ国に加えてインドからの情報まで掲載している。カメルーンではもっとも閲覧数の多いウェブサイト上位三〇位に入っていて、クレイグズリストよりも上位にきているのだ。

エクウォゲはその後多国籍企業プライスウォーターハウスクーパーズ（ＰｗＣ）で会計士になったのだが、その職はとうの昔に辞している。ほとんどの若いカメルーン人にとっては、かなり大胆な決断だ。だが彼が立ち上げたベンチャー企業は、アフリカにおけるテクノロジーについてもうひとつ重要な事実を明確に示してくれる。商取引市場が機能している、という事実だ。アフリカにおける慈善活動の急増は、一部には、この大陸が自力でどうにかするには貧しすぎるという思いこみが基盤になっている。汚職が商業活動を停滞させ、極貧状態のアフリカ人は何も買えない。中でもとりわけ、市場を作ることなどできないという思いこみだ（商業ネットワークについては第七章でもっと詳しく述べる）。だが携帯電話技術の到来により、こうした考え方に絶対的な反証が生まれた。援助や補助金がなくても、アフリカ人は新たな世界秩序のツールを作り、購入する意志があるのだ。

「カンジュ」の独創的なエコシステムが持つさまざまな側面と同様、携帯電話の普及は必要があったからこそ実現した。なにしろ有線通信は接続が悪いか、まったく存在しない（実際、私自身はアフリカで有線通信を使ったことが一度もない）。しくじり国家もまた、障害となる。私が住んでいたケニアでは、企業が固定電話を引くためには平均一〇〇日間は待たないといけなかった。それもほとんどの場合、サービス提供をおこなう半官半民組織に賄賂を払った上でだ（賄賂の平均額は一一七ドルだ）。

それに加えて、信頼性に欠けるインフラによって、アフリカでは基本情報というものが非常に偏ったものになっている。海岸沿いでのトマトの値段は？　今日先生はちゃんと出勤している？　赤ちゃんはもう生まれた？　これらの質問に対する答えを知らないことの代償は高くつく場合がある。そして携帯電話がなければ、答えを見つけるための対価も高くつく。企業にとっても一般人にとっても、目に見えるコストと見えないコストの両方が、携帯電話コミュニティの仲間入りをする理由になるのだ。

たとえばニジェールでは、換金作物の値段を知るために市場に出かけるだけで、作業時間が二〜四時間は失われる。生産者と販売者との間で短い通話をすれば、答えはすぐにわかり、コストは半分ですむ。電話は、市場の行動も変える。ナイジェリアの穀物業者は携帯電話でもっと多くの、もっと広範囲にわたる顧客を相手にすることができ、商品の価格を引き上げることが可能になった。賢い取引のチャンスは、躍動するアフリカの大都市だけに限られるものではない。特に地方では携帯電話の充電サービスが活況で、収益性が高い非公式部門のビジネスのモデルだ。

だからこそ、アフリカ人が一日の稼ぎの平均一〇%を携帯電話での通話に費やしているというのも意外ではない。この数字は国や収入によって異なるが、割合の高さには驚かされる。年収三万ドルの人間が、電話に三〇〇〇ドルも支払っているようなものなのだ。アフリカにおけるインターネット接続の需要は現実のものであり、成長を続けている。購買力が向上し、その価値に対する認識が高まってきたことが大きな要因だ。インターネット接続に投資することの経済的根拠には、ほとんど反論の余地がない。しかも、この傾向はインターネット対応型の携帯電話が増えるにつれてますます強くなるばかりだ。二〇一〇年、ブラックベリー社で当時CEOを務めていたジム・バルシリーは、同社の製品が新興市場で人気になっている理由についてこう語った。

「これは一番高い携帯電話なのだろうか、それともかってないほど安いテレビなのだろうか?」

供給側から見ると、アフリカのテクノロジーは世界でもっとも楽しみな成長産業のひとつであることが実証されつつある。アフリカ初の億万長者モ・イブラヒムが財を成したのが携帯電話会

携帯電話の普及によって、充電サービスや修理業といった単純なものから、貯蓄口座や保険といった金融商品の取引まで、多くの革新的なビジネスモデルが生まれた。
* 写真内の看板：テレビとラジオと携帯電話の修理・スペアパーツ販売、携帯電話の充電

社だったのも、納得だ。収益性で言えば、東アフリカの携帯電話サービスはビール業界に匹敵する勢いだ。ボーダコム、MTN、ティゴなどのアフリカの携帯電話会社もイブラヒムの後に続き、アフリカのために――今度は、アフリカの消費者のために――奔走している。ナイジェリアの海底ケーブル事業会社「メイン・ワン」を立ち上げたオペケは、その可能性について楽観的だ。「消費者には対価を払う意志があります。経済的観点から定量化できるニーズがあるのだから、民間のベンチャー企業である私たちは資本を取りまとめ、個人の野望をかなえていくのです」

それに続く価格戦争は、興味深くも有益な副作用だった。二〇一〇年に携帯事業会社バルティ・エアテル（当時の社名はザイン）がケニアでの通話量を一分六シリングから三シリングに、ショートメッセージは一通三シリングから一シリングに引き下げると、観測筋は市場最大手サファリコムよりも安いそ

の大胆な価格改定に息を呑んだ。当時契約者数が市場全体の八〇％を誇っていたサファリコムには、それを無視するだけの余裕があった。だがエアテルの発表からわずか一カ月後には、サファリコムも価格の引き下げに踏み切る。海底ケーブル事業（新しいケーブルのうち三本は、民間投資家が出資している）も、消費者にとっては喜ばしいものだ。ケーブルが敷かれてから、光ファイバー接続の卸売価格は一〇分の一にまで下がっている。

電子機器の販売も積極的に、しかもアフリカ市場向けにカスタマイズされた形でおこなわれている。通話料がプリペイド方式の携帯電話は欧米のような契約や手数料などの面倒な手続きなしに接続力とスピード、柔軟性を提供してくれる。安価な携帯電話が市場にあふれてくると、価格もよりアフリカ人の手に入りやすいように下がってくる。こうなると、こうした電話はもうどこでも手に入るノキア一一〇〇型のような「低機能」電話ではない。二〇一一年には中国企業華為《ファーウェイ》がＩＤＥＯＳを発表した。これは第一級のタッチパネル式スマートフォンで、値段は八〇ドルだ。機能の革新は、市場の構造と価格における飛躍的な進歩をいっそう後押しするばかりだ。

携帯電話やその他のインターネット接続技術の到来は、経済発展にこれまでにはない影響を与えてきた。経営コンサルティング会社マッキンゼーは二〇一四年に「ｉＧＤＰ」、つまりインターネットのアフリカ経済に対する貢献を測定し始めた。研究者ステファン・クロンナーとパトリック・ノーレンによると、南アフリカでは携帯電話のサービス提供範囲の拡大に比例して雇用が一五％増加したそうだ。そして、主に恩恵を受けているのは女性だという。別の、しばしば引用される二〇〇六年の調査によれば、特定の国で携帯電話の普及率が一％増えるごとに、国の成長率が〇・六％上がるとのことだ。二〇世紀後半に成長率が停滞またはマイナスを記録したアフリカの多くの国にとって、携帯電話の導入は緊急景気刺激策のようなものだった。

電子マネー

インターネットの接続性を現金に換算するもっともすぐれた例は、ケニアの「Ｍペサ」だろう。これは携帯電話をＡＴＭに変身させたサービスだ。仕組みは簡単で、顧客はケニアに三七〇〇もある正規のＭペサ代理店で自分の携帯電話番号を登録し、現金を預ける。身分証明書と電話番号、そして暗証番号を提示すれば、その金を何百キロも離れた別の支店で引き出すことができるのだ。

携帯電話技術が多くの地域におけるイノベーションの基盤となっている以上、いくつか基本的な事実を知っておいたほうがいいだろう。アフリカでは、携帯電話は特定のネットワークにつながっていないことのほうが多い。利用者の電話番号は、ＳＩＭカードに保存されている。そして、携帯電話会社は契約や信用調査を要する後払いシステムを構築するのではなく、プリペイド方式の通信時間で収益を上げている。ほんの数分の通話時間から何週間分ものデータがダウンロードできるものまで各種取り揃えられたスクラッチカード形式のこの商品は街角の売店で売られ、利用者一人ひとりに「クレジット」を付与する特別なコード番号が記載されている。

ここから生まれたのが、典型的な「カンジュ」型の利用方法だ。家族の何人もが一台の携帯電話を共有し、電話を使いたいときには自分のＳＩＭカードに差し替えるのだ。懐に余裕がある者なら複数の電話機を持ち、複数のネットワークに接続する（どれか一社でサービスが中断したときの保険だ）。これに対して、韓国のサムスンはSIMカードを同時に二枚入れられる電話を発売した。痩せた国ならではのイノベーションであるこの電話機は、今では仕事とプライベートの電話を区別したい富裕国の利用者向けにも売られている。

この適応能力の高さは、通信時間のやりとりという形にまで及んだ。二〇〇五年、サファリコムは「サンバザ」というサービスを始めた。顧客がほかの利用者に自分の通信時間を送れるようにするものだ。すると現実世界の物々交換になじんでいる利用者たちがこのシステムを電子マネーのように使い、借金の返済や何かとの引き換えに通信クレジットをやりとりするようになった。しかも、取引手数料はかからない。サファリコムはこの傾向に注目し、二〇〇七年にイギリスのボーダフォンと協力してDFID（英国国際開発省）の支援を受け、本物の現金を利用者間で送金できる新サービス、Mペサを開発したのだ（こちらはわずかながら手数料がかかる）。私もMペサを使ってケーブルテレビの利用料やタクシーの乗車賃、小規模事業者への代金などを、一切現金を使わずに支払ったことがある。

これは、アフリカにおけるテクノロジーの第三の影響を示している。つまり、予期しなかったイノベーションの嵐だ。Mペサはさまざまな金融サービスを可能にしてくれる。緊急時には、電話番号さえあれば親戚や友人に送金ができる。借金の返済や回収も、相手と顔を合わせずにすませることができる。利用者の多くがサファリコムのアカウントに電子マネーを「保管」していて、これが初歩的な貯蓄制度の役割を果たしている。アフリカでは、融資や銀行サービスはほとんど存在しない。人口の八〇％が銀行口座を持たず、サハラ以南に住むアフリカ人の大半は融資を受けることができない。その結果、アフリカの「ペサ」（スワヒリ語で「お金」を意味する）のかなりの量が、マットレスの下や穴の中に隠されたままなのだ。

Mペサがもたらしたのは、安全性と利便性、そして人々へのエンパワーメントだ。もちろん、貧困国で一般市民が資産を築くという、長年待ち望まれてきた可能性も提供してくれることは言うまでもない。大人気のこのサービスは、今ではケニアの全世帯の六五％で利用され、取引額は一日でおよそ二〇〇〇万ドルにものぼる。これはケニアの年間GDPの半分に相当する額で、今も増え続けている。あからさまに男性優位のこの社会で、電子マネーは男女平等だ。女性も、男性と同じくらい頻繁に送金している。

電話会社の提供するサービスとして、Mペサは本来、存在するはずのないものだった。当初、地元の提携銀行はサファリコムを相手にしなかった。どの銀行も、電子マネーはリスクが高すぎると踏んだのだ。規制の抜け穴や見落としをうまく見つけて潜り抜け、最終的に生まれた商品は、結果的には国を動かすことになった（ケニアはサファリコムに特殊な許可証を発行し、電話会社が金融機関として機能できるように許可した）。これは、「カンジュ」を考える上で重要な勝利だ。銀行の力が強く、ややこしい金融商品が数多く存在する経済では、Mペサはまったく発展しなかっただろう。アフリカのほかの国の政府なら電子マネーの普及を阻害し、規制を使って暴利をむさぼろうとしたかもしれない。だがケニアではこのイノベーションが国を変え、人々に力を与えたのだ。

この勢いはもう誰にも止められない。アフリカの電子商取引は、現金を使わないという新しい概念を世界中に広める種となったのだ。パガ、エコキャッシュ、スプラッシュ・モバイルマネー、ティゴ・キャッシュ、エアテル・マネー、MTNモバイルマネーなどの類似サービスが、ほかの多くの国で続々と生まれた。セネガルのワリという会社は電子決済や支払カード、バーチャル口座を二二の国で利用できるソフトを開発した。アフリカの実例を見て、国際社会は早くも商品・サービスの提供方法を見直す必要性を感じている。二〇一二年に世界の金融習慣についておこなわれた調査では、二〇カ国で成人の一〇%以上が電子マネーを使っていることが判明した。この二〇カ国中一五カ国がアフリカの国で、利用率はケニア、スーダン、ガボンでは五〇%以上、あの「失敗国家」ソマリアではなんと三分の一にものぼる。欧米の富裕国における成人の電子マネー利用率が一%にしかならないことを考えると、開発の論理に対する愉快な逆転現象だ。アフリカは、はるか先へと飛躍したのだ。

このような「ジェネラティビティ（訳注：次世代の価値の創出に積極的にかかわること）」は、従来のテクノロジーを根底から揺るがす破壊的テクノロジーの一般的な特徴だ。*パソコン、クレジットカード、アマゾン、イーベイと同様、Mペサは可能なことの範囲を変えた。何百という事業がMペサの力を借りて、付加価値サービスを提供している。ナイロビで私にとって一番便利だったのは、電気代などの光熱費を電子マネーで支払えたことだった。電子マネーを活用する一般的なビジネスモデルとしてはチケット販売、マイクロ保険、電子商取引などがある。「コパ・チャパー」と「Mシュワリ」も、電子マネーを基盤とした融資サービスだ。利用者は携帯電話経由で資金を借りたり、預金から利息を得たりできる。モビソルのようなエネルギー販売会社は貧しい

＊詳しくは、ジョナサン・ジトレインの研究論文「The Generative Internet（ジェネラティブ・インターネット）」を参照。

家に太陽光発電システムを設置し、その代金を電子マネーで少しずつ支払えるようにしている。企業は電子マネーを活用して臨時雇いや非公式な従業員に賃金をより簡単に、かつ安全に支払うことができ、従業員のほうも四時に銀行窓口が閉まって手続きができなくなるのを心配することなく、その日の給料を電子マネーとして預金することができる。

だがアフリカでは、テクノロジーだけがすべてではない。やはり、最強のアプリは「カンジュ」だろう。Ｍペサ革命と同じくらい重要なのが、金融サービスの利用という仕組みに組みこまれた売店の店主たちのネットワークだ。ソマリランドでは、「ＺＡＡＤ」という送金システムが向精神作用のある薬草、カートの庞大な小売りネットワークを展開している。二〇一〇年に実施されたＭペサに関する調査では、利用者が近親者以外にもネットワークを広げ、拡大していく傾向があることがわかった。このテクノロジーは電話帳の登録者を金融活動の潜在的な貸し手、借り手、協力者に変えるのだ。我々の地図は、何層にも重なっている。テクノロジーは、ソーシャルネットワークをバーチャルなネットワークに変化させ、逆もまた可能にするのだ。

クラスター経済

この例が見られたのが、二〇〇七年にタンザニアのアルーシャで開催されたＴＥＤグローバルだった。テクノロジーとデザインについて語り合うこの有名な会議で、史上初めてアフリカ中から一〇〇人の同志が一同に集められたのだ。ケニア系アメリカ人技術者エリック・ハースマン、エンジニアのジュリアナ・ロティッチ、そして元グーグル・アフリカの政策担当部長オリー・オコローらがここで顔を合わせ、連絡を取り合うようになり、それぞれの人脈を活かし、ケニア人プログラマーのデヴィッド・コビアとともに非営利のソフト開発組織「ウシャヒディ」の設立と、のちにはBRCKという、開発途上国でのインターネットアクセスを目的とした頑丈で安価な無線モデムの設計をおこなった。「インターネットがなければ、今の私たちはありません」。常任理事を務めるロティッチは言う。「私たちはまったくばらばらの業界にいましたが、インターネットとブログという共通点がありました。これは手法ではなく、触媒です。私たちを結びつけるカギなのです」

世界中に、「クラスター経済」が散らばっている。クラスター経済とは、特定の産業に特化し、地理的な近接性によって進歩が加速している地域を指す。靴と言えばミラノ、車とモータウンミュージックと言えばデトロイト、ギャンブルと言えばラスベガス、世界中に流通するプラスチック製品や玩具、繊維製品と言えば中国の珠江デルタ、のような具合だ。シリコンバレーにはＩＴ系の人材と資本が集まる。その両者が、すでに集中している地域だからだ。同じことが今、アフリカで起こっている。ケニアの非公式経済について徹底的なすばらしい調査をおこなったスティーヴ・ダニエルズは、現地の製造クラスターについて「人間関係と取引関係の複雑に入り組んだ網が、独自の集合体としての効率をもって機能している。接続要素における損失が最小であることが前提だが、これは通常、その近接性と確立された社会的関係によって保証されている」と説明している。

プラスチック製品の製造と同じ仕組みが、アフリカで急成長しつつあるデジタル経済にも展開されている。カメルーンの牧歌的なブエアの街にある無個性な白い建物には、アフリカに情熱を傾けるマイクロソフトの元開発者ビル・ジマーマンの支援を受けて設立されたＩＴ系クラスター「アクティヴスペース」が入っている。プログラマーや夢追い人たちはこのオープンスタイルのオフィスにデスクを借りることができ、一緒にコーヒーを飲みながら互いにプレゼンを練習し合う。巧みなコンピューター技術を活かしながら互いが向上することを目指すこのような空間は各地で生まれていて、コートジボワールには「アケンデワ」、セネガルには「ジョッコラボ」、ベナンには「エトリラボ」、リベリアには「ｉラボ」、ウガンダには「ハイヴ・コラボ」、ナイジェリアには「コ・クリエーション」や「ウェノヴェーション・ハブ」などがある。

この中でもっともうまくネットワーク化された最大のものがナイロビの「ｉハブ」だろう。広々とした明るい黄緑色の内装のこのオフィスは朝の七時から夜遅くまで開いていて、政府の大臣やシリコンバレーからの訪問者、地元の開発業者なども参加するさまざまなイベントを主催している。二〇一〇年に技術者のエリック・ハースマンがオランダのＮＧＯ「ハイヴォス」と「オミダイア・ネットワーク」（イーベイの創業者ピエール・オミダイアとその妻が運営する慈善組織）の支援を受けて立ち上げたこのベンチャーでは、一万人以上の登録会員が超高速インターネット接続と、志を同じくする開発者仲間のコミュニティを活用している。いつ行っても東アフリカ中から集まった四〇人近い技術者たちが身を寄せ合ってコンピューターをいじり、地元市場向けに新しいアプリケーションを開発している。休憩時にはテーブルサッカーと、同じビルに入っている

「ピーツ・カフェ」のコーヒーがお楽しみだ。

ある日の午後、若いプログラマーが着ていた黄色のTシャツには、マーク・ザッカーバーグのモットーがでかでかとプリントされていた。「素早く動け、破壊しろ」。オフィスのマネージャーを務めるジェシカ・コラコが、ニュースを発表するために両手を口のまわりに当てて大きな声を出す。丸一週間、TEDグローバルがストリーム配信されるというニュースだ。高速インターネット接続と設立者たちの密接にネットワーク化された手法のおかげで、iハブは片足を高速で進歩するグローバルテクノロジーに、片足を新興ならではの集合的な「カンジュ」文化にしっかりと据えることができている。「iハブは、数多くの企業や学究的環境、大学を結びつけるものであるべきだと考えています」とコラコは言う。「ここは、境界線をなくすのです」

最高クラスのITハブは世界中にいくらでもある。だがアフリカのITコミュニティでは、しくじり国家のせいでクラスターがとりわけ効果を発揮するのだ。新興市場の起業家たちにとって、公的機関の不安定さは事業の立ち上げ当初にありがちな不安をいっそう強める原因となる。ラゴスで、私はナイジェリア人プログラマーのグループに会った。ヤフーボーイズの、違法ではないほうの片割れたちだ。彼らは事業立ち上げの際、国の電力供給の不安定さが大きな障害になったと語った。電力のことを心配しなくてすんだとしても、ゼロからのスタートは十分大変だ。

私が会ったプログラマーの大半は、完全に独学で知識を身につけていた。彼らは、しっかりしていない教育制度の被害者なのだ。「大学に入るとコンピューター科学やエンジニアリングの授業を受けることはできますが、その内容はまったくもって不十分なのです」と語るのは、ナイ

カメルーンのブエアにあるコワーキングスペース「アクティヴスペース」では、プログラマーや販売業者、金融アナリストたちが場所だけでなく才能も共有している。

ジェリアのＩＴ業界で一〇年の経験を持つコンサルタント兼ウェブ開発者、デジョ・ファボラデだ。「今は、ナイジェリアのインターネット起業家精神が花開こうとしている開拓時代です。そんな状況でも、しっかりと整備されたインフラが機能することは期待できないのです」

「若造である僕たちは、多くの困難に直面します。会社を立ち上げたら自分が社長も秘書も用務員もやるのです。成長するにも限界があります」と言うのはナイジェリアのＩＴコンサルタント会社ツァボインの業務執行取締役、デレ・オドゥフイェだ。「ある時期、一度に二〇人以上、五〇人以上の関係者を相手にしていて、全員が同時にこっちの注意を引こうとしているような状況がありました。インフラが存在しない環境では、たくさんの点を自力でつながなければならないのです」

　コワーキングスペースは負担を分け合い、新しい口コミネットワークを作って仲間たちが互いに学び合えるようにしてくれる。「このようなことが可能な中央政府によるプラットフォームは存在しません」。アクティヴスペースの役員会に名を連ねるカメルーンのブエア出身のプログラマー、ヴァレリー・コロンは言う。「集まって、自分と同じ情熱を持つ人々と会うと、自分は一人じゃないと思えて、自分のビジネスのために行動を起こす勇気がもらえるのです」。コロンは友人エボット・タビと断続的に一〇年間、一緒に仕事をしてきた。また、不動産業界に経験のあるアル・バンダとも、カメルーンで不動産の検索と売却ができるオンラインのプラットフォーム設立で協力している。バンダは言う。「これは分業ですよ。彼らは、私たちがやっていることのIT部分に集中する必要があるかもしれない。私はビジネス部分に集中する必要があるかもしれない。全部一人でやろうとするよりはずっと楽です」

困難を一緒に乗り切ることで、工業系であれIT系であれ、小規模事業同士に強い絆が生まれる。スティーヴ・ダニエルズによれば、プラスチック産業では複数のベンチャー企業が「共に働いて労働力や技術、原材料を分け合う。起業家が大量注文を受けたら、同業者の仲間に一部手伝ってもらうよう頼むかもしれない。あるいは、原材料の在庫が厳しい場合、原材料を融通してくれるよう頼むかもしれない。リソースを仲間内でプールしておくことで、必要なときに必要な人間が効果的に使えるようになる。信頼は、もっとも貴重な財産のひとつだ」。ツールのグローバル化が進む今でも、アフリカのデジタル経済は道端で繰り広げられる非公式経済のような様相を呈している。

こうしたクラスターの規模は中国の深圳《シンセン》やアメリカのデトロイトとは比べ物にならないくらい

小さいが、「テクノロジーの地図」を支えているのはアフリカに生まれつつあるＩＴハブなのだ。オドゥフイェは、ナイジェリアの友人たちが最低限の支援だけで達成した成果を誇りに思っている。「今はまだシリコンバレー的な場所にはなれていないかもしれませんが、シリコンバレー的な体験をしていると言うことはできます」

「とにかくアプリを立ち上げろ」

こうしたハブの爆発的増加は、東アフリカにうれしいニックネームをもたらした。「シリコン・サバンナ」だ（南アフリカでは、これが「シリコン・ケープ」になる）。カリフォルニアのシリコンバレーになぞらえたこの名は示唆的だ。投資とテクノロジー、二つの業界を渡り歩く投資家や技術者たちは、両者はまったくかけ離れているがそれでもつながっていると言う。サンフランシスコの「ｉ／ｏベンチャーズ」でエンジェル投資家として働いていたムブワナ・アリイは、アフリカを本物のイノベーションが生まれる最新の空間だと考えている。「私が生まれたタンザニアでは、すごいテクノロジーが次々生まれています」と彼は語る。「これは覚えておいてください、私たちにパソコン革命は必要ないのです。そこはすっ飛ばしてしまいました。アフリカの追い上げは、世界のほかのどの場所よりも面白いですよ」

カリフォルニアでは、「ものまね」ベンチャーと、そして写真共有アプリやソーシャルメッセージアプリに対するとてつもなく高い評価のせいで、多くの大胆な投資家たちはつまらないと思って、あるいは怖気づいて、投資を控えてしまった。一方でアフリカのＩＴ業界は、わくわくする投資先になり得る。「みんなこう考えるんですよ、『中国とインドでは乗り遅れてしまった。アフリカには乗り遅れないようにしないと』ってね」とアリイは言う。この心意気で、彼はビジネスレビューサイト「イェルプ」の共同設立者でペイパルの初期の従業員でもあったラッセル・シモンズを二〇一〇年に東アフリカに連れてきた。キャリアの大半をオンライン決済の仕事に費やしていたにもかかわらず、「シモンズはＭペサを見て、『うわあ、こりゃいったいなんなんだ』って言ったんですよ」とアリイは語った。

アリイとハースマンは現実のものものバーチャルのものも含め、既存の市場と新興市場の間をつなぐものを構築している。二〇一二年、二人は三人目のパートナー、ポール・ブラギエルと共に、ＩＴ系ベンチャー向けに五〇〇〇万ドルのベンチャー投資ファンド「サバンナ・ファンド」を立ち上げた。だがいくつかのつながりはそれ以前から文化として存在していた。「カンジュ」の大きな特徴はその柔軟性――普通の感覚ならついつい計画しすぎたくなるところを、臨機応変に改善していく能力だ。二〇一〇年にヨハネスブルグで開催された初の「Ｔｅｃｈ４Ａｆｒｉｃａ」会議で壇上に立ったハースマンは、ウシャヒディを「階層を嫌い、何ができないかを教えられることを嫌う小規模組織」だと説明した。さらに、ウシャヒディは「すべてに疑問を唱え、革新的な考え方を歓迎する組織」だとも。そして発案から立ち上げまで、たったの三日しかなかった無謀なプロジェクトについて触れた。プロジェクトを動かした唯一絶対の目標は、「このいまいましいアプリを立ち上げろ」だった。

この姿勢こそ、もっとも影響力の大きな未来のイノベーションが痩せた国から生まれると私が確信している理由だ。想像力の差異とでも呼ぼうか。太った国の裕福で高い教育を受けた起業家たちが直面する顧客にとっての問題――ビジネススクール用語で言えば「痛点」――は、アフリカの技術者が直面するそれとは何億光年もかけ離れている。カリフォルニアのクラスターで二〇〇の新興企業を取材したイギリス人起業家ハーマイオニー・ウェイは、この違いこそカリフォルニアが「グルーポンの類似サイトを次から次へと立ち上げている理由です。あくびがでますよ。また別のソーシャルメディアのプラットフォームだとか、クラウドを利用したビジネスソリューションだとか、ひどい場合、また別の写真共有アプリだとか……ちっぽけな問題を解決するためのテクノロジーばかり構築しているのです」

一方、ナイジェリアの電子決済会社パガテックのCEOタヨ・オヴィオスは、新しい「スプーン」を求めてスタンフォード大学を去った。「スプーンを発明したやつは、自分が何をしたかわかってなかったかもしれない」と、彼は心からの畏敬の念をこめてこう言った。「でも、そいつは世界を変えたんだ」。アメリカのシスコ・システムズで何年も技術者として働いたオヴィオスはある日、故郷ラゴスに帰る飛行機を空港で待っているときにふと思い立って、彼の中の「ものすごいアイデア審査」に合格する変化を起こせそうなベンチャーを二〇項目考え始めた。「一番の基準は影響力だ」とオヴィオス。「四〇年後に、自分は何かを成し遂げたと言えるようになっていたかったんだ」

彼が作ったベンチャー企業のリストは付け毛からファストフードまで、あらゆる領域を網羅していた。だが中でも突出していたのはそのうち二つ。一〇番目に思いついた携帯電話での電子決済と、一一番目に思いついた銀行サービスから漏れた人たち向けの銀行業務だ。オヴィオスはすぐに、この二つの目標を連動させられることに気づいた。爆発的に増えている携帯電話の普及を活用してナイジェリア人が富を築けるようにする会社は、いいことをうまくやれるはずだ。搭乗口で彼は従兄弟や友人、親に電話をかけた。自分のスプーンを見つけたのだ。彼が立ち上げた会社、パガは、二〇一四年に二〇〇万件目の取引を記録した。

もちろん、ITブームはアフリカの最高の頭脳をつまらないアプリケーションだの先進国の問題解決だのに脱線させてしまうリスクもはらんでいる。だが、「カンジュ」のおかげで、アフリカのイノベーターたちはシリコンバレーの欠点を猿真似せずにすむ。ウシャヒディの頑丈で安価なBRCKモデムはアフリカでは日常茶飯事の停電に備え、八時間使えるバックアップ用発電機能を備えている。この機能は、太った国でも役に立つ――iPhoneのバッテリー消耗の激しさは、アップルの生み出すもっともセクシーな技術でさえ限界があることを露呈している。シリコンバレーの黎明期に見られたサイバーパンク精神を踏襲したような、コンピューター技術と独創的なリサイクル術を発表するものづくりイベント「メーカー・フェア・アフリカ」の第四回大会では、四人組のナイジェリア人少女たちが日本の「音姫」に対するうまい切り返しともいえる発明を発表した。彼女たちは用を足す音をかき消そうとするのではなく、尿を使って発電する装置を開発したのだ（一リットルの尿で、六時間の電力が得られる）。

告知情報サイト「ケラワ」を立ち上げたカメルーンのフリッツ・エクウォゲが尊敬するIT

業界のヒーローたちはカリフォルニアのおなじみの顔ぶれ――スティーブ・ジョブズ、ビル・ゲイツ、ラリー・エリソンなど――だが、彼のIT本能はすべてアフリカ基準になっている。「昔、僕にはコンピューターがなくて、計算機しかありませんでした」と彼は語る。「だからこのシンプルな機械にどこまでできるのか、限界を試していたのです」。これが、低予算携帯電話向けの高機能アプリの開発への彼のこだわりにつながっているのだ。

エクウォゲは、もっともアプリに縁のなさそうな携帯電話向けの「アプリストア」を運営している。あのノキア一一〇〇だ。これがうまくいくのは、彼の顧客が携帯電話技術で暮らしを良くしたくてたまらないからだ。彼のストアでもっとも売れている三つのアプリは求人アプリ、英語学習アプリ、そしてインスピレーションを与えてくれるメッセージを配信するアプリだ。また別のアプリは、高速インターネットや安定した電力供給が受けられない利用者が、メールの新着を携帯電話で知ることのできるアプリだ。私が自分の電子メールのアカウントとノキアの安い携帯電話で試してみたところ、受信トレイに入るメールの最初の数文字がショートメッセージで直接携帯に届いたのでうれしくなった。「僕は、ノキアをブラックベリーに変身させているのです」。にやりと笑ってエクウォゲは言った。「ブラックベリーは、僕を脅威に思ったほうがいいですよ」

アフリカの技術革新は、しくじり国家の流れを変えることができる。ケニアのIT政策を主導するという珍しい省庁、情報通信省のトップを務めるビタンゲ・ンデモは、母国で増殖を続けるインターネット接続とその破壊的なほどの影響力を「ウイルスのようだ」と説明した。「それは何かを殺してしまうだろう。現在の非効率なシステムを殺し、我々が抱える汚職問題を殺し、まったく新しいシステムを作り上げるだろう」。国連と協力してこうした問題に取り組むデヴィッド・アイルワードも、「こうした動きはすべて、規制面以外には政府の計画なしに発生し、ほとんど政府の投資もおこなわれずに発展したものなのです」と驚く。

これは、アフリカの技術革新の四番目の重要な特徴を実証するものだ。適切な技術は、発展にとって大きな後押しとなる。痩せた国では、電波が届くということはただ電話が鳴って会話ができることを意味するのではない。空間と時間を連携させて計画を立てられるということなのだ。Mペサは、その目玉ともいえる例だ。開発経済学者や援助活動家を何年も悩ませてきた問題――貧しい人々の経済状況を、どうやって有意義な形で改善するか――に対し、利用者自身が生み出した解決策なのだ。

近年、「開発のための情報通信技術（ICT4D）」という運動が、テクノロジーと社会奉仕のさらなる融合を呼びかけている。「平和のための情報通信技術（ICT4Peace）」のナイジェル・スノードはしばしば、ダルフールに派遣されている国連ミッションの責任者の携帯電話番号を入手したスーダン人難民の話をする。この責任者は、戦争によって故郷を追われた何万人という難民を保護する難民キャンプを視察してまわっていたのだが、そのなかにいた難民の女性の一人が、受け身に援助を待つ代わりに、行動を起こしてショートメールを打ったのだ。「あなたが約束したプラスチックの網、私は受け取っていません」

全体的な規模を考えると、このような直接の要望は管理する側にしたら悪夢のようなものだ

（ヒトデを一匹一匹海に投げ戻す例を思い出してほしい）。二〇〇五年、ＩＣＴ４Ｄのベテラン職員であるケン・バンクスは、高い地位にいるＮＧＯ関係者と偶然出会うことができない人向けのＩＴ的解決策を採用した。「フロントラインＳＭＳ」と呼ばれるこのシステムを使えば、携帯電話を持っている人なら誰でも登録したグループに一斉メッセージを送ることができる。デスクトップでもラップトップでも、コンピューターに無料でインストールできるこのオープンソースのソフトウェアは、パーティーへの招待、学校の宿題についてのお知らせ、場合によっては重要な医療情報など、幅広い状況で役立つ電子メガホンの役割を果たすのだ＊。

フロントラインをベースに二〇〇九年に開発された「メディック・モバイル」は、医療関係者が薬の入荷や必要のある場合は診察の予約、マラリアの流行時期が近づいていることなど、さまざまな情報を大勢の利用者向けに発信することができるソフトだ。それまで、地方の医療関係者は何キロも歩いたりバイクに乗ったりして医療サービスに関するデータや報告書を届けなければならなかった。マラウイで実施された初期の試験運用では、携帯電話での報告により病院の職員は事務処理時間が一二〇〇時間、バイクの燃料代が三〇〇〇ドル節約できたとのことだ。現在、このツールの患者管理用バージョンがカメルーン、ケニア、マリ、ウガンダ、南アフリカで運用されており、さらにハイチ、ホンジュラス、インド、バングラデシュでも使われるようになった。

フロントラインも、やはり「カンジュ」技術のひとつだ。分権化されたデータ管理技術には現状に対する不満を跳び越える力がある。患者に診療所まで来るよう言う代わりに、ショートメールという簡単な魔法を使って、自宅にいる患者に医療を届けられるようになるのだ。さらに重要

＊北部ウガンダ人たちはカタールのテレビ局アル・ジャジーラと提携し、フロントライン SMS を活用して動画『コニー 2012』に反論した。

なのは、このプラットフォームが双方向性であることだ。利用者をモニターとして登録すれば、よりよいサービス提供のために役立つデータが入手できる。たとえば、子どもがいつ生まれたかがわかるだけでも、予防接種サービスは大幅に改善する。子どもが何歳のときに予防接種を受けるかで、効果が大きく変わるからだ。救急車をすぐに呼んだり派遣したりするのも（たとえその救急車がただの自転車だったとしても）、熟練の助産師を派遣するのも、女性が出産時に死んでしまうか生き延びられるかを決定する一番の要素だ。国が運営する救急サービスが存在しない地域で、メディック・モバイルはまさに人命を救うサービスだ。

ご想像の通り、アフリカの医療政策と保健活動は能率化を図る時期に来ている。現場では家族計画から栄養失調まで、あらゆる問題について大量の紙と現金が浪費されている。これは経済学者や開発専門家たちが毎日のように気をもんでいる問題だ。だがそれだけの補助金や、会議や省庁間での打ち合わせがあっても、アフリカの公衆衛生におけるもっとも刺激的なイノベーションはシンプルな、既存のツールやつながりに頼っていることが多い。

たとえば、「Ｍｘｉｔ」。たぶん聞いたことがないだろうが、アフリカ最大のバーチャルソーシャルネットワークだ。インスタントメッセージ技術として開発されたＭｘｉｔはサハラ以南のアフリカに五〇〇〇万人のユーザーがいて、南アフリカのユーザー数はフェイスブック、マイスペース、ツイッターのユーザー数を合わせたよりも多い。フェイスブックなどとは違い、Ｍｘｉｔは社会問題への意識が高い開発者たち向けのツールとしての実績があり、くだらない広告や「ワーズ・ウィズ・フレンズ」のような言葉遊びゲーム以上のものを生み出している。Ｍｘｉ tが提供するのは、人々がアフリカのためにハイコンテクストな解決策を生み出すための基盤だ。最近の成功例としては、Ｍｘｉｔの「ハロー・ドクター」というアプリがある。これはクラウドベースの医療サービスで、利用者は画面で症状をチェックしたり、医療関係者とライブでチャットができたりする。Ｍｘｉｔは、情報管理と拡散のためのツールとしての役割を果たすのだ。すでにＭｘｉｔファミリーとして日々を過ごしているユーザーたちは、今度は健康についてのヒントや最新情報を手に入れることができるというわけだ。

誰かの肉は誰かの毒

マラウイでもっとも影響力を持つＩＣＴ４Ｄのツールは、イーベイから転用されたものだ。二〇〇〇年、ちょうど国連がＭＤＧｓの枠組みを作成していたころ、あるアメリカの会社が「インターネット接続可能デバイス」――余分な機能がない、基本的なモニターつきパソコン――を大量放出していた。ドットコムバブルのピーク時に製造されたが、欧米市場ではもう価値がなくなってしまった製品だ。

私は子どものころ、よく「誰かの肉は誰かの毒」というヨルバのことわざを聞かされた。ジェリー・ダグラスというカナダ人は、この理屈に沿って行動した。彼はこの大量放出品をネットで一台二〇ドルという価格で二〇〇台購入し、マラウイの首都リロングウェに持ちこんだのだ。そして、非営利組織「バオババブ・ヘルス」がさっそく改造を始めた。「基本的には、改良をしていたのです」。バオバブ・ヘルスのソフト開発を担当していた初期チームのプログラマー、ソヤピ・ムンバは言う。「モニターにタッチパネル機能をつけたり、電力消費レベルを変えたりといったことですね」

改良されたパソコンはまずは小児科に配布され、変革を起こした。今ではマラウイ中の六の病院と診療所で使われており、患者が来院すると、このパソコンを使って患者情報が電子カルテに登録される。リロングウェに拠点を置く医療提供組織「ライトハウス・トラスト」の協力のもと立ち上げられた電子データシステム（ＥＤＳ）は、さまざまな医療ニーズに合わせてカスタマイズされたソフトを展開する。このソフトは医療関係者が一連の基本情報――患者の氏名、携帯電話番号、過去の来院歴などを入力できるようガイドする仕組みになっている。たとえばエイズ患者の治療をおこなう診療所では、ＥＤＳはエイズと診断されてからどのくらいの期間が経過しているかを確認したり、細胞計数分析をいつまでにおこなうべきかを通知したりする。産婦人科病棟では、妊婦の過去の出産経験を確認したりする。結核治療の診療所では、経過観察の予約ができる。

診療所スタッフのほとんどがパソコンに触ったこともないような人たちだ、とバオバブ・ヘルスの研究者オリバー・ガダブは言う。「彼らが触ったことのあるもので一番パソコンに近いのは、低機能な携帯電話です」。タッチパネル式で、誰にでもわかる指示が画面に表示される（レストランの注文パネルのような感じの）システムが、パソコンとの距離を縮めてくれる。医師は患者が前回いつ来たか、なんのために来たか、誰が診たかを確認することができるようになった。誰がマ

バオバブ・ヘルスは簡単なタッチパネルを使って、混雑が深刻な問題となっていたマラウイの診療所での記録管理を簡略化した。

ラリアにかかっていたか、誰が最近ＨＩＶ検査を受けたかもわかる。携帯電話の番号が登録されているので、予約の日に来なかった患者に連絡することもできる。レントゲン技師は患者の過去のレントゲン画像を二〇〇五年までさかのぼって見ることができる。ＥＤＳは「ポイント・オブ・ケア」診療、つまり患者がいる診察室でパソコンを使いながら診療することも可能にした。太った国でもあまり実現できていない革新的技術だ。

このプロジェクトは、差し迫った困難の中から生まれた。ＥＤＳが開発されたころ、マラウイのＨＩＶ感染率は一五％だったのだ。一五～五〇歳の人口が恐ろしい勢いで減少していき、孤児の数は一〇〇万人近くになっていた。現在、マラウイの総人口一五〇〇万人のうち九〇万人がＨＩＶに感染しており、抗レトロウイルス薬を服用している患者は国中にあふれている。過密状態の病院は、ただでさえ医師や看護師が不足している現状に拍車をかけた。

ライトハウス・トラストが運営するような「高負荷」の診療所では、看護師や事務員が四半期分の患者カルテを作成するのに最大五日間を要し、中には診療所を休業してまでその作業にあたらなければならなかった場合もあるという。

医療の現場でもっとも必要とされていたのは、時間だった。「看護師や医師に会いに行っても、患者の病歴を探すだけの時間もない場合がほとんどでした」とムンバ。「『数分だけなら時間があるけれど、どこがお悪いのですか？　わかりました、これが処方箋です』という具合だったのです」

驚異的なレベルで、EDSは時間を生み出した。リロングウェのマーティン・プレウス・センターの産婦人科病棟で、私はプリンターがラベルを打ち出す様子を眺めていた。二〇〇一年以来、EDSは一一〇万人分の患者識別番号を発行しており、患者の受付にかかる時間は平均二〇分だったものが約五七秒まで短縮された。新規の患者には新しいバーコードが割り当てられ、来歴のある患者のバーコードがあっという間にシステムにスキャンして取りこまれる。照合してみれば、こうして収集されたデータが紙の情報と同じくらい正確であることがわかる。慎重に作りこまれたデザインが目に見える——というよりは、見えないようになっているのだ（こっちのほうがすごいことだ）。

エクウォゲが低機能電話をスマートフォンに変身させたように、バオバブ・ヘルスはアフリカに適したテクノロジーの展開を目指して活動している。ソマリランドに寄付されてすぐに故障したMRI装置や、国連ウィメンがウガンダ人女性向けに実施した法外に高コストなエクセル研修などよりも効果的な解決法を模索しているのだ。従来型のデスクトップやノートパソコンはマラウイのような場所では電圧変化やウイルス、埃にやられやすく、寄付者や政府は毎年パソコンを交換しなければならない。一方、バオバブ・ヘルスが改良しているモデルは電力消費が少なく、使いやすく、検査しやすく、交換も容易で、耐用年数も長くて丈夫だ。

その成功の秘訣は、地元の人材とデザインだ。リロングウェの中心地にあるオープンスペースの作業場で、バオバブ・ヘルスはハードとソフト両方の技術に長けたマラウイ人プログラマーを十数人も抱え、アフリカ向けのデザインという課題に専念した。「私たちの環境、つまり開発途上国全般向けにデザインされたコンピューターシステムを導入したのです」とムンバは言う。「ただよそで作られたコンピューターシステムを単に取り入れるだけではなく、『私たちに必要な構成要素や機能はなんだろう』と自問しながら取り入れていきました」

中古のパソコンを改造するほうが、こじゃれたタブレットや「ワン・ラップトップ」（訳注：教育向上のために開発された安価なノートパソコン）のような頑丈なノートパソコンを輸入するよりいいと本当に思うのかどうか、私はエンジニアたちにしつこく聞いてみた。すると、彼らはリサイクルのほうがいいことをちゃんと正当化してみせた。「こっちで開発したソフトなら、問題が発生したときに誰かが外国からやってきて直してくれるのを待たなくてもいいですよね」とガダブは語った。「こういう解決策を展開しようと決めて開発を始めた瞬間から、そこまで考えていたのです」

電子カルテは、アフリカで発明されたわけではない。だが、医療サービスの水準があまりにも低い土地では大きな希望となる。すぐれたデータ管理は資源が限られた中でも医師や看護師、地域の保健師がもっといい治療を提供できるように、そして住民がその治療を受けられるようにしてくれる。電子会計システムがあれば薬がどさくさにまぎれて盗まれたり、なくなったりすることも少なくなる。診療所で薬が在庫切れになれば、すぐにわかる。結核のような病気では、患者が医師の指示を守って服薬しているかどうか管理するシステムがあれば、病気の蔓延を防ぐことができる。

アメリカ疾病予防管理センターとＵＳＡＩＤ（米国国際開発庁）はその後マラウイの保健省とともに、バオバブ・ヘルスに少額の補助金を提供するようになった。電子データシステムＥＤＳはルワンダ、ケニア、ザンビアでも注目を集めている。ムンバはオープンソースの、無料のウェブブラウザーＦｉｒｅｆｏｘをベースにしたバージョンを開発し、それが今では一〇万回以上ダウンロードされている。

清潔な水と十分な栄養が手に入り、両親は訓練を受けた医師という環境で育った私は、アフリカのひどい公衆衛生問題を経験せずにすむという幸運に恵まれた。はしかやポリオの予防接種は、物心つく前にすませている。アフリカでは若い女性の呼吸器系疾患の最大要因が屋内での炭火調理だが、私は家の中で焚き火をしなければならなかった経験がない。体が成熟する前に親になることを心配しなくてもよかったし、年の離れた男性との性交渉でＨＩＶに感染することを恐れなくてもよかった。私のこの幸運は誕生の瞬間にまでさかのぼる。病院で生まれるということは、アフリカ大陸では半数以上の人が享受できない恩恵なのだ。

だが、私は二〇一一年に、マラリアに感染したことがある。別に珍しいことではない。アフリカでは、熱帯地域のマラリア原虫を媒介する蚊によって年間一億七〇〇〇万人が感染している病気だ。だがこれはかかるとひどい病気で、アフリカの生産性と健康状態を著しく減退させる恥ずべき原因なのだ。大陸における病気の苦しみの一〇％を占め、乳幼児の主要な死亡要因でもあるため、世界エイズ・結核・マラリア対策基金が三大悪として名を挙げ、無数の意識向上キャンペーンのテーマとしている。

私が感染したのは、ナイジェリアでだった。完全に、自分の責任だ。私は故郷に帰るのが好きだった。だが、長年私をマラリアから守ってはくれたものの、飲んだ後で喉の奥に苦味が残り、夜になると悪夢を見させる予防薬を飲むのは嫌いだった。だから一カ月にわたってナイジェリアの国政選挙の取材をしていた間、予防薬と蚊帳を使わず、その二つなしでちゃんとやっていけている何百万というナイジェリア人の仲間入りをしようと思っていた。だが私はすぐにマラリアによって体力を奪われ、場合によっては死にいたるかもしれない患者の仲間入りをすることになったのだった。

マラリア原虫は、血液中で数週間にわたって増殖を続ける。私が突然の熱と寒気、筋肉痛、脱水症状で倒れたのは、母の日のためにシカゴに帰っていたときだった。何度もマラリアの発作を治療してきた両親は私を気の毒に思いつつも、症状はしっかり抑えられると確信していた。父は、ナイジェリアで手に入れた薬を私に与えた。あっちではマラリアの治療薬は簡単に手に入るだけでなく、たったの数ドルで買える。アメリカの薬局で買うよりずっと安いのだ。

みじめな夜を過ごしたあと、私の症状は悪化し、嫌々ながら病院に行くことになった。そこで、混乱が発生する。簡単な血液検査をしたところ、マラリアは陰性という結果が出たのだ。そこから腸チフス、髄膜炎、もっとひどい病気まで、ありとあらゆる検査がおこなわれた。脊椎穿刺まで、悲鳴を上げながら受けたのだ。点滴を受けながら二日間もだえ苦しんだあと、私はようやく快方に向かった。だが、治療費は一万六〇〇〇ドルに迫る勢いだった。

熱が下がってから、私は別の意味でかっかとし始めた。太った国と痩せた国の医療の差を不快な形で体感したからだ。アフリカなら実質的にどこにいても、マラリアの診断と治療はずっと安く、簡単に受けられる。医師が使えるハイテクな医療機器は少なく、その分私を苦しめたり医師自身が混乱したりしなくてすむ。ケニアの病院なら、一カ月入院しても私がアメリカで請求された額の一〇分の一ですんだだろう。だが、そこにはまた別の危険もひそんでいる。実際、父がナイジェリアで買ったあの薬は、まず間違いなく偽物だったのだから。

結局、しくじり国家の多くでは、病気になり、病院や薬局、診療所、その他自分の行ける範囲にある医療機関に行けたとして、さらにちゃんとした医師がちゃんと効く薬を処方してくれたとしても、薬局に訪れる段階でまだ選択肢が二つある。有名製薬会社の薬か、ジェネリックかだ。ほとんどの場合、貧しい人々は安いほうの選択肢を選ぶ（世界中の消費者はだいたいそうする）。だが、政府の規制機関が承認したジェネリック医薬品ではなく、アフリカの患者が服用することが多いのは有害な化学薬品か、薄められていてまったく効き目のない薬かのどちらかだ。有名製薬会社の薬にしても、あやしいものだ。二〇一二年の調査によれば、ナイジェリアで市場に出回っているマラリア治療薬は、食品医薬品管理局から登録番号がしっかり出ているにもかかわらず、八四・六%が偽物だったことが判明した。

太った国は、こうしたスキャンダルに対する中央集権的な解決策を持っている。規制と制裁、そして検査だ。だが、しくじり国家ではそうはいかない。穴だらけの取り締まり機関が、何百万もの人々をこの自由市場の不確実さがもたらす危険にさらす。中には規制の施行に力を入れている政府もあり、抜き打ち検査をおこなってはは輸送コンテナごと差し押さえたりしている。だが起訴や責任者レベルの逮捕にまで至ったケースは少ない。製薬会社や販売業者は偽造を防ごうとありとあらゆる方法を試しているが、政府機関が穴だらけで腐敗しきっていると、ホログラムもバーコードも、不正開封防止シールも、登録番号でさえも偽造されてしまう。政府による効果的な監督がなければ、ものごとを信じやすいアフリカの消費者が医療事故を未然に防ぐことはできないのだ。

西アフリカのイノベーターたちは実に見事な解決策を生み出した。現在、ナイジェリアで薬局に行くと、一部の医薬品にはスクラッチ式のラベルがついていて、下には数字のコードが隠されている。無料のショートメッセージサービスでそのコードを入れれば、薬が純正品か偽物かがわかる仕組みだ。答えがすぐにわかるこの簡単なシステムは、携帯電話でよく使われるスクラッチ式のテレホンカードの技術をそのまま転用したものだ。通話時間を携帯電話に登録するのと同じ手軽さで、このサービスは消費者に医療品の消費に対する当事者意識を持たせてくれる。リコールや評判のガタ落ち、そして当然のことながら闇市場に利益をさらわれることを恐れる製薬会社にとって、全商品に隠されたこのコードは値千金なのだ。

この革新的な解決策を生み出したのはブライト・サイモンズ。「頭脳明晰《ブライト》」とは、彼のようなアフリカ人社会起業家にぴったりの名前だ。サイモンズはガーナで生まれ育ち、民主化運動と携帯電話技術が二重の衝撃となって故郷を襲ったころに成人した。その後、扇動的な活動をおこなう大学生として名を馳せた彼は、そろそろ演説をやめて実際に何か変化を起こせることをしたいと思うようになった。「起業家精神はすごくイケてると思った。暮らしを良くする何かを実際に作れるのはいいと」

サイモンズは、その後ガーナの農家と協力してフェアトレードとオーガニック認証の活動に取り組んできた。そして、農業貿易における評価の検証に関する自分の経験と、大学院で研究したアフリカにおける中国の存在についての知識を組み合わせたのだ。携帯電話の利用と同様、中国とアフリカの政府や企業との商取引は二〇〇〇年代初頭に始まった。それと同時に大量の偽物商品が流入するようになったのだ。とりわけ、医薬品の偽物が多かった。

抗マラリア薬に関する腹立たしい統計は、氷山の一角でしかない。世界保健機関が必須医薬品リストに掲載しているほかの二七の薬品のうち、ラゴスとアブジャで売られているものの四八％が有効成分を十分に含んでいなかった。開発途上国で売られている医薬品の三〇％までもが偽物かクズだ（科学用語でなくて申し訳ない）。診療所や病院で医薬品に対する需要が高まるにつれ、すぐに手に入る、比較的安価な医薬品が世界の闇市場で大きな利益を出すようになった。その額、年間二〇〇〇億ドル相当だ。道徳心のかけらもない犯罪者たちは、本当ならアフリカを変えられるはずの製品――最先端の抗生剤、抗糖尿病薬、HIV／エイズ治療に用いられる抗レトロウイルス薬――を偽造してその市場をのっとってしまう。

公衆衛生の悲劇に対抗する明白な解決策としてサイモンズが「エムペディグリー」というシステムを立ち上げたのは、二〇〇七年のことだ。二〇〇八年に最初におこなわれたこのシステムのパイロットプログラムは、ガーナで子ども向けの液体鎮痛薬にスクラッチ式のコードをつけたものだった。その効果は、完全に計画通りだった。ビジネスコンペやアメリカの財団から少額の助成金を受け、サイモンズと増えつつあった仲間たちはナイジェリア、タンザニア、ガーナ、カメルーンの電話会社と関係を構築していった。彼の作戦は製薬会社に興味を持ってもらい、電話会社を通じてアフリカの一般市民に使えるようにすることだった（携帯電話ネットワークの業者が、ショートメールにかかる費用を負担してくれる）。製薬会社に対しても電話会社に対しても、サイモンズはこれが消費者を守るという、ある意味企業の社会的責任のようなものだと強調して説明した。二〇一〇年までにはその活動が世界中から称賛の嵐を浴び、より大手の企業とパートナーを組んで資金援助が受けられるまでになった。今ではナイジェリアのすべての大手電話会社に、消費者の声を聞くための統一された電話番号を確約してもらっている。ヒューレット・パッカード（HP）もこの計画に賛同し、ラベルの印刷とコードの生成を引き受けてくれた。

ちょうど同じころ、スプロクシルという会社が同様のサービスを立ち上げていた。やはりガーナ人で、エムペディグリーで働いていたこともあるアシフィ・ゴゴが設立したスプロクシルは、株式発行によりアキュメン・ファンドから一八〇〇万ドルを調達し、ナイジェリア、ケニア、ガーナ、インド、アメリカに二十数人の従業員を抱えている。どちらの会社も、該当する政府の規制当局から承認を受け、多国籍企業と協力関係にある。エムペディグリーはエアテル、オレンジ、グロー、MTNらの電話会社と提携している。スプロクシルはジョンソン・エンド・ジョンソンやグラクソ・スミスクライン向けにコードを提供し、地元の医薬品販売業者とも仕事をしている。ゴゴはクリントン・グローバル・イニシアティブとアキュメン、サイモンズは世界経済フォーラムとアショカと、両社の働きは開発業界の大手組織の目にとまっている。二〇一二年、スプロクシルはショートメールによる検証要請が一〇〇万件を突破したことを祝った。

両社とも、アフリカの偽医薬品をどう暴くかについては多くを学んでいる。どちらも、犯罪者を訴えるわけではない。代わりに、貴重なデータを政府に差し出し、犯罪の抑止を求める。一般的な抗マラリア薬ロナート三〇〇包がナイジェリアで行方不明になったときも、スプロクシルがシリアルコードを追跡し、地元の薬局まで突き止め、最終的には薬を盗んだ配給業者をあぶり出した。偽医薬品や有名ブランドから利益を繰り返しかすめとる常習犯罪者の地理的分布を知ることができるこうしたデータは、製薬会社にとっても魅力的だ。

また、このシステムは地域による監視の目を促進するものでもある、とゴゴは言う。「抑止力になるのです」と彼は語った。「薬局に入る客は誰でも、『偽薬を報告したぞ』とか、『俺はナイジェリアの食品医薬品管理局とコネがあって、俺が電話すればこの店は閉鎖されるんだぞ』と言えるのです。たった二錠の偽薬を売っただけで店が潰れる。だからくだらないことはやめろ、とね」

ＩＣＴ４Ｄの潮流は、携帯電話で赤ん坊を救うような人道活動として風刺されることがある。そう、たしかに、私が出会ってきたＩＴ起業家たちは、社会に開いた空白を埋めるベンチャーを立ち上げていた。だがエムペディグリーが実証しているように、ＩＴはもっとありふれた、商取引の非効率を解消することもできるのだ。

たとえば小売流通は、しくじり国家の大きな頭痛の種だ。商品の値段が高くなるのは関税が高い国境を越え、整備のされていない道路を使って運ばなければならないからだ。遠くで製造される日用品を地方の村で手に入れるのは難しい。コカ・コーラから乳幼児向けワクチンまで、あらゆる製品をいびつな流通の仕組みの中で苦労して運ばなければならない。まるで、生活必需品もぜいたく品も、普通の人々の手には届かないようにしようと意図的に仕組まれているような構造なのだ。

「バーチャルシティ」は、東アフリカにおける物品とサービスの流通を円滑にしようと活動する組織だ。ミシガンで教育を受けた三〇代のケニア人エンジニア、ジョン・ワイボチが立ち上げたバーチャルシティは、アフリカのサプライチェーンに注力する「物流ソリューション会社」として自らを売りこんでいる。「日用品はどうやって小規模農家の手を離れ、第一段階の処理を経て第二段階の処理も通過し、輸出までこぎつけるのか？　そして、そこにはどのような非効率があるのか？」とワイボチは問いかける。すると、そこには厖大な非効率があることがわかる。セネガルの港から内陸のブルキナファソまでコンテナを移動するのにかかる費用は一万ドルだ（そし

＊一方、中国の鉄道は、同じ距離を 1000 ドルで運ぶことができる。

て、五五カ所の検問で待たされる)*。

ワイボチのビジネスは、ノキアによって、携帯電話を活用したもっとも革新的なサービスとして五四カ国の新規参入者の中から選ばれ、一〇〇万ドルの賞金を受け取った。バーチャルシティは携帯電話技術を活用して「バリューチェーン全体を自動化するものです」とワイボチは語る。「小規模農家の購入処理を携帯電話、携帯重量計、携帯プリンタ、スマートカードを活用して、自動化するのです。しかも、データを正確に、偽りなく記録することができる」

アフリカの大手組織、研究機関、中小企業は、医療情報の収集であれ牛乳の販売であれ、その組織がやっている中核事業に集中したがっている。だが先進国のような流通ネットワークがない環境で事業に集中するには、助けが必要だ。ワイボチは、痩せた国であることが彼のビジネスにとっては大きな需要の源であり、バーチャルシティは五年前だったらこんなにうまくはいかなかっただろうと語る。「五年前にこういう取り組み、またはこういう会社をこんなにすばらしい商品を扱うために始めたとしても、六割の時間は会社の運営に費やしていたでしょう。電力問題に対処したり、コスト問題に対処したり、インターネットの接続問題に対処したりといったことに追われていたはずです」とワイボチは言う。新たなインターネット接続のインフラと広範囲に普及した携帯電話が、アフリカで事業を展開するという彼の活動を円滑にしてくれた。そして、次世代につながる彼のソリューションは、何百万という消費者の選択肢を広げている。

「テクノロジーの地図」は、よくできたアプリが開発されるというだけの話ではない。むしろ、自らの方向性を決めるためのプラットフォームとしての側面が重要だ。人々は、自分ではどうにもできないシステムから脱出できるようになる。そして、決定権がある場合には、より良い判断ができるようになるのだ。ソフト開発組織ウシャヒディについて私に語っていたとき、エンジニアのジュリアナ・ロティッチはその土地で生まれるプロジェクトの正当性についてこう述べた。「新しい知識経済の参加者として、私たちはすべての人のニーズに応えるアプリを開発するチャンスを与えられています。そして、欧米の開発者たちがそれを作ってくれるのを待つつもりはありません。自分たちでやるのです」

これが、アフリカでテクノロジーが大きな意味を持つ理由だ。テクノロジーは公平で、公式経済と非公式経済の両方を支えている。情報の不均衡を正し、開発政策のすり減った道を新しく敷き直してくれる。そして、テクノロジーは政府の機能不全を皮肉にも目立たせる。中央機関には取り組む体制が整っていないと露呈してしまった問題に対して、解決策を示すのだ。

ラリー・サマーズがコートジボワールで視察した井戸は、重要な点を浮き彫りにする。井戸は今もあるかもしれない（ああした援助の寿命はえてして短いものだが）。だが、サマーズがあの日持っていた携帯電話は、間違いなく進化している。もっと小さく、もっと頑丈に、もっと高速なネットワークでもっと多くの人々とつながれるようになっているはずだ。この飛躍的に進化する価値こそが、アフリカのテクノロジーに国家の失敗という鎖を引きちぎる力を与える。ひとつの国のひとつの村の片隅で何かいいことをする代わりに、人々は現代のインターネット技術によって、空中を飛び交う電波をとらえるのと同じように、無数のチャンスをつかみ取ることができるようになったのだ。

The Commercial Map

第7章

商業の地図

商取引から見えるアフリカの明るい未来

取引をしよう

スーダンと南スーダンの間で分離独立をめぐる戦争が続いていた間、商業銀行は事実上すべて、この国の南部地域からシャットアウトされていた。地元の都市伝説によれば、南アフリカのスタンビック銀行が海外の口座からスーツケースいっぱいの現金を持ちこんで、ときにはヘリコプターまで使って前線の反乱軍に手渡したことで英雄としての地位を確立したのだとか。スタンビック銀行は二〇一一年に独立したての南スーダンへと公式に凱旋し、たった九カ月で黒字に転じた。これは戦時中にも顧客サービスを続けてきた銀行にはふさわしい報酬だし、アフリカのもっとも厳しい環境でも市場がやっていけることの証明でもある。

商業は、しくじり国家のひびや溝の中でうまくやっているようだ。お役所が地元のニーズを見落としている地域では、モンバサで独自通貨を作っていたような賢い人々が、なんとかやっていく方法を見つけ出している。メリンダ・ゲイツまでが、国際的な製薬会社の手が届かないところでもコカ・コーラは自社製品を安く、世界中どこにでも届けることができているとうれしそうに指摘した。政府が金を巻き上げ、関税が公式な貿易を停滞させる中でも、東アフリカ全域で売られる向精神作用のある植物、カートが農家から消費者に毎日届くのも、私にとっては驚きだ。

よそものは、アフリカ大陸の市場をずっと無視してきた。援助の流入や「貧困ポルノ（訳注：注目や寄付金を集めるために、貧困を材料として同情を呼ぶような形で仕立てあげたメディア）」が、アフリカには金がないと刷りこんでいるのだ。経済学者たちは上から目線でアフリカに取り組み、人口あたりのＧＤＰや変動する金利、援助まみれの政府予算といった気の滅入るマクロ経済指標にばかり注目する。西洋スタイルのオーダーメイドのスーツに身を固めた日用品大手の経営者たちも、このイメージに拍車をかける。ウガンダ人のアンドリュー・ルガシラが自社製品のグッド・アフリカン・コーヒーをイギリスの投資家や流通業者向けに販売しようとしたときにも、やはり深刻な偏見を経験した。「みんな、イディ・アミン（訳注：ウガンダに独裁政治を敷いた元大統領）みたいな人間が来るものと思っていたのです」とルガシラは思い返す。「アフリカの昔の実業家と新しい世代とを、誰も区別していませんでした」

婉曲的に「政治的リスク」と呼ばれるものに対する恐怖は、誇張されすぎだ。クーデターや強制収容、その他開発途上国で起こり得る事象について投資家に補償をおこなう世界銀行の多数国間投資保証機関（ＭＩＧＡ）は、過去二五年間でたったの六回しか支払いをおこなっていない。しかも、アフリカはそのうち二件だけだ。ナイルの地図を作ろうとした地図製作者たちが水源のありかを地元住民に尋ねなかったときと同様、国際機関や投資家たちはわかりやすい事実を見落としている。アフリカにおける商業活動は強力で、いつでも動けるネットワークなのだ。

ここに、一種の「繁栄ポルノ」のようなものがある。アフリカは、ブラジル、ロシア、インド、中国の有名な「ＢＲＩＣ」諸国も含めた世界のどの開発途上地域よりも高い投資利益率を誇るのだ。世界でもっとも急速な経済成長を遂げている国の上位一〇カ国のうち、七カ国がアフリカに位置する。国連のポスターに写し出された埃まみれの足の向こうで、アフリカの中流階級は好景気に沸いている。彼らは石油王や新興財閥ではない。安定した仕事を持ち、自分の土地を持ち、場合によっては車も持っているような人々だ（もっとも、ガソリン代がピンチになると月の半分は停めっぱなしかもしれないが）。公衆衛生の緊急事態が起こっても、彼らは打ちのめされたりしない。映画や輸入菓子、高機能な携帯電話といった小さな贅沢を愉しみ、ケーブルテレビや家庭用パソコン、我が子を質の高い私立学校に通わせるといった大きな投資もおこなっている。

一九九八年、経営学者C・K・プラハラードとスチュアート・L・ハートがビジネス界に「ピラミッドの底辺（略してBOP）」の消費者を初めて紹介した。BOPは世界でもっとも数が多く、もっとも貧しい人々を指す（裕福な人々は、ピラミッドの頂点にいる）。アフリカ開発銀行は、今はピラミッドの中ほどに位置する人々が三億五〇〇〇万人はいると推計している。一日二ドルという貧困指標の一〇倍を稼ぐ人々が、アメリカの人口と同じくらいいるということだ。だからといって、事実上すべてのアフリカ経済に恐ろしいほどの格差がないと言っているわけではない。また、アフリカの「中流階級」が太った国の中流階級と同じようなものだと言うわけでもない。

だが、アフリカで金についてこれまでよく聞かれていたような話や統計が、もはやあてはまらなくなっているのは事実だ――もっとも、今までもあてはまっていたかどうかもあやしいが。「一人当たりのGDPが低いということは、ナイジェリア人は携帯電話を買えないはずです。でも、ナイジェリアには六〇〇〇万人以上の携帯電話の契約者がいるのです」と言うのは、サハラ以南のアフリカに注力するプライベート・エクイティ・ファンドのマネージャーをしているザイン・ラティフだ。「明らかに、つじつまが合いませんよね」。今世紀、歴史という目くらましの向こうを覗き見ることができる生産者にとっては大きなチャンスが転がっている。非常に複雑な局地的、地域的、世界的な市場が、ほぼ世界中から参加者を集めているのだ。要するに、価格と商品さえうまく選べば、アフリカの人々はどんな商品を誰とでも取引する意志があるということだ。

人間開発に関して言うと、アフリカの商業には三つの利点が内在している。まず、商取引自体が広く、かつ共有のものとして普及している。もっとも貧しい人々でも、商品やサービスの需要と供給に参加することができるのだ。第二に、商取引にはありとあらゆる意味で説明責任が伴う。道端でのちょっとした売買でさえ、当事者たちは具体的な条件に合意し、それぞれが責任を負う。ありふれた事実かもしれないが、いびつな援助資金が流れこむ環境では、これを認識しておくことは重要だ。そして第三に、商取引はアフリカで雇用を生み、商品の流通を生むことが実証されたツールだ。そこにはもちろん、「開発」という商品も含まれる。

アフリカを旅した数年間で、私は本当の意味でこの大陸に共通する特徴をいくつか発見した。街ごとの言語、気候、文化は、それらの街をつなぐ道路の整備状況と同じくらい多種多様だ。だがひとつだけ変わらないものがある。それが、すべては交渉可能だということだ。

ただ、交渉はどこでもできるわけではない。ラゴスからニューヨークへのフライトで少し時差ボケが残ったまま、私はブルックリンで上演されていた友人の舞台を観に行った。幕間に売店に行くと、メニューにあった軽食のひとつが売り切れてしまったと言われた。交通手段から衣服までのすべてについて交渉することを何カ月も繰り返していた私は、売店のスタッフにこう持ちかけた。「代わりにポテトチップ一袋にして、それで五〇セントおまけして」。痩せた国であれば、これはまったく妥当な提案だった。むしろ、公正とさえ言えたかもしれない。だが相手のきょとんとした顔を見て、アメリカ人はたいていの場合、そういう基準では商売をおこなわないことがわかった*。

私は当然、店員は交渉に応じるべきだと思っていたのだが、もっと重要なのは、なぜ私がそもそも交渉を持ちかけたかだ。太った国の経済の特徴が「形式」と「予測可能性」だとすれば、アフリカにおける商業の地図の特徴は「非常に高い柔軟性」だ。太った国の消費者はきれいに包装されて売られている商品を、決まった値段を払って受け取ることに慣れている。交渉力と目利きが、生き残る上で重要な能力であるアフリカでは、そうはいかない。タバコを買うためにトーゴへと国境を渡るガーナ人学生や、飛行機でもらえるアイマスクをダカールで売っている男性に聞いてみればいい。この大陸の柔軟な市場は合法か違法かで定義するのは不可能だし、集合的なのか独立しているのか、国内市場なのか国際市場なのかさえあいまいだ。とにかく、そういうものなのだ。貿易は政治的境界線を越え、宗教や部族の境界も越え、公式と非公式の境界も自由に越えていく。これは商業が、今も昔もアフリカのほかのどの側面とも異なる点だ。

アメリカに住んでいる間は値段交渉についてほとんど考えたことがなかったのと同様に、私はベッドのサプライチェーンについてもほとんど考えたことはなかった。だがケニアで毎晩体を横たえるためのベッドを見つけることが、睡眠の経済学への教訓に満ちた経験を与えてくれた。私のベッドはコンゴ民主共和国か、おそらくはウガンダの森林で伐採されたであろうマホガニーで

＊アメリカ経済が2008年に停滞してから、ザ・ホーム・デポやベスト・バイといった大手小売チェーンや家電量販店はこの「値段交渉つき経済」を容認するようになった。消費者が、値引き交渉できるようになったのだ。

できていた。一括購入されて東へ向かうトラックに乱暴に山積みされた木材はウガンダのブシア県でまず停止する。多くのトラックが、ここを通過してケニアへ向かうのだ。ありがたいことに、積み荷は腐るようなものではない（暴利をむさぼる税関職員の中には、国境での賄賂をもらえないならバナナやトマトを直射日光で腐らせてもかまわないという連中もいる）。

国境を越えたトラックは、帝国イギリス東アフリカ会社（アフリカ大陸で初めて作られた公式な多国籍企業のひとつだ）が最初にならした道を走っていく。アフリカ大地溝帯の断崖をのぼっていくにつれ、空気は乾燥していく。ケニア中部にたどり着くと、巨大な木材はロープを切られ、轟音とともに大地に転がされる。ナイロビの産業クラスターに引き渡された木材はやすりをかけられ、切り分けられ、物理的にも商業的にも分割されていく。

最初に木材を手にした処理業者は、厚板を大工に売る。腕利きの職人なら、炒ったココナッツパウダーにも似た木くずにまみれながら、三日もあればダブルベッドを一台こしらえることができる。それから彼らは木にニスを塗る業者、ウレタンのマットレスを売る業者や配送のための軽トラックを手配する。何十人もの労働者たちが私のベッドを作るために協業し、交渉をしたわけだが、公式に提携していたり、政府とつながっていたりする会社はほとんどない。知的財産など事実上存在しない。家具のデザインはヒントとして好き放題に盗用され、成功例はすぐさま口コミで伝わる。

木工経済はアフリカの商業における複雑さ、規模、そして特色をわかりやすく見せてくれる。別の大陸なら、このような製品には生産ラインが縦につながった、金融機関が支援する大手メーカーがかかわっていると思うかもしれない。だがアフリカのクラスター経済では利鞘は少なく、需要が断続的に発生することはない。関係者は公式に統合せずに顧客を共有する。銀行からの融資など、目にすることはない。

そのため、私が簡単な仕事を頼むために雇った二〇代の熱心な大工のエマニュエルは、私のベッドを組み立てる前に、その週自分が何件仕事をもらえるか、地元の製材所と交渉できるか、場合によっては返済を待ってもらえるかどうか、頭を悩ませなければならない。自宅と店の家賃はいつまでに支払えばいいか、道具が壊れたらどうすればいいか、自分が怪我をしたらどうすればいいかまでも考えないといけないのだ。さらに、私がナイジェリア流にしつこく要求する値引き交渉にも応じなければならない。

ダリル・コリンズ率いる経済学者たちが執筆した著書『最底辺のポートフォリオ――1日2ドルで暮らすということ』（大川修二訳、みすず書房、二〇一一年）では、痩せた国に内在する行動様式が詳しく説明されている。彼らの結論によれば、貧困層は驚くほど洗練された方法で現金を管理するのだそうだ。貧しいからこそ、低所得層の個人や家族はありとあらゆる複雑な金融取引をおこなわなければならない。それはたとえば初歩的な借金であったり、株式であったり、保険商品であったりする。経済学者エスター・デュフロとアビジット・V・バナジーも著書『貧乏人の経済学――もういちど貧困問題を根っこから考える』（山形浩生訳、みすず書房、二〇一二年）で、痩せた国の起業家をヘッジファンドのマネージャーと比較してこう語っている。「どのようなヘッジファンドのマネージャーでも、出した損失について一〇〇％責任を問われることはない。そこが小規模事業の経営者や小規模農家と違うところだ……貧乏人にとっては、毎年がとてつもない金融危機の年なのだ」

コミュニティによる融資については、デイヴィス・カランビの学費に村の人々が融資した例ですでに触れた。カメルーンでは「トンティン」と呼ばれる地域の融資の輪が、昔から小規模事業の資本ニーズに応えてきた。男性のグループが資金を積み立て、定期的に会合を開いては事前に定めた基準に基づいて積立金を順番に受け取る。この「メリーゴーラウンド」方式の仕組みは、学術的には「回転型貯蓄信用講」と呼ばれるもので、銀行口座のない人々の手から現金がこぼれ落ちてしまうのを防いでくれる。グループのメンバーがプロジェクトの資金を必要としていたり、緊急に出費が必要となったりした場合、グループで決めた利息付きで、積立金の全額をもらうための入札をおこなうことができる。この融資にはもう一工夫ある。「借り手の返済能力がどのくらいあると思うか、グループのメンバーたちの見解に基づいて共通の判断が下されるのです」と語るのは、カメルーン人の女性実業家、レベッカ・エノンチョングだ。こうした仲間内での非公式な融資ネットワークでは、返済不履行の割合は非常に低い。

どのような形であれ、融資が利用できるかどうかが、必要最低限の生活を送るか成功を収めるかの境目になり得る。ベッドと、そしてエマニュエルと一緒に軽トラックにぎゅうぎゅう詰めになりながら、私はなぜ彼がほかの大工たちと手を組んでちゃんとした店舗を手に入れ、もっと高い値段で仕事をしないのかと聞いてみた。すると、彼はそんなことをする資金がない、と答えた。あまりの皮肉さに、私は参ってしまった。エマニュエルが私に請求した代金は原価にほんのちょっと上乗せした程度だ。その金額で彼はすべてのリスクと苦労を背負っている。それも、これ以上金儲けするだけの金がないからという理由で。ただ彼が毎日乗り切らなければならない交渉の数々を考えたとしても、商売はそう悪くもない。彼はその腕前のおかげでそれなりの暮らしができている。そして平均的な顧客にとって、交渉可能な価格は、大都市のこぎれいなショッピングモールで売られている輸入品よりずっと競争力が高い。こうして家具市場は均衡が取れ、アフリカ中の都市で起こっている住宅建設関連の新しいブームを支えていくのだ。

活発な小規模交易が何世代にもわたって労働者たちを支える一方で、大規模な営利目的企業は今、不動産や通信、化粧品などといった成長分野において、アフリカで新たに生まれつつある消費者階級にサービスを提供するチャンスを追い求めている。企業にとって生活必需品はほぼ間違いのない投資先だ。アフリカの一二カ国で大型店舗を展開するマスマートは、二〇一一年にウォルマートに買収された。薄利多売の小売事業にチャンスの波が押し寄せている証拠だ。ナイジェリア生まれの電子商取引サイト「ジュミア」は、「アフリカ版アマゾン」になるとの期待から、二〇〇〇万ユーロを売り上げた。アマゾンやイーベイ、中国のアリババ、日本の楽天といった先達企業がアフリカの膨大な消費者市場を避けてきたのとは対照的に、ジュミアがナイジェリアで展開する事業は、アフリカの市場価値を真っ先にとらえている。こうした事業のすべてで、抜け目のないアフリカ人起業家たちは、既存のモデルを作り変え、地元に合わせて改良している。

私が旅した場所のすべてで、その兆しは文字通り一目瞭然だった。店舗や住居の壁にはしばしば、オムツからカミソリまで、さまざまな商品の広告がペンキで全面に描かれていた。妥当な取

多くの街で、広告は看板ではなく、建物自体に描かれる。

引だ。家主は壁に新しいペンキを塗ってもらえるし、企業は即席の広告が打てる。こうした広告を出している企業は地域によって異なり、ガーナでは通信企業のＭＴＮの特徴的な黄色が主流だが、フランス語圏の国ではフランス・テレコム（現在はオレンジに社名を改称）のオレンジ色が壁を埋めつくす。だがこれ以外にも、大手ブランドのコカ・コーラ、ＤＳｔｖ、Ｐ＆Ｇやもっとローカルな企業のフラミンゴ・タイル、ライノ・セメントなどが、家畜のエサ、ヘアケア商品、ペンキそのものなどの商品を宣伝するのに、この非公式な広告手法に依存している。「カンジュ」方式の商取引と、新興の購買力との両方が存在することの証明だ。

商業は、アフリカの他分野では考えられないほど民主的だ。なにしろ、誰でも参加できるのだから。「どのソマリ人にとっても、商売は活力源です」と語るのはダハブシールのＣＥＯ、アブディラシド・デュアルだ。彼の送金サービスが貿易関係者向けの輸出入サービスとして始まったのも不思議ではない。彼ら貿易関係者のビジネス能力が、二〇年にわたる戦争の間もアフリカの角を沈没から救ってきた。ダハブシールとMペサは、どこででも利用できるという意味で貴重な商取引の革命だ。ダハブシールの支店はいまやアフリカ大陸だけでなく、オハイオ州コロンバスでもカタールのドーハでも見つけることができる。電子マネーを売る店は、東アフリカではコーヒーと同じくらい一般的になったのだ。そしてもちろん、これらのサービスは、立ち上げにあたって、非公式な店舗経営者たちの厖大なネットワークに依存している。

市場では、社会的な違いが消え去る。たしかに、特定の部族やエリート階級、宗教やその他の集団が一部地域で閉鎖的な自己取引をおこなっていることもある。だが交易は、ひょっとするとアフリカ唯一の共通言語なのかもしれない。交易は社会的な絆を構築し、強化し、国家と国民の関係に代わる関係を提供するのだ。低所得層の借り手に注力するケニアの銀行エクイティ・バンクの代表ジェイムズ・ムワンギは、こう指摘する。「リーダーシップと改革に関して政府がますます民間企業に頼るようになってきた。起業家精神を持つ指導者は、今では政治的指導者と同じくらい重要だ」。そして真に開発を進めるという観点から見ると、民間企業はアフリカでもっとも強力な既存のネットワークだと言える。

アフリカにおける商取引の魅力はつまるところ、説明責任だ。開発関係者の間で長年続いてきた議論は、恵まれない地域の人々にとってより良いのは寄付なのか、それとも市販の商品なのかというものだ。寄付を擁護する側は、貧しい人々がその限られた財源を使うべき対象は食糧や住居、教育であって、たとえば防虫処理のされた蚊帳などではない、と主張する。戦略的におこなわれれば、無料配布も手助けになると言うのだ。自由市場の擁護者は、無料のものは、貧困層に限らず誰にとっても価値がないと主張する。無料の蚊帳は使い方を誤って漁網やウェディングベール代わりに使われ、マラリアを予防するためには使われないと言うのだ。

この問題に関する調査ではどちらの主張も裏付けるデータがあるが、これに加えて市場のほうには個人や集団の本当の価値観を反映するという、援助にはない利点がある。市場は普通の人々が選択権を行使できるという、商取引に本来備わっているチャンスを生み出す。消費者と生産者は取引において対等のパートナーだ。一方、援助者と被援助者の関係は対等ではないことはすでに見てきた。無料の品物（靴、ノートパソコン、薬）はたしかに、被援助者にとっては非常に重要かもしれない。だが商売でない以上、被援助者は外部の人間による善意の推測に依存するしかないのだ。

そのうえ、市場なら大規模展開の問題を解決してくれる。何か賢く新しい方法が生まれても、たいていの場合は診療所や農場の段階で止まってしまう。情報の広がりや必要な機具、その方法を編み出したNGOの予算の限界などによって、それ以上展開できない。これから見ていくように、商業化あるいは実用化は、大規模展開への道として実証されている。

援助金に関する議論には、政府が援助金を受け取って国民のためにしかるべく配分するという、ある種の家父長制のような基盤がある。だがそのような制度など、ほとんどの場合は必要ないのが実情だ。サハラ以南のアフリカに暮らす消費者は、「いい」商品に金を使うほうを選ぶ。この大陸でもっとも大きな家計支出は食料、住居、そして交通だ。医療はしばしば身銭を切らなければならない出費項目だし、教育もそうだ。通常、アフリカでもっとも貧しい人々でも、値段より質を重視する。商品にメリットを見出せば、喜んで金を払うということだ。アフリカでまったく援助を受けずに普及した携帯電話がいい例だろう。

プラハラードとハートは、貧困を真剣に受け止めているからこそ尊敬を集める事業戦略家だ。富裕層のエリートが企業にとってはすでに信頼できる顧客であるという前提を踏まえ、プラハラードとハートは、企業がＢＯＰ（ピラミッドの底辺）向けに特化した戦略を開発すれば、貧困層の厖大な集合的購買力を利用できるはずだと主張した。典型的な例が、洗剤だ。ＢＯＰに必要なのは動きの速い商品だが、たいていの商品が貧困層には手の出せない単位で売られている。一日五ドルしか稼げない女性は、一カ月もつような洗濯洗剤の大箱を買えるだけの現金が手元にないかもしれない。だが、一週間分の洗剤が入った小分けパックを買う予算なら捻出できる。洗剤、料理油、さらには通話時間やタバコまで、商品を小分けにすることで、販売者は一度に小さな出費しかできない消費者を囲いこみ、集合的に大きな顧客層を手に入れることができる。売り上げを増やす過程で、企業は日々の尊厳を保ちたいという人々の需要を満たしていけるのだ。

私立学校

この考え方で開発も売ることができるという前提で、市場発の新しいイノベーションの波が生まれている。まだあまり認識されていないが、アフリカではある革新的な傾向が広まりつつある。私立学校に通うことだ。ＭＤＧｓの掲げる目標の二番目が、万人が無料の初等教育を受けられるようにするための取り組みを呼びかけていることを考えると、この傾向は理解しがたいかもしれない。ＭＤＧｓが採択されてから一〇年以上経ち、アフリカの多くの国（半数まではいかないが）が学費を無料にした。だが、その無料は結局書類上だけのことだった。学費が安くなっても、保護者は制服や教科書、給食、そしてときには学校の経営者への賄賂のための費用を捻出しなければならない。タンザニアのモシでは、「無料」の学校にかかる費用が六年で六四％も上昇した。インフレよりも早い上昇率だ。こうした隠れた出費が、教育を最貧困層の手が届かないものにしてしまう。そのうえ、第九章で見ていくが、しくじり国家の公立学校はしばしば、将来に備える子どもにとっては最悪の環境である場合が多い。

アフリカの家庭も、黙って待っているだけではない。ケニアのスラムでは、少なくとも四〇％の子どもが私立学校に通っている。コンゴ民主共和国では、学校の七一％が私立だ。ナイジェリアのラゴス州では、学校に通う子ども四人のうち三人までもが私立に入っている。二〇一二年、ウガンダにある五六〇〇の中学校のうち、四〇〇〇校が民間による経営だった。南アフリカの公立学校からも、子どもたちが流出している。政策の調査をおこなう非営利組織の事業開発センターによれば、ヨハネスブルグおよび周辺地域では一〇〇〇以上の民間学校が運営されているとのことだ。こうした「非公立」学校の中に、派手なものや授業料が高額なものはほとんどない。多くが安価で、保護者たちが手弁当で運営しているような学校だ。南アフリカの子どもたちは空き倉庫や工場、企業ビルの片隅で勉強している。積極的な活動をおこなう教会やモスク、それにごく普通の、あたりまえの教育しか受けていないような人々が、国の支援が届かないところで学校を作っている。南アフリカでは四校に一校が未登録で、つまり厳密には違法だということだ。

ある意味、これは昔ながらの物語だ。私立のミッション・スクールやコミュニティ・スクールは、アフリカの植民地時代や独立直後の家族にとっても人気の生産的な選択肢だった。ボツワナでは、ごく普通の人々が資金と労力を提供し、民間学校を支えてきた。こうした学校が少しでもましに思えるなら、アフリカの親たちは非効率な公立学校制度をいつでも脱したいと考えているし、そのためには出費もいとわない。「親は自らの財布を投票箱に入れたようなものです」とウガンダ人ジャーナリストのアンドリュー・ムウェンダは言う。「そして生徒たちは自分の足を投票しました。ほとんどの人が、公立学校を黙って去ったのです」

この大行進の先頭に立っているのが、ブリッジ・インターナショナル・アカデミーズだ。安価な私立学校のネットワークは、激痩せ方式で運営されている。校舎はベニヤとトタンで作られ、上下水道どころか電気も通っていない。生徒たちは小さな黒板をノート代わりに使い、捨てられていた卵のパックやボトルのキャップ、輪ゴムでできた図形の学習用教材などを使って算数を学ぶ。ブリッジは二〇〇九年以来ケニア国内に二一四の学校を開校しているが（訳注：二〇一五年にウガンダとナイジェリアにも開校）、「いまのところ、どうしても電力が必要という状況にはまだなっていません」とCEOジェイ・キンメルマンは言う。

ブリッジの理念は、そのがらんとした教室と同じくらいシンプルで、アフリカの生徒の勉強が遅れているのは教師がちゃんと教えていないからだ、という認識に基づいている。その原因は一部には、教師が十分な訓練を受けていないことにある。水準以下の指導しかおこなわなかったり、自分が苦手な科目はまるごと飛ばしてしまったりする教師が多いのだ。また、しくじり国家が十分な給料を払わないことも教師の能力不足の一因だ。道路などの公共サービスに使われるべき資金を搾取する強欲な政府は、教育からも取れるだけ搾り取ろうとする。ウガンダでは長年にわたり、自由裁量で使える政府の資金のうち、本来その資金で支援されるはずだった学校に届いていたのはわずか一三％だった。私がマラウイで出会った教師、ブレッシングスは、教師の給料のためにという条件で海外援助がおこなわれていたにもかかわらず、給料が予告もなしに支払われないことがよくあったと語った。

ブリッジは、公立学校の手法を積極的に拒絶し、ＭＤＧｓに組みこまれた政策のほとんどを不採用とした。アフリカの政府が学費を無料にし、制服を無料で支給し、新しい校舎を建てようと急ぐ一方で、ブリッジにはそもそも制服がなく（訳注：二〇一四年から制服を導入）、建造物は二の次だ。「学校と呼ばれる建物で勉強できる子どもたちはいいんです。木の下で勉強する子どもたちがちゃんと教育を受けること、こちらのほうが大事です」。代表のフィル・フレイとその妻シャノン・メイと共にブリッジを設立したキンメルマンはこう言う。「子どもたちを学校に放りこんでも教師がやってこなかったら……なんであれ、それは教育とは言えません」

さらに議論を呼んだのが、ブリッジは無料ではないということだ。学費は非常に安い。生徒一人当たり月五ドル前後で、支払い方法も柔軟に選べる。だが、これはしくじり国家の経済とは大きく異なる強い理念の表れだ。「私たちは、保護者に対する小売サービス業なのです」とブリッジの最高戦略責任者であるメイは言う。「貧困の定義とは、ほしいものがあるのにそれが買えない状態です。暮らしをもっとよくしたり、生き延びる手助けになってくれたりするようなものがあるのに、それを手に入れる手段がないという状態です。これは多くの場合、価格が問題です。私たちは設定価格を可能な限り引き下げて、保護者が商品の消費者となれるように努力しているのです」

ブリッジは「ニュー・エンタープライズ・アソシエイツ」、「オミダイア・ネットワーク」、「コースラ・ベンチャーズ」、「ラーン・キャピタル」などの組織から初期段階での株式による出資を受け、それぞれの学校の顧客基盤で運営費をまかなっている。営利目的で学校を運営することは「そのまま説明責任につながります」とキンメルマンは言う。「教師が出勤しなかったら、親は学費を払いません。子どもが学習していると感じなければ、学費を払いません。そうすれば学校は潰れるだけです」と彼は言い足した。「その結果、私たちのような低価格の私立学校では出席率が非常に高くなり、子どもの成績も平均的には非常に高くなります」。実際、私立学校で教育を受けた若きアフリカ人たちは、公立学校の生徒よりも算数と英語のテスト結果がいい。毎年第三者機関によって実施される評価によれば、ブリッジでもっとも成績の悪い生徒でも、公立学校やほかの私立学校の生徒よりは成績がいいそうだ。読解力では、その差は二〇五％にもなる。

市場のニーズに対して市場の力で応えるブリッジは、ピラミッドの底辺から生まれたイノベーションだ。したがって、しっかりと油を差した教育の工場のように運営されている。学校をどこに開校するかという段階から、企業的な正確さで決定しているのだ。特定の地域に学校を開く前に、競合する学校の位置、交通の便、潜在的な生徒の最大人数などを調べ、ここぞというど真ん中の地点に学校を作る。スマートフォンのおかげで秘書や会計などの事務管理者は不要となり、各校が抱える教師以外の職員は平均たった三人だ。学費も職員の給料も、携帯電話を使った電子マネーで支払われる。

ブリッジを実現可能にしたもののひとつが、学習指導案の作成だ。教師は地元で採用され、二年契約で教え始める前に三五〇時間のブリッジ教員研修を受ける。教室では一言一句、時間まで細かく定められた指導案を読み上げるだけだ。新人教師を指導内容の専門知識習得や授業計画といった負担から解放するために、ブリッジは理想的な指導法をフォーカスグループ法で細分化し、誰をどのように使うべきかまで細かく分けて、それを何百という教室で展開していった。

このモデルがどのように運用されているかをもっとよく理解するため、私はケニアの旧首都マチャコスにあるブリッジの学校を予告なしで訪問した。そこで会ったのが、創立八カ月にしかならない学校に就任した二三歳の誠実な学校長、テレシア・ジェイコブだ。ブリッジの利点のひとつが、総勢数百人の職員に与えられる収入獲得の機会だ。ジェイコブは大学卒業後、一年以上就職できずにいたが、あるときブリッジの求人広告を見た。そして数週間後には、四人の教師と四五人の生徒を要する学校の経営者になっていたのだ。

初めて会ったとき、ジェイコブは保護者との接し方、生徒の出席を確認するタイミング（毎朝九時）、教師に対する評価をいつどのように実施するか（毎週一回）を定めた分厚いバインダーに頼っていると語った。「これがなければ仕事ができません」と彼女は言った。「いつも気を張り詰めています」。その後、ブリッジはバインダーの代わりに、特注のアンドロイド系アプリで動くタブレットを支給するようになった。それで透明性と効率が飛躍的に向上した、とメイは言う。「すべての教師や職員についての報告、すべての金融取引、朝九時四五分から一〇時半におこなわれるべきすべての授業について、私が地球上のどこにいてもすぐに見られるようになったのです」

二年生の算数の授業で私は、しなやかで細身の二一歳、エリザベス先生が七歳児たちに二桁の引き算を教える様子を見学した。SLANTという文字が、どの教室にも貼ってある。これは生徒に対して求めることを記したもので、Sは「Sit up（姿勢正しく座る）」、Lは「Listen（話を聞く）」、Aは「Ask and answer questions（質問をして、質問に答える）」、Nは「Nod if you understand（理解したら頷く）」、Tは「Track the teacher（先生を目で追う）」だ。パブロフの条件付けを応用した反復的戦略により、生徒たちは消極的に黙っていることはないが、決して無駄なおしゃべりはしない。

ブリッジは、典型的な企業の形式を活用している。非常に中央集権化されていると同時に、非常に分権化された手法だ。企業なら、研修や試験、教授法、日々の事務処理などに対し、小規模経営の事業主にはできないような大型投資をすることができる。また、素早い展開も可能だ。二〇一二年の冬、ブリッジは一カ月で五一の学校を新設した。そして二〇一三年の秋にはさらに八〇の出先機関を開設し、合計六万五〇〇〇人の生徒を受け入れた。過去にアメリカで教育管理会社エデュソフト*を設立したキンメルマンは、世界中どこでも不気味なくらい規格が統一されたスターバックスやマクドナルドを引き合いに出してこう言う。「実に奇妙ですが、これがうまくいくのだから本当に驚きです」

ブリッジは生徒が五〇万人にならなければ黒字にならないが、二〇二五年までには一〇〇〇万人の子どもたちを教えるつもりだ。その計画は、あながち無謀でもない。一日二ドル未満で暮らす家庭向けの保育・初等教育は、世界中で五一〇億ドルにもなる巨大市場なのだ。「私たちは誰も聞いたことがないような商品を売っているわけではないし、誰も理解できなかったり、なんのために必要なのかわからなかったりするようなものを売っているわけでもありません」とメイ。「私たちが提供しようとしているものに対しては積もり積もった需要が驚くほどあって、大事なのは人々が現に求めているものを私たちがどのように提供できるかを示すことなのです」。若い学校長ジェイコブも、公立学校に子どもを通わせるだけの「時間もお金もない」親にとっては、ブリッジのような信頼のできる、安価な基本的初等教育が、本当の意味で魅力的な投資先になるのだと語った。

売れよ、さらば来たらん

「商業の地図」の敏捷性は、アフリカ人が国の支配下にあるプロセス（たとえば学校）と同様に、国の支配外にある出来事（たとえば雨）にも対処できるようにしてくれる。畑には水やりが必要

＊ 2003年に、出版社ホートン・ミフリン・ハーコートが買収した。

だということは、誰もが知る基本的知識だろう。太った国は水の問題を灌漑で解決したが、アフリカでは、ほとんどの農家は母なる自然の気まぐれによって成功と失敗が決まる。人類の歴史の中ではこれがあたりまえだったが、近年の気候変動によって状況は深刻になってきた。移り気な天候が、農家の収穫量と収入を脅かす。アフリカの農産物は以前よりも予測しにくくなった状況の中で、頻繁に失敗を重ねている。「さまざまな障害や制限がある中で、もっとも厳しいのが水に関するものです」と言うのは、この問題に一九九一年から取り組んでいるニック・ムーンだ。「サハラ以南アフリカの農家にとって、水が自分でコントロールできる農業インプットとみなされたことは一度もありません」

水の管理方法の改善は、アジアや中南米で見られてきた「緑の革命」（訳注：一九四〇年代から一九六〇年代にかけて、高収量品種や化学肥料、農薬などを導入して農作物の生産性を向上させた農業革命）には欠かせない要素だ。これが収入の向上、そして人々の栄養と健康の改善に結びついてきたのだ。だが灌漑技術がないアフリカの農家は前進することができない。みんなが同じ作物を育て、それが全部同じ時期に市場に出回る。供給過多になった作物の価格はどこまでも下がっていく。農家が家に持ち帰る現金は少なくなり、通話時間も教育費も、医療も住居も食料も買えなくなる。結局、アフリカは世界経済全般から大きく取り残されることになるのだ。

私の父方の祖父は、ナイジェリアのオンド州の北端にあるアクレという街とイフェという大きな学園都市を高速道路がつなごうとしていたちょうどそのころに、二つの都市の中間地点にあたるオケ・イボに土地を買った。その場所を訪れると、私はいつも家の外にこんもりと生い茂るプランテーン・バナナの林で散歩を楽しむ。プランテーンは、私の大好物だ。いつも何房か切り取っては食べているが、そこにはほかに収穫できるようなものはない。プランテーンのない残りの土地は、長年使われていない休閑地なのだ。その場所がちゃんと管理されるよう、夫と二人の子どもと共に目を光らせてくれている女性と話をしたとき、彼女の息子がナタをふるってプランテーンを収穫し、私の車に運んでいる姿を見て衝撃を受けた。彼は六歳で、その年齢自体は働くのに早すぎるというわけではなかったのだが、身長が私の膝にようやく届くかというくらい低かったのだ。四ヘクタールもある農地に住んでいながら、女性は息子にプランテーン以外のものをろくに食べさせてやれないのだった。なぜもっとたくさん、まともな作物を育てようとしないのか、と聞いてみると、彼女の答えは短かった。「水がないから」

ニック・ムーンが立ち上げた会社、「キックスタート」は、この問題に市場としての解決策を提案する。一九九八年に始動したキックスタートは地中深くから水を汲み上げる足漕ぎポンプを販売し、小規模農家が天の采配に頼らずに収穫量をコントロールできるようにした。キックスタートはタンザニア、マリ、ケニア、ブルキナファソで展開し、生産拠点がないガーナ、マラウイ、ルワンダ、ウガンダ、ザンビアにもポンプを輸出している。製品は一年保証つきで、農家が払えないような高額のメンテナンスや燃料は必要ない。「必要なのは自分の体力だけです」とムーン。「これはあえて、低資本だが多大な労力が必要になるように作られているのです」。販売スタッフがポンプの組み立てと操作方法についての基本的な研修をおこなったあとは、農家の手元に収入を激増させられるツールが残る。そんなわけで一番人気のモデルの名称は、「マネーメーカー・マックス」だ。

この革新的技術の力を一番よく理解できたのは、ルワンダのムサンゼにある棚状の畑に設置されたポンプを見たときだ。起伏のある地形のため、農家は畑をこの国の「千の丘」と呼ばれる斜面高くにまで作らなければならない。植え付け後、水を大量に必要とする苗に十分水をやるには、遠くにある公共の井戸まで毎日何往復もしなければならない。各家庭から誰かが水を汲みに行くわけだが、汲んできた水の大半は料理や洗濯に使われる。キックスタートのポンプのおかげで子どもでも大量の水を地中から「踏み」上げることができるようになり、植えたイモの命がつながれているのだ。

キックスタートはこれまでに二〇万台以上のポンプを販売し、推定一〇〇万軒以上の農家を助けてきた。購入後最大三年間は、社員が農家を訪問する。一八カ月が経過した時点での利用率は八〇~九〇%だ（ポンプを丁寧に包んで、ベッドの下にしまいこんでいたケースもあった）。ほとんどの顧客が収量の増加を経験している。「私たちの仕事はポンプを売ることではなく、成功する地方事業を生み出すことです」と、二〇一一年に同社を退いたムーンは言う。中国で製造されている「マネーメーカー」は民間の輸送業者や卸売業者を通じて販売され、民間の小売店舗でも買うことができる。ベストセラーの「スーパーポンプ」の値段が一〇〇ドル程度、小型の「ヒップポンプ」が七〇ドルだ。手持ちの現金が少ない顧客層のために、分割払いプランもある。「私たちはこうした人々を投資家とみなした販売戦略を取っています」と言うのは、キックスタートの開発担当者、レジーナ・カマウだ。「誰もがポンプを買うわけではありませんが、そこに収入向上のチャンスがあると気づけば、たいていの人は買うでしょう」

教育と農業に対する民間からの解決策は、アフリカでは大きなチャンスとなる。何百万人もの暮らしが学習と農業にかかっている現状では、なおさらだ。そして同様に、医療に関するもっとも楽しみな革新的技術も、やはり民間から生まれている。

一見、アフリカでの医療提供に市場の力は不要に思える。援助国と被援助国政府とで、アフリカ人の基本的な医療ニーズには対応できているはずだ――学費と同じように。海外援助はいまやアフリカの医療支出の平均一〇％を占めており、一部の国では五〇％以上にも膨れ上がっている。二〇〇七年以降、ブルンジ、ガーナ、ケニア、レソト、リベリア、ニジェール、セネガル、スーダン、ザンビアは援助による無料の医療モデルへと移行し、妊婦と乳幼児に特に注力している。

この仕組みは、ある意味ではうまくいく。恐ろしく時間がかかりはしたものの、乳幼児向けの主要ワクチンと最高品質の抗レトロウイルス薬がようやく、それらを必要としているが手が出せない貧困層の人々と彼らが暮らす地域にも低価格で届けられるようになった。ブルンジで医療費が無料になると医療施設での出産率が六一％も増え、帝王切開の実施率も八〇％増加した。

だが、援助国の政府と個人の慈善活動家たちが現金や薬を送っていても、貧しい人々はいまだに身銭を切って日々やりくりしている。世界銀行の民間部門である国際金融公社によれば、サハラ以南での医療に費やされた金額のうち驚きの五〇％が、「貧困にあえぐ国民の自腹による支払い」だったそうだ。

私がケニア、ウガンダ、マラウイで訪れた民間・公立いずれの医療センターも、きっちり現金払いでしか会計をおこなっていなかった。医師に診てもらいたければ先に診療費を支払わなければならないという仕組みは、携帯電話の通話時間を買い足す仕組みと変わらない。ひどく出血していても包帯を自分で買いに行かなければならないし、一部の公立病院では、輸血をするのも患者本人が手配しなければならない場合が多い。フェイスブックで、怪我をした友人のために輸血を呼びかけるメッセージを見ることもまれではない。出産しにくる妊婦は、病院で不足しているかもしれないと包帯や注射器まで含む「出産キット」を持参する。まさか生まれる途中で頭が引っかかった赤ん坊を母親の胎内に押し戻すようなことまではしないだろうが、医療消費者たちは心の準備をしておいたほうがいいとわかっているのだ。

現金先払いの方針は、勤め先どころか住所すらないかもしれない、無保険の患者に対応する手段のひとつだ（治療費が支払える患者に対してのみ治療をすることで、過密状態の病院では患者数を減らすという効果もある）。「無料」の公立病院で金を取られたり、ろくな治療が受けられなかったりする現状に耐えているアフリカ人は数多いが、エチオピア、ケニア、ナイジェリア、ウガンダの最貧困層を占める人口のうち四〇％以上が、今では営利目的の民間医療機関で治療を受けている。乳幼児の健診、骨折、病気が疑われる頭痛、その他数えきれないほどの軽い症状が、民間病院で治療されているのだ。

私立学校の経営者と同様、アフリカでは、民間の医療機関は公立の医療機関よりもずっと質の高いサービスを提供することができる。彼らは患者に対して直接責任を果たすだけでない。規模が大きな民間の病院では、質の高い治療をほどこすために必要な器具が揃っている場合が多い。たとえばMRI、レントゲンなどの画像診断機器、薬の揃った薬局、しっかり訓練を受けてちゃんと給料をもらっている専門医も含む医師など（医師の多くが公務員の安月給を埋め合わせるためによそでも働いている）。患者数が減れば、患者一人ひとりがもっときちんと診てもらえる。だがこうした医療機関は少なく、遠く、高い。基本的な診察が三〇～五〇ドルというのは太った国では格安だが、アフリカでは中流以上の階級以外は手が届かない額だ。エドナ・アダン・イスマイル医師が勤めるソマリランドの病院では、帝王切開に一〇〇ドルかかる。もっと複雑な治療なら、患者は破産も必至だ。

ジュバ・メディカル・コンプレックス（ＪＭＣ）は、アフリカの「末っ子」国である南スーダンの民間病院だ。庭園ではタカがバナナやユーカリの木で巣を作っている。待合室ではプラスチックのバケツを持った一〇代の少女が、胸から何か目に見えない悪魔を払い落とそうとしている。ＪＭＣのロナルド・ウォロ院長は非常に背が高く、長い脚ですたすた歩く。イギリスのケントで二三年過ごした後、ウォロ院長は二〇一一年に独立したての母国へ戻り、沼地だった場所にこの六〇床の病院を建てた。現在、ＪＭＣは完全に営利目的で運営されており、寄付された機材はひとつもない。ウォロ院長はビジネスパートナーらと共に、病院のすべての検査器具や医療機器を自腹で購入したのだ。

その請求額は約一〇〇〇万ドルだったが、見返りは十分のようだ。南スーダンには事実上、医療機関がほとんど存在しない。正式な国家となった今も、南スーダンはまだひどく弱い国だ。

「公衆衛生分野では、インフラがあってもリソースがない、またはリソースがあってもインフラがない、でなければ両方あってもそこに人が来るための道路がない」と言うのは、某国際金融機関のコンサルタントだ。あるジュバ市民は、ウォロ院長の商売敵で、通りのすぐ先にある政府運営の大学病院をこう酷評する。「住民があそこへ行くのは金銭的な事情でほかに選択肢がないからだ。値段は安いが、医師はちゃんと訓練を受けていない」

民間診療所のモデルは、手術や複雑な治療を受けるために海外へ行くか、公立の低品質な医療に大枚をはたくかしなければならない家族にとっては新たな選択肢となる。ウォロ院長もほとんどの診察が「普通の人にはまだ手が届かない額だ」ということは認めるが、変化は早く起こしたいと言う。南スーダン唯一のCTスキャナを収める建物が、（中国の労働力を使って）たった六週間で完成したのだ。患者の払う診察費は、ウガンダやナイジェリア、南スーダンから十数人の専門医をスカウトし、雇うための予算に充てられる。より信頼性の高い画像診断機器があることも理由のひとつとなり、多くの公立病院が患者をJMCに紹介することが増えてきた。民間病院の存在が、国の公衆衛生を改善しているのだ。

もっと安価な民間の選択肢もアフリカには多く見られるが、その質にはかなりむらがある。多くの施設で職員も機材も不足しているか、あるいは職員が訓練を受けているのは一般的な病気の対処だけで、予期しない症状に直面するとどうしていいかわからなかったりする。インターネットを活用した遠隔医療やすでに見てきた業務移管などで、人材不足を補うことは可能だ。だが現状、民間の開業医の多くが、信頼のおけるビジネスとして成り立つくらいの数の患者を診ることができていない。

中には、ブリッジ・インターナショナル・アカデミーズと同じ手法を、民間の外来専門診療所に応用しようと試みた起業家もいる。南アフリカでは、外科医リン・デニーが輸送コンテナ（経費を削減する方法のひとつだ）を利用して造った「ウンジャニ診療所チェーン」を展開している。銀行出身のリザ・キンボは、ケニアの低・中所得層を対象とした民間医療機関の「ハブ・アンド・スポーク」ネットワークを築いた。中央のハブでリソースを管理し、難しい症例を引き受ける一方、自転車のタイヤの中心から放射線状に伸びるスポークのように、ハブから周辺に伸びた先にある各拠点の診療所が外来患者に対応するという仕組みだ。どちらの手法もコストと待ち時間を最小限に抑えることを目的に構築されているが、経営状況はどちらも厳しい（箱さえあれば運営できる学校とは違い、診療所は電力を必要とする場合が多い）。

だが現状が困難だからこそ、今のアフリカで医療はいい投資先になる。診療所も含む東アフリカの各種企業と仕事をしている投資顧問会社オープン・キャピタル・アドバイザーズは、民間医療機関への投資には天井知らずのチャンスがあると見ている。需要は明白だそうだ。赤ん坊を抱きしめた母親や胸の痛みを訴える男性が、診療所に来るために一日分の稼ぎをふいにしていることを忘れないでほしい。親が学校を選ぶように、彼らはどの医療機関がいいか探してあっちこっち行かなければならなかったり、子どもを死なせてしまったりするよりは、いくらか多くの金を民間医療機関に先行投資してもいいと考えているのだ。革新的な医療機関なら、庞大な経済的・社会的見返りを受けることができる（たとえばリザ・キンボのリヴウェル診療所は最近、開発途上国で営利目的の診療所を運営するシンガポールの会社ヴィヴァ・ヘルスケアに買収された)。

アフリカの医療不足を反映するのが、医療保険の不足だ。アフリカの人口に対する保険の加入率は、一桁台にしかならない。ルワンダ、ガーナ、タンザニアは国民健康保険でもっとも大きな進歩を見せた国で、今では加入者に包括的な外来・入院サービスを提供している。だが二〇一〇年の時点で、加入しているのはガーナでは人口のたった三八%で、ほかの国ではさらに低く、一番の弱者が除外されてしまっている。深刻な疾患にかかってしまうと、貧しい家庭はまず間違いなく経済的にどん底まで突き落とされてしまうのだ。

保険会社がガーナ、ナイジェリア、タンザニア、ウガンダ、ケニアで実施した調査では、低所得国のもっとも貧しい世帯の四軒に一軒が、収入のうち「潜在的に破滅的なほどの」割合を医療に支出しているとのことだ。四〇~五〇%の家庭で、医療費支出はすべて薬の購入に充てられていた。アフリカの一五の国で、三〇%の家庭が資産を売却したり、友人や親戚から借金をしたりして医療費を捻出していた。

保険がアフリカの医療制度の中で特に有益だと言えるのは、金融リスクを担保し、手持ちの現金が限られている人々が、当座をしのげるようにしてくれるからだ。こうした緊急投資を医療保険の掛け金に変換することは、新興の中流階級に属する家庭にとっては意味がある。また、いい商売にもなる。アフリカでもっとも貧しい人々でも、医療に金をかける意志があるのだ。ナミビアで保険をかけていない人のうち、ほぼ一〇人に一人が医療保険に加入したい、そして収入の最大五%までなら払ってもいいと答えている。

当然のこととは思うが、サハラ以南のアフリカにいる病人は、富裕国では一般的な「オバマケア」のような国の運営する保険に頼るわけにはいかない。アフリカの政府が運営する健康保険にとって、大掛かりなサービスをしっかりと支える財源を確保するには国の税基盤が弱すぎるのだ。南アフリカのサンラムやケニアのレゾリューション・インシュアランスのような大手民間企業が効果的に需要に応え、しばしば不安定なこの業界を構築しつつある。オランダのファーマアクセスは雇用主たちと協力し、アフリカの一〇カ国以上で低所得層の労働者向けの保険プランを提供している。こうしたベンチャーも非公式な労働者はほとんどカバーしていないが、地元生まれの地域密着型の保険制度が一一カ国で六〇〇も運営されている。

診断と支払いの問題はあるものの、処方薬はアフリカの公衆衛生においてはもっとも特効薬に近いものだ。ＨＩＶの治療は実質的にＨＩＶの予防でもある。患者が抗レトロウイルス薬を飲むようになれば、感染リスクは九六％も減少するのだ。こうして、「体内に薬を」――一九九〇年代にアメリカのエイズ予防啓発活動から生まれたスローガン――はアフリカに安い薬を届けようという運動を推進してきた。安ければ安いほどいい、というわけだ。

大手慈善団体は価格の引き下げを交渉し、より多くの薬を人々に届けることができる。だが「グローバルファンド」、「米大統領エイズ救済緊急計画（ＰＥＰＦＡＲ）」、あるいはアフリカ政府自体も、援助国から薬を購入するという条件に縛られており、寄付されたドルやユーロは結局、来たところへまっすぐ戻っていくだけだ。そして多くの場合、アフリカにおける薬のコストを削減するには、製薬会社にしつこく揺さぶりをかけ続けなければならない。

抗レトロウイルス薬についての議論はまさにその典型だ。二〇〇一年時点で、有名ブランドのエイズ治療薬の費用は患者一人当たり年間一万～一万五〇〇〇ドルもした。官民問わず、アフリカの業者にはとても手が出ない金額だ。恥ずべきことに、PEPFARはジェネリック医薬品への出資を拒否したため（臨床試験が不十分だというのがその理由だった）、資金が届く患者の数はさらに少なくなってしまった。ジェネリック医薬品大手のインド企業シプラが、一日一ドル以下の効果的なジェネリック抗レトロウイルス薬を製造し始めると、薬は一気に手に入りやすくなった。そして有名ブランドの薬の値段までが下がり始め、最終的にはPEPFARの予算を年間で三億ドルも節約することになった（そして数えきれないほどの人々が命を長らえることができた）。

価格が下がっても、政府による薬の配布ネットワークで失敗する場合がある。私は、ウガンダの首都カンパラにある末期がんの緩和ケア（モルヒネ投与も含む）をおこなうホスピス・アフリカ・ウガンダを訪問した。ここは静かで緑濃く、患者の気分を明るくするために明るい色のペンキで塗られたセンターだ。だがきれいな中庭から離れた小部屋では、診療所のスタッフがモルヒネを調合するという地味な作業をおこなっていた。苦痛を和らげるために大量の鎮痛薬を必要とする施設として、しょっちゅう途切れる政府からの支給だけに頼るというのはあまりに大きなリスクだ。そこで私が見かけたスタッフは独自に入手したモルヒネの粉末を手間暇かけて水に溶き、ほかの診療所や医療機関にも配布していた。うんざりするような作業だが、重要な仕事なのだ。

二〇〇五年以来、ウガンダではクオリティ・ケミカル・インダストリーズ（QCIL）という会社が民間の製薬市場で拡大を続けている。この営利目的のベンチャーはシプラと地元の化学薬品会社とのパートナーシップから生まれた。論理的な戦略をとったＱＣＩＬは、何もかも海外から買ったりもらったりしなくてすむように、地元で消費する分の抗レトロウイルス薬や抗マラリア薬の大量生産事業に注力した。ＱＣＩＬは毎月一億投与分の抗レトロウイルス薬を製造しているが、これはウガンダとケニア、タンザニア、ルワンダ、ブルンジ、コンゴ民主共和国、南スーダンに住む三〇〇万人の患者に行き渡る量だ。アフリカ大陸で数少ない、世界保健機関の認定を受けた工場でもある。

アフリカ向けの薬をアフリカで作るようになれば、状況は完全に変わる。インドやアメリカの製薬会社が儲けをさらっていく代わりに、ＱＣＩＬは地元に職を生み、一般の人々の生活を支える。地元住民の医療ニーズが増える中（ウガンダのＨＩＶ感染率は、二〇〇八年以来、毎年約一％のペースで増加し続けている）、地元での生産力向上は煩雑な購入手続きをなくし、もっと多くの命を救うことにつながる。持続性という観点からは大きなメリットだ。

未公開株式市場において、ＱＣＩＬは二〇一二年に、この一〇年でもっとも有望な小型株に選ばれたが、グッド・アフリカン・コーヒーと同様、最初から好調だったわけではない。地元ウガンダの会社がシプラとの提携を仲介したあとでも、外国の直接投資家たちや国際金融公社までが、投資に尻込みした。「投資機関は安全な投資にばかり注力しがちです」と言うのは、自分の資産をＱＣＩＬの工場に大量投資したファンドマネージャーのザイン・ラティフだ。「人々が見たがるのは白い顔の経営者であって、黒い顔ではないんですよ」。こうした常識に逆らって、彼の会社は地元経営者と後に生まれるはずの需要を信じることにした。ＱＣＩＬは二〇一一年には出資者に一八〇〇万ドルを、二〇一二年には五六〇〇万ドルの儲けを返している。二〇一三年には、同社の株式時価総額は一億ドルにもなった。

このような形で人間開発分野を売り買いすることに、眉をひそめる人もいる。国内外の社会民主主義や人道主義に営利目的を持ちこむことには、たしかに明らかな欠点がある。現金を持たない人々――アフリカの生まれたての中流階級の人々もここに含まれる場合がある――に有益な薬や栄養豊富な食料を提供しないでおくのは、冷酷な行為だ。だが公的な福祉やセーフティネットが存在しない状況で、アフリカのニーズの中にはまたとないビジネスチャンスになるものもある。好むと好まざるとにかかわらず、「出産キット」の必要性から出産キット販売という産業が生まれた。国の失敗はすなわち市場にとっての機会であり、「カンジュ」的思考のきっかけにもなる。

しくじり国家は、新しいタイプの起業文化を生んだ。「社会起業家精神」というのはいまや流行語で、アフリカでは特に大はやりしている。定義は定まっていないが、一般的に社会起業家精神は、これまでに見てきたような開発問題に対する市場ベースでの解決策を指向するものだ。ブリッジ・インターナショナル・アカデミーズの学校や製薬会社ＱＣＩＬの工場、キックスタート、ソーラー・シスター、スプロクシル、バーチャルシティはいい例だ。こうしたベンチャーは国のセーフティネットに空いた穴を、国よりも責任ある方法で埋めている。アショカや経営コンサルティング会社エナブリス、教育機関アスペン研究所、起業家支援団体エコーイング・グリーンなどは世界中で活動する社会起業家たちを見出して集め、アイデアを磨き上げたり大規模展開したりする手助けをしている。有料トイレの経営者やソーラーライトの販売業者にとっては、同じような考えを持つ冒険家たちのコミュニティは変化を加速させてくれるものなのだ。

　太った国における景気と不景気の波は、民間部門もやはり当てにならないものだということを思い出させる。だが社会的な事業の高まりは、寄付さえしていればアフリカは大丈夫だという策略を打ち砕いてくれる。はるか遠くの寄付者や計画者たちはアフリカのすべての畑に水をやったり、すべての患者を治療したり、すべての子どもに教育を与えたりすることはできない。民間市場は選択肢を最大限に増やすためにイノベーションを続けており、そこから生まれた貧困層向けの新商品の中には、開発課題の解決に大きく役立つものもある。ビジネスは、限られた財源をどう使うかを消費者に考えさせる。ソーシャルビジネスは、より良い暮らしを買う意志のある者に力を与えるのだ。

カンジュ的資本主義

　だが、ときには、ビジネスだけでは力が足りない。そこで、「カンジュ」が入ってくるわけだ。サハラ以南のアフリカでは未完成の家屋をよく見かけるが、あれは取り壊しの最中なのではなく、あくまで建設途中だ。融資が受けられない何百万もの家庭（たとえばケニアでは、住宅ローンはたったの二万二〇〇〇件しか申しこまれていない）が、文字通りレンガをひとつずつ積んで家を建てているのだ。まさに、自前の分割払いだ。現金が手に入ると彼らはコンクリートブロックを少しずつ買い足し、それが何年か経てば家一軒を完成させられる量になる。現金を貯めておくよりも安全な「作りかけの家」は、変わった形の貯蓄方法だ。* レンガひとつずつではあるが、もっとも貧しい人々でさえ、自分たちのできる範囲で資産を形成しているのだ。

モンバサの賢い独自通貨作りが何か教訓を与えてくれるとすれば、それは独創的な会計と金融の方法が「カンジュ」経済の基盤となっているということだ。だが、アフリカでは人材という資産もまだ十分に活用されていない。公式・非公式の両方で、失業は大きな問題だ（アフリカだけに限った問題ではないが）。だからこそ貧困層は援助やGDPの成長、手元の現金ですらなく、安定を求めるのだろう。低所得層の家庭は、頑丈な家よりも安定した仕事を望むのだ。

アフリカの末端経済における「カンジュ」の独創性がこれだけあるにもかかわらず、安定した収入というのはどこででも切望されている。仕事の実際的な価値を「家族の地図」に立ち戻って見れば、サハラ以南のアフリカでは一人の賃金労働者が五、六人の家族を支えているのだ。だが、仕事は同時に尊厳の問題でもあり、第九章で見るように、若者のエンパワーメントの問題でもある。

アフリカにおける「商業の地図」でもっとも重要なのが、こうした生きがいを生み出し、持続させることに非常に長けているという特徴だ。民間企業は、たとえば私の大工、エマニュエルのような能力の高い生産者には、安定した賃金を支払うだろう。彼らは株主のために利益を生む。事業に対する融資は、商品とサービスに対する幅広い需要を満たす、実証された手法だ。

銀行家をつるしあげようと躍起になる欧米の進歩主義者たちは、ときに経済における資本市場と金融機関の社会的役割を軽視する場合がある。彼らは特権階級であるがゆえに、アフリカのよ

＊「資本（キャピタル）」という言葉は、遠い昔に牧畜民たちにとって今の「電子マネー」の役割を果たしていた「牛（キャトル）」からきている。

うに資本市場が弱すぎる、あるいは存在すらしないところでは、問題に対する効果的な解決策を十分に支援することができないと考えてしまうのだ。この問題は、アフリカ全土で見られる。エマニュエルが経験しているような不安定な現金収入は、作りかけの家と同じようなものだ。足漕ぎポンプのマネーメーカーを買えない農家は収入が少なく、子どもたちに食事を与えてやれない。銀行口座を持たない親は子どもの医療費や学費を払うための貯金が持てない。融資がなければ、ＱＣＩＬのようなすぐれたアイデアも、結実せずにしぼんでしまうだけだ。

貯金と融資の利用は、ビジネスの初期段階を構築し、既存のビジネスが安定した雇用を生むためには欠かせない。だがそれは痩せた国よりは太った国のほうで満たしやすい条件だ。太った国では、平均収入の高さが貯金や個人融資の下支えとなっている。痩せた国の中でも、アフリカは特に不利なのだ。自家発電のもっとも革新的なアイデアを持つインド生まれの「ハスク・パワー・システムズ」は、動植物由来の生物資源であるバイオマスを燃やして発電している。この社会事業は営利目的だが、今事業を続けていられるのは設立者たちが、パイロットテストを進めて追加融資を受けられるようになるまでの資金として、七万ドルを貯金していたからにほかならない。

銀行口座を持たないアフリカの人々には、そのような資金をあてにすることは不可能だ。上限まで使い切れるクレジットカードもなければすがりつける金持ちの親戚も持たず、アフリカの起業家は片手を縛られたような状態で事業を立ち上げなければならない。世界中の小規模事業向けの相談ネットワークであるエナブリスで仕事をしているモーゼス・ムワウラは、「ちゃんとした事務所を構えて三、四人の従業員を抱える小規模事業でさえ、ぎりぎりでやっている場合があるという事実に気づいてショックを受けた」と言う。

金利の低い融資は注目に値するし、太った国では基本的な特徴でさえあるものの、アフリカでは個人向けどころか事業向けの融資もまだ成熟しきっていない。ほかよりずっとひどい国も中にはあって、ジンバブエ人投資家のムニヤ・チウラは、最悪な経済運営状況が何年も続いた末、「準備銀行はもはや存在しなくなった。私たちは自国の通貨を国内で印刷すらしていない。中央銀行も中心的な役割を果たしていない」と語る。国が自国通貨を放棄して二〇〇九年に「ドル化」したあとも、流動性危機は続いている。「事業に貸し付けられるだけのドルが、市場に十分出回っていないのだ」

アフリカにおける運転資金不足は驚くほどだ。結局、手軽な投資機会が多い地方のほうが、少額のドルによる投資がすすんでいる。家賃、給料、その他の労働はずっと安く、市場は都市部ほど競争が激しくない。では、なにが妨げになっているのだろう?

問題の一部は、長年にわたって起業家たちの翼をねじりあげてきた不安定さと貧しさのイメージにある。リザ・キンボは銀行業界を辞めて薬剤の小売会社を立ち上げ、その会社がやがてリヴィヴァ・ヘルスケアに買収されて「ヴィヴァ・アフヤ」と名前を変えた。キンボは、自分のアイデアのために資金を集めようとした際、資本市場の仕組みがあまりにもうまく回っていないのに驚愕したと言う。「私はちゃんとした考えがあって銀行を辞めたのです。もっと多くの人に医療と情報を届けたかった。なのにそこに市場があるということを、市場に納得させることができなかったのです」。ＩＴ関係の起業も同様の壁にぶつかる。アフリカで何がうまくいくかを知っていても、資本不足が開発の遅れの大きな要因となるのだ。

昔ながらの金融業界は貧困層を無視してきたが、貧困層の、たいていの場合はグループを対象に少額を貸し付けるマイクロファイナンスは、特効薬のような効果を期待されている。マイクロファイナンスは、借金と雀の涙ほどの利益の悪循環から貧困層を脱出させることに大きく貢献してきた。これは一九七〇年代にバングラデシュで始まったものだが、世界中で知られるようになったのはムハマド・ユヌスの立ち上げた「グラミン銀行」というマイクロファイナンスが何百万もの借り手を支援し、二〇〇六年にノーベル平和賞を受賞してからだった。

ユヌスの活動は、善意と相互尊重から始まった。ユヌスは貸し手として、貧困層も十分な金融参加者になり得るが、昔ながらの金融の世界から恣意的に除外されてきたと考えた。事業戦略家のプラハラードとハートと同様、ユヌスも貧困層が資本を賢く使うことができるという事実に賭けて活動をおこなったのだ。この革命以来、マイクロファイナンスは住居の建築、事業の立ち上げ、医療費や葬儀費用、結婚費用の捻出、そしてミシンからバイクまで、貧しい人々が必要とするさまざまな品物への投資に役立ってきた。アフリカでのマイクロファイナンスは一九九〇年代以降、急速に広がっている。「キヴァ」や「マイクロプレース」のような組織を介した、融資対象を絞った少額融資は、従来型の慈善事業ではあまりにアフリカの人々の現実に即していないと感じる人々を引き寄せた。市場ベースの解決策を支持するが、産業的な援助機関に小切手を送るのは嫌だという人々だ。二〇一一年、二九九ものマイクロファイナンス機関がアフリカの三三カ国で六〇〇〇万人を超える個人に平均四七三ドルの融資をおこない、その総額は七八億ドルにものぼった。

このマイクロファイナンスの一般的なモデルには、利点がある。素早いこと、比較的金利が低いこと（金貸しの金利に比べれば、あるいはまったく融資を受けずにやりくりするよりは、ということだが）、そして貧しい人々に自己決定力を与えるということだ。グループ融資モデルも、地域の絆をいい形で活用する。だがこのモデルが主流になり、大手のマイクロファイナンス機関がアジアで大きな利益を出すようになると、疑問が投げかけられるようになってきた。特に大きな疑問が、マイクロファイナンスは果たして本当に、貧困に根源から取り組んでいるのかどうかということだ。

現場では、マイクロファイナンスが必ずしも希望と結果の間の橋渡しをできるわけではないという声も聞かれる。「女性とマイクロファイナンスの話をこれ以上聞いたら、私は吐いてしまいそうですよ」。カメルーンのドゥアラにあるオフィスで会議室のテーブルに身を乗り出しながら、実業家レベッカ・エノンチョングは言った。「女性起業家を力づけるふりをしながら、たった五〇ドルしか渡さないのはなぜですか？　彼女たちを貧困ラインぎりぎりにとどめているだけじゃないですか。彼女たちはトマトを売る事業のために五〇ドルあるのだから飢え死にすることはないでしょう。でも、結局は彼女たちを貧しいままにしているのです」

エノンチョングは、アフリカにおけるマイクロファイナンスの主な欠陥はそれが小規模すぎることだと指摘する。現在の規模と効率では、マイクロファイナンスで貧困を過去のものにするにはまったく不十分であることは明らかだ。大工のエマニュエルは、新しい工具を買ったり乱暴に扱われて壊れた配送用トラックを買い替えたりするために、マイクロファイナンスの融資を受けられるかもしれないが、四七三ドルでは彼の事業と地元経済を成長させるために人を雇うことはできない。地域融資グループ「トンティン」のような制度を利用することもできるが、それには今ある以上の運転資金が必要だ。いったい、どうすればいいと言うのだろう？

生まれたての事業（エマニュエルがやっている事業よりは大きく、もっと組織立っている場合が多い）は、開発業界では中小企業と呼ばれる。太った国の中流階級を作り上げ、痩せた国でも同じ効果を発揮しつつあるのは彼ら中小企業だ。「私が財産を築けるのは人を雇って彼らに毎月一〇〇〇ドル、二〇〇〇ドルを払えるからです」とエノンチョング。彼女の従業員たちは、世界中のクライアント向けに個々の事業に特化したアプリを作成している。「私がほしいのは五〇ドルじゃありません。五〇〇万ドルなんです」

残念ながら、五〇〇万ドルは厳しいかもしれない。だが、この一〇年で、銀行業はサハラ以南で収益性の高い事業として認識されつつある。シティグループ、バークレイズ、J・P・モルガン、ソシエテ・ジェネラル、バンコ・ド・ブラジル、中国銀行などが、今ではアフリカの商業銀行エコバンク、ユナイテッド・バンク・アフリカ（UBA）、スタンダードチャータード銀行、アブサバンクなどと取引をしている。世界銀行や国際金融公社、アフリカ開発銀行などの開発系融資機関は言うまでもない。二〇〇九年には、大陸内外の銀行によるコンソーシアムがサハラ以南のアフリカで二六億ドルの収益を上げた——しかも、南アフリカを含めずに。これは欧米の企業がインドと中国で上げた利益に匹敵するくらいの額だ。

プライベート・エクイティ・ファンドはあちこちで盛んに活動している。デロイトは、二〇一一年に投資家がプライベート・エクイティ投資で六億三〇〇〇万ドルの儲けを出し、その大半がアフリカの中小企業に対する投資だったと結論づけた。アフリカの企業ではヘリオス・インベストメント・パートナーズとアフリカン・キャピタル・アライアンスが大手だ。外国企業としては、ワシントンに拠点を置くエマージング・キャピタル・パートナーズが、初期のころから参入している。イギリスの投資会社アクティスは、アフリカの企業と約三〇の取引をおこなっている。二〇一一年、カーライル・グループはサハラ以南のアフリカを対象とした自社初のファンドを立ち上げた。

関心は太った国からだけでなく、世界中から集まっている。中国、トルコ、インドの銀行もアフリカでの投資利益率に気づいたのだ。ブラジルのメガバンク、BTGパクチュアルは二〇一二年、海外投資としてはブラジルで立ち上げられた最大のものとなる一〇億ドルのファンドをアフリカ向けに立ち上げた。アフリカ向けの投資としてもこれは最大額だ。このファンドの立ち上げ発表に際して、CEOアンドレ・エステベスはこう語っている。「これを、民間部門がアフリカに見出している厖大な可能性と信頼の表れと見てほしいし、世界でも重要なこの地域に対するブラジルの大きな親近感の表れだと見てもらいたい」

この最新の「アフリカ・ラッシュ」は大手事業や工業・インフラ関連プロジェクトにとってもいい影響となっている。多くの投資家がアフリカの経済でもっと儲かる分野を嗅ぎ当てるのに苦労しなくなってきたのだ。国際的な銀行やファンドは道路、鉄道、製油所、重工業、不動産、通信インフラに資金を拠出し、「援助ではなく商業」と主張する連中を満足させ、政府の労力を最小限に抑えてくれる。たとえば、東アフリカに高速インターネットをもたらした海底ケーブル会社ＳＥＡＣＯＭは民間投資家による組合組織だが、投資家の四分の三がアフリカ人だ。二〇一〇年、ナイジェリアのフィデリティ銀行が同国のアグバラという都市にあるもっとも成功している製造業、アルミ缶工場の支援をおこなった。一億六〇〇〇万人（訳注：二〇一六年時点で一億八〇〇〇万人）がいまだにガラス瓶やスチール缶でコカ・コーラなどの飲料を消費しているこの国で、明らかな代替品の供給は歴然とした選択肢だった（この工場は一五〇人の従業員を直接雇用し、さらに二〇〇〇人の提携供給・卸売業者を抱えている）。

このような成長分野では、利益はこのうえなく得やすい。いうなれば、「カンジュ」方式の資本主義だ。「アフリカは最初の基盤があまりに低いので、どの分野にも大きな可能性があるのです」と言うのは、アフリカ・ベンチャーキャピタル協会で長年ディレクターを務めるバーバラ・ジェイムズだ。「世界中のほかの地域を見渡すと、成長はそれほど面白いものではありません。中国のすばらしいサクセスストーリーでさえ、もう終わりかけています」とジェイムズは続ける。「一方、アフリカにはまだ余裕があります」

とはいえ、アフリカの政府は「雇用なき成長」の上にあぐらをかいていると批判を受けている。神聖なるＧＤＰの数字だけが急増して、生身の人々は取り残されたままだというのだ。実際、地方の胸躍る成長が住民の日々のパンに変わるのはまだまだ先らしい。大陸全体における公式な失業率は九％ということになっているが、現実にはそれ以上の何百万人もが失業している。格差は一目瞭然で、非公式市場での売買体験を、アフリカの「中流階級」向けに作られたきらびやかなショッピングモールでの体験と比べれば特にわかりやすい。第九章で詳しく見ていくが、アフリカの若者が継続的な収入源を見つけるのはますます難しくなってきている。

「マクロファイナンス」は一般市民のほうまではなかなか下りていかない。これは、ひとつには大手多国籍銀行や機関投資家が、小規模な資本需要をいかに真剣にとらえるべきかまだわかっていないからだろう。「橋を架けたくて、三億ドル必要だとしたら、その資金はすぐに調達できるでしょう」。携帯電話を活用した薬確認ソフトのスプロクシルを運営しているアシフィ・ゴゴは言う。それ以下の金額は難しい、というのが彼の意見だ。一億ドルのファンド（このブームの中では少額なほうだ）を運用するマネージャーたちにとって、一回にたった一〇〇万ドルしか出さないというのは面倒なだけなのだ。

大手銀行は、アルミ缶工場やショッピングモールのようにリスクが低くて目立つプロジェクトを選びがちだ。エマニュエルのような起業家に運を任せるものは少ない。公的金融機関でさえ、リスク回避行動を取ることで借り手の融資機会を減らしてしまう。銀行は革新的アイデアや社会的インパクトよりは短期的なキャッシュフロー予測に基づいて融資するほうを好む。そのうえ、銀行が提供するのは資本のみであり、事業戦略についての考え方などは支援してくれない。一部のマイクロファイナンスは、融資に加えて、賢い事業、健康習慣、環境活動を奨励する研修を提供している。だが商業銀行では、ある報告書が述べているように、「中小企業の事業内容と彼らが何を必要としているかを十分に理解するのに、充分な時間を費やす人員を確保することは、残念ながら、必ずしも優先順位が高いとは言えない」

ゴゴとエノンチョングのベンチャーも、開発業界ではマイクロファイナンスと従来型の銀行資本との間で「こぼれ落ちた中間層」として知られるカテゴリーに入る。有望な中小企業の多くが前進するために投資を求めており、その額は安い場合は三万ドル程度だ。資金需要は世界基準からすればごくわずかだが、アフリカではその額でかなりのことができる。この規模の事業は、この一〇年のGDP成長率を高水準に維持してきた大型インフラプロジェクトよりも継続的に雇用を生み続けることが可能だ。だが銀行業の昔ながらの文化が、経済成長のカギとなる分野から呼吸のために必要な酸素を奪っているのだ。

この金融における「こぼれ落ちた中間層」が生まれた結果、新興市場の起業家たちはかなりの割合で非公式な融資に頼っており、調達する外部資金の八七〜一〇〇%を占めている。英国国際開発省（DFID）によれば、ソマリアの中小企業の開業資金の約八〇%が仕送りに頼るものだったそうだ。アフリカのソーシャルネットワークは現在にいたるまで、ベンチャー資本型の投資を支え続けている。残念ながら、非公式な融資では需要をすべて満たすことはできない。アフリカの貸し手も借り手も、まだ貧しいからだ。多少裕福な「おじさん」がエンジェル投資家の役割を果たしてくれたとしても、小規模事業には「成長のビジョンがないのです」と経営コンサルティング会社エナブリスのモーゼス・ムワウラは言う。「姪が大人になったので、自分の会社で雇う。そして一緒につまずきながらよろよろとやっていく。それが大きな問題なのです」

「商業の地図」を真剣に受け止めるということは、アフリカ人のアイデアへの融資の仕方を変えるということだ。いくつかの革新的なモデルが、アフリカの雇用創出者たちへの融資の空白を埋めるべく出現してきた。中でも存在感を示しているのが「インパクト投資」、つまり経済的見返りだけでなく社会的見返りも達成するために資本を投入することに専念する組織だ。ロックフェラー財団はJ・P・モルガンと協力し、インパクト投資を「新たな資産の区分」として定義しようとしてきた。アフリカでは、期待の持てそうな効果が見られ始めている。ゴゴの企業はこぼれ落ちた中間層のど真ん中にあたり、アキュメンから一八〇〇万ドルの投資を受けた。アキュメンは従来の投資利益率に社会的利益も加えて算出する投資組織だ。

インパクト投資にも当然、落とし穴はある。事業をなんとか維持していこうとしている状態では、インパクト——二酸化炭素をどのくらい抑えられたかや、何人の子どもたちを病気から守れたかなど——を測るという条件は大きな負担だろう。インパクト評価が、余計な事務作業を作り出すこともある。そしてもちろん、「インパクト」と言っても恐ろしく幅広い。南アフリカの鉱業会社ロンミンは、鉱山における劣悪な労働環境と不適切な賃金で世界中のニュースで取り上げられた。だがそれにもかかわらず、ヨハネスブルグ株式市場でも『フィナンシャル・タイムズ』紙でも、社会的に意識の高い企業のリストに入っている。ほかにも、支離滅裂な事業は存在する。だが全般的に、社会起業家精神と社会的投資の誕生はアフリカ市場にはうってつけだった。アフリカにおける起業家精神は、末端におよぶ効果という意味では本質的に「社会的」なのだ。雇用がひとつ生まれるごとに、何人もの家族や親戚がその恩恵を享受できるからだ。

ゲイツ財団などの大手慈善組織は、その活動資金をもっと頻繁に民間企業に投資してもいいはずだ。アメリカの「プログラム関連投資（ＰＲＩ）」として知られる融資プログラムは、非営利組織が受け取った寄付金を貸付金または持合株として投資し、利益を得ることを認めるプログラムだ。ただ、実際にそれをやっている組織は少ない。多くの慈善組織にとって、そしてゲイツ財団にとってはとりわけ、そもそも財団を立ち上げるもととなった市場基盤の成功があるがゆえに、事業を支援することには積極的になりにくいのだ。

一方で、純粋な寄付行為自体がなくなることはない。むしろ、アフリカの新興企業が立ち上がる上でもっとも一般的な手段が寄付なのだ。少額の助成金があれば、「本物の」資本が調達できるまでのコストをカバーできる。これまでに見てきた中ではバオバブ・ヘルス、フェイス・アフリカ、ソーラー・シスター、キックスタートなどが、助成金を受け取っている。だが、助成金は安定供給されるものではない。レジーナ・カマウが足漕ぎポンプの会社、キックスタートに参加したのは一〇年以上前、かなりの補助金を受けてナイロビの貧しい女性に医療を提供する国際ＮＧＯで働いたのちだった。そのときの経験が、今キックスタートの営利目的、販売目的の解決策が正しいと信じる基盤になっている。「私が自問したのは、私たちがいなくなったら、あとはどうなるのかということでした。寄付者が援助疲れをしてしまったら、この都会で暮らす貧しい女性たちはどうなってしまうのでしょう?」。彼女にとっては、ツールを売ってささやかなビジネス上の助言を提供するほうが、はるかに持続可能に思えたのだった。

さらにやっかいなことに、援助資金は民間資本に萎縮効果を与える可能性がある。「援助資金、

NGO資金、そしてあまり多くはないにしても、アフリカの政府による資金もあります」。今はプライベート・エクイティ・ファンドに対する投資をおこなっている会社、ヘンショー・キャピタル・パートナーズを運営するバーバラ・ジェイムズは言う。「そして、ときにはこうした資金が今すでにアフリカでおこなわれている活動を支援しないこともあります。むしろあとから寄ってたかってやってきて、すでにおこなわれている活動を押し出してしまったりするのです」

ナイジェリアで長年投資をおこなってきたジェイムズはぱりっとしたスーツに身を包んだ、機転の利く女性だ。彼女は、個人的な体験を話してくれた。当時ヘンショーは、世界中の専門的かつ戦略的な政府系投資ファンドを対象にしようとしていた。動き始めて数カ月後、ジェイムズは世界銀行がほぼ同じ、独自のファンドを立ち上げたという話を耳にした。彼女は世界銀行に連絡し、「もしかしたらご存じないかもしれませんが、こういう小さなアフリカ系ファンドがあって、同じ分野を対象にしようとしているのです。私たちが取り組んでいることに、あとから入ってこないでいただけるとありがたいのですが」。だが、世界銀行は譲らなかった。慈善組織オミダイア・ネットワークのディレクターを務めるポーラ・ゴールドマンも、同様の経験を語った。「長年にわたって、私たちがぜひ投資したいと思えるBOPを対象とする強力な営利目的事業をいくつも検討してきました。ですが、そうした事業は結局、善意の活動家たちから高額の助成金を受けているほかの企業と競争できないと諦めてしまうのです」

ここ数年で、より良い援助とより良い商業との融合に期待が持てるようになってきた。あの名高い「官民パートナーシップ（PPP）」というやつだ。ありきたりな例で言えば、現金が豊富な中国系銀行が、知見の足りないアフリカの政府のために巨大な高速道路の建設を支援するようなものだ。一方で、良い例を挙げるなら、地元ビジネスが規模を拡大できるよう、必要な融資を提供するようなものだろう。規模拡大のための資金を得るのは、中小企業の雇用階級にとっては昔も今も非常に難しいことだ。だが二〇〇九年にアフリカ委員会（運営しているのはオランダ政府だが）が、小規模事業に融資をおこなう銀行に三〇億ドルを提供する借入保証商品を立ち上げた。アメリカのＵＳＡＩＤ（国際開発庁）も、銀行が投資の際にもっと開発重視のリスクを取るよう促している。

こうした民間企業への公的保証は、信用履歴も保証人も持たない大工のエマニュエルのような起業家に融資することの不確実さを和らげてくれる。これはアフリカにおける非公式部門を支援できるというかれしい兆しであり、市場基盤の解決策を試みる際に生じるリスクを抑えるいい方法でもある。さらに重要なのが、これらの活動が慈善活動でも株式取引でもないということだ。これらはただ、たとえばアクラの小規模事業に融資することが、アムステルダムの成熟企業に融資することとは違うという事実を認識しているに過ぎない。

投資の奨励に加え、アフリカの市場にとってもっとも重要な処方箋が、非公式部門に対する支援かもしれない。そう、エマニュエルのような労働者への支援だ。「政府は、彼らを成長させる方法を一度も考えようとすらしなかったのです」と語るのは経済学者アレーク・ドンドだ。「アフリカの非公式部門の大きさを考慮したら、公的部門しか支援しないで、支援をしているようなふりができるはずがありません。非公式部門にリソースを投入して、予算を立てて、成長を促進するべきです。雇用の創出という意味では非常に大きな分野なのですから」

俊敏なアフリカの銀行は、今まで借り手になれなかった人々に支援の手を差し伸べている。東アフリカでは、ジェイムズ・ムワンギのエクイティ・バンク、ケニア商業銀行（KCB）、コオペラティブ・バンクがいずれも、小規模農業のニーズを満たすことに特化した融資サービスや担当窓口を設置した。ケニアのケイレップ銀行と提携しているマイクロファイナンス企業ジュフディ・キリモは、農業に必要な牛や農機具を購入するための資金を、購入するその品物自体を担保として融資している。現金（またはレンガ）の形で貯金をする代わりに、何百万人もの電子マネー利用者が自分の携帯電話を疑似銀行口座として使っている。Mケショ（「ケショ」はスワヒリ語で「明日」を意味する）はすでにMペサ利用者にケニアのエクイティ・バンクの貯蓄口座を提供している。新規参入者のMシュワリは利用者が公式な住所を持たず、給与明細をもらっていなくても信用情報を構築できるようにしている。

現在の慈善活動においてもっとも革新的なのは、仲介業者を完全に排除したものだろう。開発学の教授であるデイヴィッド・ヒュームらは、比較的急進的な、だがシンプルな議論を展開している。「とにかく、貧困層に金を渡せ」。なんの制約もなく寄付される少額の福祉支出は、自分の人生にとって一番必要な投資を受益者それぞれに選ばせてくれる。中には医療や教育、水、その他のかつては寄付されていた商品やサービスに投資する者もいるだろう。ギヴダイレクトリーのような関連組織も、必要とされているところに直接現金を送っている。電子マネーは今では、この直接的補助金のもっとしっかりとした構造である「条件付現金給付」に使うことができる。たとえば、子どもを学校に行かせる親に対しては、何も聞かずにただ学費を支援するのだ。驚くことに、このプログラムは電子マネーの開発があまり進んでいないメキシコで大成功を収めている。アフリカの先進的な電子決済の仕組みでも同じことができるはずだ。ただし、腐敗しがちな政府と気まぐれな海外援助に依存することになるというリスクはあるが。

融資における障害を回避する別の方法としては、アフリカから先進国への出稼ぎ移民に頼るというものがある。彼らは知識豊富で、意欲にあふれた潜在的投資家だ。移民の資金には、ハイコンテクストな投資環境を最初から理解しているという利点が伴う。送金サービスのダハブシールを運営するアブディ・デュアルは、身をもってそれを経験した。ニューヨークや東京の投資家が「政治的リスク」を計算して逃げ腰になったり、単純にアフリカ市場を無視したりしても、「移民投資家は自分たちの出身地に存在するチャンスのことをよく知っているだけではなく、ほかの誰もが投資しようとしない脆弱な市場に投資する意志を持っているのです」

移民債券は、民間市場における家族関係を公式にし、既存のマイクロ投資をマクロ投資へと変えるひとつの方法だ。イスラエルとインドの各政府は、一般の貯蓄商品を海外在住の国民に売りこみ、国の発展に役立てることに成功した。このアイデアをアフリカで展開しようと最初に言い出したのはナイジェリアの財務大臣ンゴジ・オコンジョ・イウェアラと、彼女が世界銀行で働いていたときの同僚ディリップ・ラサだ。「移民債券を一〇〇～一〇〇〇ドルという少額で販売することで、開発途上国政府や途上国の信頼性が高い民間企業は、比較的貧しい移民の持つ財産を活用できるのです……。そして、その資金は海外在住の移民が関心を持つような、故郷の家族や村に確実な利益をもたらすプロジェクト——住居、学校、病院、インフラなど——に投資できます」

この考え方には、多少の「カンジュ」的な独創性が含まれる。現金の非公式な流れを整備したらどうだろう、という考えだ。アフリカ移民の貯金額は、世界銀行によれば年間五二〇億ドルにのぼるという。この資金源を活用すれば、従来型の融資が受けられないベンチャーにとっては革命だ。リベリアの元外相オルバンケ・キング・アケレレは、海外移民を故郷のビジネスチャンスと結びつける特別移民投資事務所をリベリアに立ち上げることを提案した。

だが、政府が発行する債券には、ひとつ欠点がある。そう、政府そのものだ。ここ何年かで透明性は飛躍的に向上してきたが、債券は開発目的としてはまだ十分信頼できないような機関に資金を提供してしまう場合がある。しくじり国家では、住居や道路がちゃんと建設されることを誰が保証してくれるというのだろう。エチオピアで最近、海外移民の債券が失敗したのは、抑圧的政府に対する反感が残っていたのが要因のひとつだ。アフリカへの援助を国際的な信用融資で補おうというザンビアの経済学者ダンビサ・モヨの壮大な計画も失敗したが、これは政府の債券が世界中の投資家にとってはまだ比較的魅力が少ないからだ。

ヨハネスブルグ証券取引所を相手に仕事をしている経済学者のシオバン・クリアリーは、アフリカの公設市場が成長を支え、電力などの主力産業に対する国家の影響力を弱める手段になりえるとしている。残念ながら、一部の株取引は管理能力の低さに苦しみ、そのために評判を落とすことになった。クリアリーはこう主張する。「ナイジェリアでは、取引所の責任者で市場の会長でもある人物が、取引所を自分の貯金箱代わりに使っていたことが判明したのです」。もっと根本的なところに目を向ければ、取引と決済はいまだに紙でおこなわれており、一部の市場は半日しか開いていない（これがロンドンやニューヨークだったらどんなことになるだろう）。ほかの市場は、小さすぎて世界市場にさざなみすら起こせない。ボンベイ証券取引所には大小取り混ぜて五〇〇〇以上の企業が上場している。一方で、ルワンダ、コートジボワール、ケニア、ナイジェリア、南アフリカの証券取引所は比較的うまく回っているが、上場しているのはわずか数百社だ。カメルーンの取引所では一件も取引がない日さえある。「市場を民営化したくても、民営化できるような市場がなければ難しいですよね」とクリアリー。

世界の金融レーダーにひっかかるためには、アフリカは統合しなければならないとクリアリーは訴える。「それぞれの国が独自の取引所を持つよりも、地域ごとにひとつ作るべきです」。これには共通の規則、共通の通貨、そして自動での相互上場という数々の利点があるが、本質的な利点は、数の強みだ。一部の市場（たとえば東アフリカ）はすでにこの形で運営しているが、汎アフリカ市場はしばしば、政府がらみの懸念にぶつかる。「みんな、証券取引については、国営の航空会社と同じように考えているのです」とクリアリーは言う。「ひとつは持っていたいし、国益のためには重要なものだと言うのです」。内容よりも象徴に焦点を当てたこの考え方こそ、アフリカの「形式的バイアス」がアフリカのビジネスをもっとも直接的に疎外している顕著な例ではないだろうか。

クラウドファンディングは、地元の富を活用してもっと広範囲での成長を目指すためのより非公式で、より官僚主義から離れた方法だ。一八年ぶりに母国ジンバブエに戻ったベンチャー投資家ムニヤ・チウラは、まだ帰国していないアフリカ人投資家にとっても投資先にとってもメリットがある、ウィンウィンの状況が待っていると言う。「私たちは、すべてのジンバブエ人または海外移民にチャンスや欲求があるわけではないと知っています。では、どうやって彼らを市場に参加させればいいのでしょう?」。彼の会社、グロウVCはアフリカの企業から投資計画を募集し、事前承認された投資家たちに提案書を提出する。要求するのは少額なので負担が分散され、手続きは銀行の融資や助成金などよりも安く、早くすむ。キヴァやキックスターターなど既存のクラウドファンディングとは違って評価プロセスはもっとしっかりしているし、株式取引にもっと注力している。実践的なプロセスのおかげで、投資家も積極的になる。「私たちは、アフリカ人にもっと投資するよう、アフリカ人に呼びかけたいのです」とチウラは語る。

距離を置くにしろ密接にかかわるにしろ、商業という解決策は地域開発の大部分を支えることになるだろう。金額よりも重要なのは、進行しつつある構造的変化だ。ヘンショー・キャピタル・パートナーズのバーバラ・ジェイムズの言葉を借りれば、「政府は社会的問題を解決するだけの大金を持つ準備ができていない」のだ。また、援助資金では、ますます複雑になっていくアフリカ大陸の消費者の多種多様なツボをおさえることができない。アフリカの資本家ならもっと多くの企業にチャンスを、消費者にはもっといい選択肢を提供できるようなプラットフォームを構築してくれるだろう。

商業の世紀を迎えたアフリカでは、すぐれたアイデアが資金不足で潰えてしまう例は減っていくだろう。あらゆる規模や種類のベンチャー企業が、アフリカの問題に特化したビジネスモデルと資金調達で実験を続けるはずだ。現存する官民パートナーシップや新規株式公開、インパクト投資などにはあてはまらないかもしれないが、そのアイデアの新しさには胸が躍る。

The Nature Map

第8章 自然の地図

アフリカの食糧と資源が世界を変える

電力問題

二〇一二年後半に、ハリケーン「サンディ」がアメリカの大西洋岸を直撃した。悲劇的なこの災害は何百人もの命を奪い、せわしないアメリカ北東部の商業と交通を麻痺させ、八〇〇万の家庭や企業から電力を奪った。ニューヨーク市では電気が使えず悲嘆に暮れた住民たちが電気の来ているわずかなコンセントに群がって高機能な電子機器を充電しては日没を呪い、暗闇で水浴びしなければならないのかと恐れていた。

そのときのニューヨーク市の空撮写真を見ると、停電の規模がよくわかる。マンハッタンの中心地であるミッドタウンの明るい光と、最南端のロウアー・マンハッタンの暗闇との対比が際立っているのだ。現実離れしたシュールなこの写真は、私に別の空撮写真を思い出させた。夜の地球を撮影したものだ。宇宙から見ると、太った国や主要都市は煌々と光って見える。だがその同じ写真の中で、サハラ以南のアフリカは痛々しいほど真っ暗だ。

アフリカ大陸は、電力問題に悩んでいる。安定した電力供給を受けているのは三人に一人しかいない。たいていの国では、そもそも全員に行き渡るだけの十分な電力が発電されていない。サハラ以南の四八カ国が擁する一年分の合計発電容量は、スペイン一カ国分とほぼ同量だ。しかも、アフリカ各国の電力網は、仮に存在したとしても、不安定なことで有名だ。電力供給の「最後の一マイル」どころの話ではない。あまりにも多くの場所で、光は最初の一マイルにすら到達して

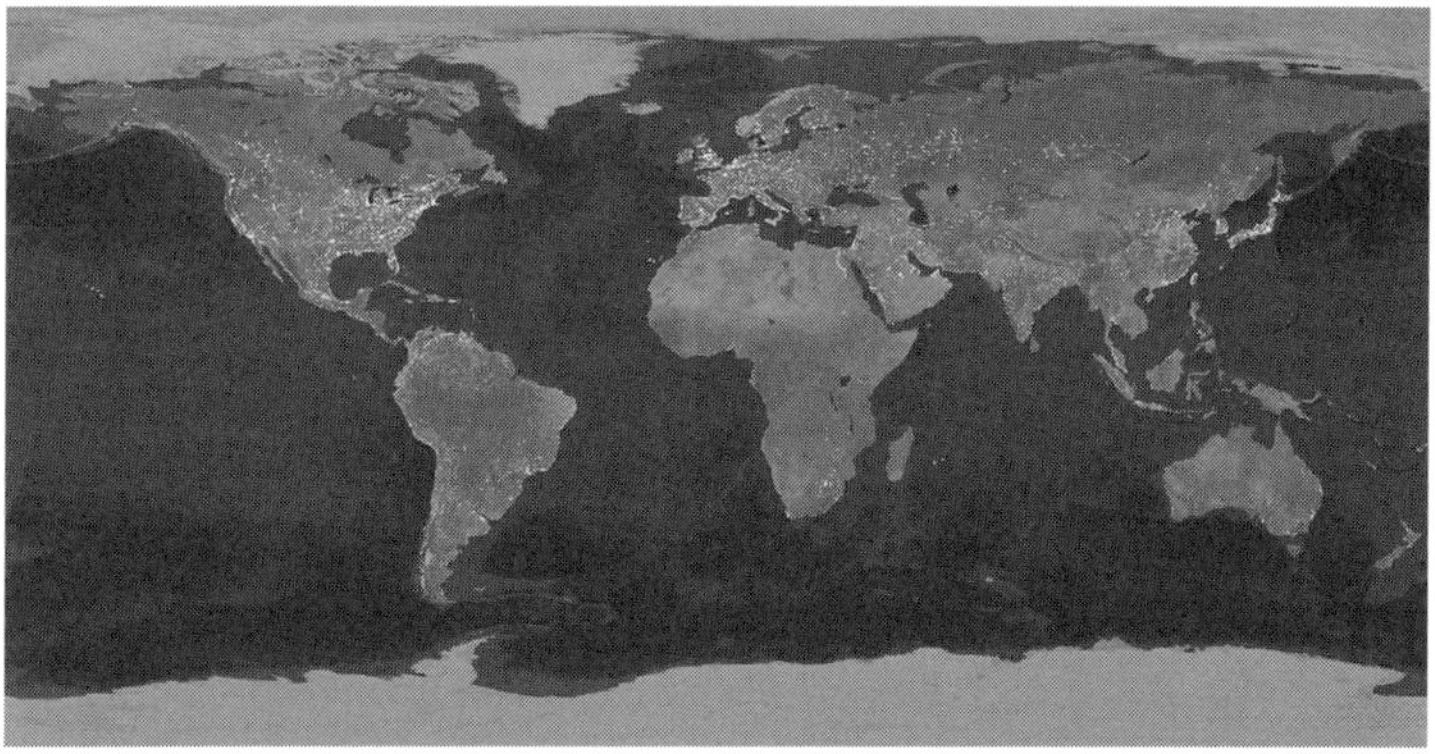

世界のほかの地域に比べて、サハラ以南のアフリカでは電力が大幅に不足している。
（出典 NASA Earth Observatory / NOAA NGDC）

いないのだ。

この何年かで、私は病院や空港で、ショッピングモールで、会議場で、そしてナイトクラブで大好きな曲が流れている最中にも、停電を経験してきた。朝のコーヒーを飲んでいる最中にも、ラジオがぶつんと途切れる。インターネットは、雨が降ると途切れ途切れになる。私たちはうめき声をあげ、その状況に慣れるだけだ。ロウソクやランプ、懐中電灯、急激な電圧の変化に備えてサージ保護装置を購入する。鍋で沸かしたお湯で体を洗う。階段をのぼる。余裕がある者なら発電機と、それを動かすために必要な軽油を買う（ある知り合いは、家の電力を維持するためだけに毎年二万ドルも使っていると言っていた）。電力が来ている間には、私も高機能な電子機器を急いで充電する。だがほとんどのアフリカ人は、昔ながらの方法で対応している。つまり、地元で入手した炭を燃やして熱源や光源とするか、あるいは何もなしでやっていくかだ。

写真家ピーター・ディカンポの『Life Without Lights（明かりのない暮らし）』は、日常茶飯事となっている停電に対して世界が毎日取っている対応を写し出したプロジェクトだ。ガーナでは、子どもたちがロウソクの明かりでコーランを勉強し、商売人は小さな懐中電灯と焚き火で営業し、ご近所同士は発電機で動かすテレビのまわりに集まる。ある意味ほほえましい光景だが、その陰には、停電が発展を大きく妨げている現状がある。

ガーナ北部の地方集落ヴォッグで、ディカンポは懐中電灯の明かりで宿題の採点をしている地元高校の校長の姿をとらえた。校長は仕事をこなす方法を見つけたわけだが、地方で働く教師の多くが、より電力供給の安定している都市部に住みたがるそうだ。そのため、毎週一日や二日は仕事に来ないこともあたりまえなのだという。

こうして、エネルギー貧困はアフリカを現実の貧困状態から抜け出せなくしている。日没後は暗くて宿題ができない生徒は、学校での成績が上がらない。環境によくない炭を使って料理をする母親は、毎日タバコを一箱吸っているのと同じくらい有害な室内の空気汚染に悩まされる。子どもたち（その多くが女の子だ）は遠くまで薪を集めに行かなければならず、その途中で襲われるリスクを負う。灯油ランプは、驚くほど多くのやけどや火事の原因だ。安定した電力供給がない都市部では、仕立屋のミシンから建築業者の電気ノコギリまで、職人たちは道具を使うのに発電機に頼らざるを得ない。手元の財源で発電機の費用をまかなえなければ、商売は完全にストップしてしまう。暗闇の中、ただ座っているだけだ。これは生産性を驚異的なほど停滞させる要因で、電力不足のせいで年間のGDP成長率は二・二％も低くなっている。多少なりとも経済が回っていること自体、「カンジュ」的奇跡なのだ。

サハラ以南のアフリカが、世界でもっとも二酸化炭素の排出量が低いというのも意外ではない。世界銀行の推定によると、高所得国における一人当たりの電力消費量の平均は年間一万キロワット時だ。平均的なアフリカ人の消費量は、その約二〇分の一だ。ニューヨークの一九五〇万人が毎年消費する電力が、アフリカ大陸の八億人分にほぼ相当する。南アフリカを除けば、アフリカ大陸は人口一人当たりの電力消費量が減っていっている唯一の地域だ。

消費の差は、電力だけにとどまらない。平均すると、北アメリカの住人は飲み水や料理、入浴のために、毎日四〇〇リットルもの水を消費している。そして、その理由の一つは、それだけの水が手に入ることである。「エコロジカル・フットプリント（訳注：人類が環境にどれほど影響を与えているかを示す指標）」という言葉の生みの親である大学教授のウィリアム・リースは、人類は使えるだけ使ってしまう性質を持つ「K戦略者（訳注：少数の子孫を親が大切に育てる動物を指す生物学用語）」だと言う。つまり、人類には「オフ」のスイッチがないということだ。消費すれば消費するほど満足度が減っていき、「消費と蓄積の傾向がエスカレートしていく」のだそうだ。

だが痩せた国では、「オフ」スイッチは強制的に入っている。それも頻繁に、文字通りオフになってしまうのだ。そのため、アフリカの家庭は先進国とは劇的に異なる消費量と期待のもとに生活している。資源不足は電力だけでなくガス、食料、水、住居にもおよぶ。地方の集落でも増え続けるスラムでも、住居はその場しのぎのものであてにならない。バケツでの水浴びは日常茶飯事だ（私も比較的幼いうちに、一、二ガロンの水で体をぴかぴかに洗い上げる方法を覚えた）。ハリケーンが通り過ぎたあとにマンハッタンで盛況となった充電サービスは、サハラ以南のアフリカでは実質的にどこの村や都市の中心部でも普通に見かけるビジネスモデルだ。何百万ものアフリカ人にとっては毎日がハリケーンの通過後のようなものなのだ。

もちろん、問題はアフリカにエネルギーがないということではない。太った国で明かりを灯し、車を走らせている石油と天然ガスの大部分がアフリカから来ていて、しかもその量は増え続けている。ナイジェリア、ガボン、アンゴラ、南スーダン、ガーナ、ケニア、ウガンダの地下は石油で満たされている。そのうえ、まったく新しい石油ブームが起こりつつある。今挙げたほかにも数カ国が、本気で掘削を始めているのだ。さらに、広大な石炭鉱床がエチオピア、スーダン、タンザニア、ザンビア、ボツワナ、南アフリカ、その他大陸各地の地中を走っている。ナイル川、セネガル川、ザンベジ川、コンゴ川は水力発電ができるふんだんな水量を誇る。中でもコンゴ民主共和国は、一番チャンスを無駄にしている国だ。内戦でとことんまで崩壊してさえいなければ、この国はアフリカ大陸の電力需要の四〇％までも満たす、世界最大の発電国になれたかもしれないのだ。

残念なことに、アフリカ各国の政府はエネルギーによる富の恩恵を国民に分配してこなかった。独占的な公益事業は、電力を供給していない。電力事業に対する何十年にもおよぶ補助金は、もっとも裕福でもっともコネの強い層にほとんどが流れていき、電気を安価にする役には立たなかった。原油が豊富なナイジェリアでは、いまだに精製石油を輸入している。コンゴ民主共和国は、一年の半分が暗闇に包まれている。ギニアビサウでは、三日に一日は停電している。タンザニアは天然ガスの埋蔵量が一五〇〇億ドル相当はあると推定されているが、国民の八六％が電力供給をまったく受けていない。地方に行くとこの数字がさらに一〇％高くなり、開発の負の影響がどさどさと積み重なる。

国家によるエネルギーへの投資は、目先のことしか考えてこなかった。たとえば、ポルトガルのアフリカにおける最後の植民地プロジェクトは、モザンビークのカホラ・バッサ・ダム建設だった。一九七〇年代初頭に完成した近代的な水力発電ダムは、ファシストの入植者たちからもマルクス主義の独立政府からも、長く続いた紛争後に生まれた新自由主義の指導者たちからも等しく祝福を受けた。指導者たちがダムを気に入ったのは、簡単に外貨を手に入れる手段ができたからだ。一六〇〇キロ離れた南アフリカが、このダムで作られる電力の三分の二を購入しているのだ。だが、流域に肥沃な土をもたらしていたザンベジ川の氾濫と農業のサイクルがこのダムの建設によって断ち切られただけでなく、四万人が住む場所を追われることになった。しかもこの四万人は、ダムがもたらす恩恵を一切受けられなかったのだ。国境を越えて送られる電力はモザンビーク全土を照らして余りあるほどなのに、カホラ・バッサの鉄塔と送電線は地方の真っ暗な村の上を素通りしていく。このひどい運用も、ある意味、無理はないのかもしれない。ダムを監督する天然資源省には、職員がたったの一五人しかいないのだ。

水力発電は、アフリカで見落とされている天然資源のひとつに過ぎない（実際、川は何世紀も前から文明と文明を結んで大陸内の交通整理をしてきた、天然の高速道路だ）。気温と日照時間を色で示したアフリカの温度地図を見ると、この大陸は色鮮やかだ。富裕国が中心のＯＥＣＤの各国は大半が青や緑の寒色系なのに対して、アフリカは赤とオレンジに煌々と輝いている。その太陽資源は、世界中のどこよりも大きいのだ。電力に飢えているこの大陸は、太陽を無駄にしている。

「自然の地図」は、アフリカの厖大な強みを象徴している。アフリカではこれまで、地中の金属や鉱物資源ばかりが注目を浴びてきた。西アフリカの昔の呼び名（「黄金海岸」「象牙海岸」）に代表されるように、天然資源のおかげでアフリカは海外からの搾取活動の標的だった。百年以上前から、銅、コバルト、コルタン（訳注：電子回路の製造に用いられる黒色の鉱物）、金、プラチナ、石油、ガス資源が列強や国、あるいは企業主導で間違った形で運用されてきた。そのために生じた労働問題と環境問題は、ここで列挙するにはあまりにありふれていて、あまりに幅広い。だが幸い、この大地が本来持っている資源を、もっと独創的かつ次世代につながる形で活用する方法が生まれてきたことで、アフリカの運は上向いてきている。

日が沈んでからタンザニアのダルエスサラームをぶらついていると、新しい方法を取り入れる動機があることは一目瞭然だ。三軒に一軒の商店には白熱電球がぶらさがっていて、その隣は灯油ランプ、そしてその隣は真っ暗という並びになっている。町はずれの空き地では、十数人の若者たちがサッカーに興じている。さらに十数人が半分削れたコンクリートの壁に並んで腰かけ、暗くなってボールが見えなくなるまで声援を送っている。

タンザニアの企業、ＥＧＧエナジーは、シンプルな任務を自らに課している。タンザニア中の各家の玄関先まで電気を持ってくるという任務だ。登録者は自宅に電気配線を引く代金をＥＧＧ

に支払い、その配線に電力を供給するために必要な再充電可能な小型蓄電池の利用料も支払う。電池は太陽光発電を利用した充電センターで充電され、配線をつないだ家庭でそのまま使える。電池がなくなったら、登録者はどこのEGGの拠点でもそれを返却し、新しい電池を受け取ることができる。設立者のジェイミー・ヤンはインドでも成功したこのモデルを、「ネットフリックス（訳注：アメリカのオンライン映像配信サービス）のエネルギー版」と説明する。

EGGは営利目的の企業で、それによって「一定の規律が保たれています」とヤンは言う。ほかの「カンジュ」式解決策と同じで、エネルギーに対してすでにある程度の支出をしているタンザニア人たちは、このシステムに金を出すことをいとわないのだ。エネルギー貧困は高くつく。関係者への調査によれば、タンザニアの家族は年間一一五ドル（家計所得の四〇％近くにのぼる金額）を使い捨て電池や携帯電話の充電サービスに支払っているとのことだ。アフリカのほかの国と同様、タンザニア人も暗くなってからの明かりや料理のために炭や灯油を購入している。それに、彼らは白馬の騎士が助けに来てくれることなどないことを知っている。タンザニアの電力を取り仕切るTANESCO（タンザニア電力公社）は発電を民営化したが、供給のほうはしなかった。残酷な話だ。国民の七〇％が電線から五キロ圏内に住んでいるのに、電気のない生活をしているのだ。「頭上を電線が走っているのに電気が来ていない地域は多いのです」とヤンは言う。「送電線からほんのわずかの距離のところに住んでいる人はたくさんいます。彼らに、ここにはいつ電気が来ると思うか聞いてみてください。きっと笑われますよ」

一方、EGGは比較的信頼性が高いという意味で便利な代替案だ。いったん配線の代金を支払ってしまえば、家に配線が引かれ、ちゃんと天井にはソケットが、壁にはスイッチがつく（TANESCOは到底ここまではやってくれないだろう）。充電池は中国からの輸入品だが、それ以外の部品は地元の市場で調達され、地元の作業員が設置する。傍から見る限り、EGGエナジーの電気は電力網が提供する電気となんら変わりがない。それでいて、コストは半分ですむのだ。

さらに重要なのが、EGGの末端業務を非公式経済が引き受けてくれているということだ。同社は充電池の回収と充電、交換ができる拠点を運営しているが、地元の雑貨屋の店主にも、普段売っている石けんやチョコレート、携帯電話の通話時間と一緒に、EGGの充電池を置いてもらっているのだ。登録者が電池を交換しに来ると、店主に利益が入る。

「私たちは、すでにある供給ネットワークをそのまま使おうとしているのです」とヤンは言う。「バイクに商品を積んで売り歩く人、自転車や手押し車に卵を積んで売り歩くような人たちを活用するのです」。こうした拡大ネットワークが、大都市から三〇キロ、四〇キロ離れたところに住む普通の人々にEGGの電気を届けられるようにしてくれる。「最後の一マイル」問題を徒歩で解決してくれる、ハイテクとローテクの融合だ。

EGGは、何十という例のひとつに過ぎない。ソーラー・シスターに加え、「ヌル・エナジー」や「dライト・デザイン」、「サニー・マネー」、「モビソル」、「フェニックス・インターナショナル」なども、低価格の自家発電という解決策をもっとも必要としている人々に届ける同様のプログラムを展開している。ヌル・エナジーが営利目的で主にルワンダで販売しているソーラーライトは、太陽光で充電できるだけでなく、自転車を漕ぐ力でも充電することができる。モビソルが売るソーラーパネルは、携帯電話を使った分割払いで代金を支払える。dライトはピラミッドの底辺にいる人々にも手が届くくらい安価で頑丈なライトを考案、販売しているが、子どもの勉強に役立つという基本的な売り文句でタンザニアのマフィア島民の三〇％にライトを売るのに、一週間とかからなかった。既存のモデルが中央政府による独占を基盤としている場合、こうした小規模事業が競合し、国の手が届かない隅々まで明かりを届けるのだ。

フェニックス・インターナショナルは、再生可能エネルギー製品の考案と販売において、明確な市場ベースのモデルを展開している。グラミン財団と通信会社ＭＴＮと提携し、フェニックスはウガンダの起業家向けに特化した製品を開発した。「レディセット（ReadySet）」というそのソーラーライトは照明として機能するだけでなく、一度に一〇台の携帯電話を充電できる。設計に意図的に組みこまれたこの機能によって、購入者は小規模な携帯電話充電ビジネスをはじめることができる。商品を開発する際、ほかの地域向けに作られた商品をただ買ってくるだけでなく、地元仕様にするためにちゃんとリサーチと開発をおこなうところがフェニックスの特徴だ。同社は、アフリカの消費者がアメリカ人でもインド人でも、中国人でも中南米人でもないことに気がついたのだ。だから、デザインには既存のビジネスモデルや人々の収入を得たいという動機も考慮されている。地元女性がソーラーライトを訪問販売するソーラー・シスターの販売システムと同様、このモデルは暮らしの明かりだけでなく、収入も得たいと願うウガンダ人にはぴったりだ。

もちろん、アフリカでは今も環境を汚染するエネルギーを使っている。二〇一〇年にアフリカが輸入した石油の金額は二二億ドルにのぼる。石油大国としてＯＰＥＣにも名を連ねるナイジェリアは、しくじり国家の能力があまりにも低いために、原油を輸出して精製されたガソリン・灯油・軽油を再輸入しているほどだ。ピラミッドの底辺で広く使われている薪や家畜の糞、灯油などのエネルギーは、他の効率的な技術よりも多くの温室ガスを排出する。炭の大量消費は、深刻な森林破壊の要因となっている。それでも、アフリカの石炭埋蔵量は世界全体の四%にすぎず、その大部分が南アフリカに集中している。その他ではボツワナ、マラウイ、ニジェール、ザンビアにそれぞれ一カ所ずつ炭鉱があるだけだ。

先に述べたような太陽光活用ベンチャーは、成長しつつある自家発電市場のほんの一部だ。アメリカの経済情報配信サービス会社ブルームバーグによれば、開発途上国が二〇一〇年に新しい再生可能エネルギーにおこなった投資は合計七二〇億ドルにのぼり、先進国の投資額を上回るとのことだ。アフリカの太陽光発電市場は二〇一五年までに年々倍増し、ソーラーライトの販売台数は二〇〇万台になると推定されている。電気が通っている六〇〇〇万世帯にとっても、国が供給する電力が途切れたときの穴埋めとして太陽光という選択肢が役に立つ。先進国で少しずつ進化していった固定電話のインフラをアフリカが飛び越してしまったのと同じように、太陽光エネルギーは石炭を使った火力発電という当座しのぎの低質な手段をすっ飛ばし、もっとエコでもっと個別に制御可能な枠組みへとアフリカを飛躍させてくれる。そういう意味では、国レベルで効率的な組織が存在しないことこそ、これまでアフリカに起こった一番いい出来事なのかもしれない。

電力不足は大規模事業にも影響を与える。機械を使う製造工場やＩＴ機器を使う一般企業も、停電には悩まされるのだ。携帯電話ネットワークを管理する通信会社は、爆発的に増え続ける顧客基盤をインターネットにつなぐ無線アンテナ塔に電力を供給し続けるためのコストが、あまりに高いので歯ぎしりしている。ナイジェリアのラゴスで一杯やりながら、オルン・エナジーのCEO、クワベナ・スミスが数字で示してくれた。MTNは六〇〇〇の基地局に一日一九時間電力を供給するため、毎月五五〇万ドルを費やしている。それも、ナイジェリア国内だけでだ。その数字に、私の口はあんぐりと開いてしまった。「携帯基地局のインフラなど諸々を維持するために、MTNは年間約一八〇〇万ドル使っているんだよ」とスミスは言った。「とんでもない痛手だ」

シエラレオネとガーナ、そしてナイジェリアを転々としながら育ったスミスは、この不足を大きなチャンスと見た。「いつも、何が足りないかという観点から物事を見るんだ」とスミス。「エネルギーが必要不可欠な資源で、それがただで手に入るわけではないということにはみんながもう気づいて、認識している」。第二次湾岸戦争（イラク戦争）が勃発する中、「ピークオイル論（訳注：石油の産出量はいずれ減少に転じるという理論）」を真剣に受け止めた彼は、分散型発電という考えに取りつかれた。政府が送電線を引いてくれるのを待つのではなく、現地でそれぞれの電力需要に応えるのだ。「僕は、チャンスという観点からそれを見ている。僕が『エネルギー格差』と呼ぶものの低いほうの側にいる人たちにエネルギーを届ける革新的な方法を、どうしたら編み出せるだろう、ってね」

彼の会社、オルン・エナジーは、うまい方法を思いついた。それまでディーゼル発電で稼働していた携帯電話の電波塔につなげられる発電機と電池を売り出したのだ。送電線から電力が供給されている間はそこから電気を取るが、国が電力供給に失敗するとシステムが自動的にバックアップ電源に切り替わり、ディーゼルに頼らなくても電気が取れる。ガーナでの試験運用中、スミスはそれがうまくいくようにと固唾を呑んで見守っていた。制御塔から受け取ったデータを見ると、ディーゼルの使用量が七二％も減少していた。完全なクリーンエネルギーというわけにはいかなかったが、よりクリーンであることには違いない。スミスはその後三年間の大半を効率向上に費やし、自社調べで九〇％の削減というところまで持っていった。今では、環境に悪いエネルギーにかける費用を節約するサービスを大企業に提供している。

対通信会社と一緒にエネルギー効率の向上に取り組んだのは、スミスが初めてではない。家庭向け太陽光発電製品の急成長市場と同様、数々のアフリカ系企業がビジネス向けに電力問題の解決策を提案している。二〇一二年、アフリカの五カ国で四〇〇〇本の無線アンテナ塔を管理しているナイジェリアの企業ＩＨＳが、アフリカ大陸最大の太陽光発電による「通信基地局」を開設した。この小型太陽光発電所は現地で通信回線をつなぎ続け、二酸化炭素の排出量を年間二万四〇〇〇トン削減している。

スミスは両手をこすり合わせながら、短期的にオルンを苦しめた、しくじり国家にはおなじみの問題の話をした。燃料消費を劇的に削減することで、オルンはスミスが言うところの「ディーゼル・マフィア」にも対抗している。これはガソリンの公的な配給と助成金を食い物にしようと共謀する民間の悪党たち、そして彼らと強いコネを持つ役人たちを指す。何百万もの国民が快適な暮らしのために完全にディーゼル発電機に頼っている状況で、誰も明け渡したがらないうまい汁なのだ。二〇一二年初頭にナイジェリアが長期にわたる燃料の助成金をついに終わらせたのは、この「ディーゼル・マフィア」の汚職による六〇億ドルの資金の流れを止めるためだった。

悪党や暴利をむさぼる連中は別として、アフリカの住民の大半は国の電力網が近い将来改善してくれることを願っている。だがそれがかなわないことで、国内外のエネルギー革命というエコシステムには欠かせない貴重な「カンジュ」的教訓が学べた。代替エネルギー製品の販売は、太った国よりも痩せた国でのほうがずっと広く普及している。これは、マーケティング理論では当然の帰結だ。新しい商品にとっての上得意客は、その商品に引き寄せられる客ではなく、その商品を使わざるを得ない客なのだ。エネルギー技術は、サハラ以南のアフリカではまだまったく定着していない。だがエネルギーの大量生産・供給・消費が全般的に機能不全に陥っている状況は、代替案の導入に向けての強い後押しとなる。

食べるのは私たちの番

二〇〇七年に世界的に有名になったマラウイ人の少年、ウィリアム・カムクワンバの例を見てみよう。地元の図書館で風力発電についての本を読んだ一四歳のウィリアムは壊れたトラクターの部品、プラスチックの廃材、自転車の部品を使って、ちゃんと機能する風力発電用の風車を作り上げた。彼のすばらしい物語はアメリカの有名司会者オプラ・ウィンフリーの番組の本を紹介するコーナーでも取り上げられ、ウィリアムはアメリカのダートマス大学に入学を果たした。ヤフーボーイズと同様、アフリカ経済の隙間に生きるウィリアムも、マラウイで手に入る原材料に豊かな未来の材料を見出したのだった。

私はウィリアムの故郷、ウィンベを訪れた。最近降った雨ではげてしまった道の行き着く先にある、小さな集落だ。道路脇には収穫したてのタバコの葉が、巨大な扇状に束ねて天日干しされていた。遠くには、火山岩の塊が巨大な落石跡のように点々と散らばっている。今まで見てきた中で、もっとも美しい光景のひとつだ。ウィンベには、ウィリアムの風車がまだ立っている。家を明るくするためにロウソクと灯油を買う代わりに、カムクワンバ家では風車という革命によって生み出される一八〜三〇ボルトの電力を使って暗闇とは無縁の生活を送っている。

ウィリアムの好奇心と意欲が、彼の家族を完全に電力網から切り離したまま飛躍させた。彼らの暮らしを、国の電力供給の寸断が妨げることはもうない。そして同じくらい重要なのが、彼の発明によって家族の農業の方法も一変したことだ。風車による電力は、カムクワンバ家の作物——ピーナッツ、タバコ、トウモロコシ、サツマイモ、マメ——に水をやるためにも使われている。彼の父親によれば、風車ができる前、一家は毎年せいぜい二〇袋分しかトウモロコシを収穫できなかったそうだ。それが今では、風力発電による灌漑装置のおかげで、一〇〇袋以上できるのだという。

ウィリアムの解決策は並外れているが、問題はありふれている。サハラ以南でもっとも多い土地の利用法が、この地域で過去も現在も未来も脈々と続いている農業だ。総計すると農業は雇用の三分の二近く、ＧＤＰの三分の一、そして全事業の五分の一を占める。アフリカは世界で二番目に大きい大陸であり、中南米やアジアよりも開墾可能な土地を抱えている。アフリカでもっともふんだんな天然資源は原油ではなく、土なのだ。大陸の多様な気候なら、カカオや茶葉、コーヒー、小麦やソルガム（モロコシ）、オオムギのような基本的穀類、豆類、サツマイモやキャッサバ、南国フルーツ、魚、家畜、その他私たちが知っているありとあらゆる野菜を含む換金作物を各地で育てることができるはずだ。

アメリカで育った私は、そのような豊かな恵みを直に手にする作業を経験することはなかった。だが本書の取材中、パイナップルが茎の先でたわみ、住民たちが共有するアボカドの木から果実が道路にぼとぼとと落ち、コーヒーの木がどこからともなく勝手に生えてきている光景を目にした。ケニアの市場へ買い物に行って帰ってくると、ついつい買ってしまったものをどう組み合わせて料理したらいいかわからないという楽しい悩みを抱えることもしばしばだった。スイカ、アボカド、オクラ、ニンジン、ケール、マンゴー、マメ、パパイヤ……その豊富さに心奪われて、つい手をのばしてしまうのだ。

データ上、アフリカの農業生産率は一九九〇年代以降、一二％という成長率を見せている。これは、ほかの経済部門の倍近い数字で、住民にとっては大きな恵みになるはずだ。だが、現実には農業から収入を得るのは難しい。作付けの時期には、多くの小規模農家が石器時代から変わらない農具、改良されていない種、そして不十分な肥料しか持たずに作業している。また、収穫の時期には、作物を保管しておく倉庫や、市場へ運ぶ道路に事欠く小規模農家が大半だ。アフリカには耕作に適した土地がふんだんにあるのだが、灌漑されているのはたったの四％だ（インドでは五八％、中国では五五％）。しかも、すべての農家が土地から利益を得る正式な権利を持っているとは限らない。国が土地を所有する場合もあるし、村で共有している場合もあるし、多くの土地は高価だ。アフリカにおける小規模農業は、低迷しているのだ。

だが、昔からそうだったわけではない。ナイジェリア中南部で生まれた私の母の祖父はごく普通の農家で、曾祖父のまわりの住民もみんな農家だった。二〇世紀初頭には、カカオを育てていればどうにか暮らしていけた。だが、現在では、この地域のカカオ生産は衰退してしまっている。

衰退の原因は、先にも述べたとおり、大部分が水不足のような環境的な要因だ。気候変動と気温の上昇が、生産を妨げつつある。アフリカは特に気候変動とそれに伴う砂漠化、害虫、外来種、洪水、霜、熱波、価格変動、飢餓の影響を受けやすい。衰退のほかの要因としては、市場への参入のしにくさがある。ナイロビの私の隣人グラディスは、都市部でトウモロコシを売れる場所があっただけ幸運だ。訓練や資金、市場へのアクセスがない普通の農家は、生計を立てるのに大変な苦労をする。

曾祖父の故郷に住んでいるほかのカカオ農家は暫定的に組合を作り、複数いる仲介人の一人に作物をまとめて売っている。極貧で大半が読み書きできない彼らは一次産品市場で価格やトレンドを読み取ることができず、結果としてしばしば騙されていた。カカオで利益を出そうと思ったら、高値で売れる時期まで保存しておくための倉庫が必要だ。組合ではそのための資金を積み立ててはいるが、生産量を増やす際に必要となるかもしれない種や肥料、農薬はいつでも買えるわけではない。カカオの加工処理にしても、現場でのごく原始的な処理方法では、世界基準は満たせない。このため、中国のように大きな開発途上国がチョコレートを大量消費するようになっても、アフリカの小規模農家はバリューチェーンから取り残されたままなのだ。

こうした状況は、国の行動にも要因がある。ナイジェリアの農家は肥料や農機具を買うために金利の安い融資を政府から受けられるはずなのだが、この資金がしばしば着服されてしまう。一九八〇年代と九〇年代、世界銀行主導の構造改革プログラムによって、農家に助言と技術を提供していた地元の多くの農業学校や研究機関、それに付随するサービスの提供が打ち切られてしまった。農家のために市場を開き、市民には安い食料を提供するという名目のもとに、農産物販売委員会が作物の価格をごまかすこともよくあった。実際には、それは将来得られるであろう売り上げから利益を搾り取る手段だったのだ*。

二〇〇八年時点で、アフリカの国の八〇%が、農業開発には国家予算のうち一〇%以下しか費やしていない。その支出も、農家への研修などではなく、種などのインプットを安くするために使われたものだ。さらに重要なのが、アフリカ全土において実質的な農地改革がおこなわれていないということだ。国家は本来、土地の保有権、財産権、権利証書などの施行と支援に大きな役割を果たすべきだ。だが正式な土地の所有権を持たない小規模農家を支援するのに特化した政策がないため、グラディスのような不安定でその場しのぎの家族が生まれ、土地に投資しようという気をなくさせてしまったのだ。そしてもちろん、農業がＭＤＧｓの枠組みに入っていないということもある。

農業の危機は、人口動態にもその要因の一部がある。私の曾祖母には六人の子があったが、農

*ガーナでは、国営のカカオ委員会が今でも国内生産分の価格を取りまとめて交渉しており、『ベニスの商人』の強欲な高利貸シャイロックばりに30%もの分け前を取っている。農家には、このシステムから抜け出すという選択肢がない。

業を継いだのは一人だけだ。娘たちは嫁に行き、孫たちは農業よりも学校を選んだ。やがて、昔はカカオとアブラヤシが生い茂っていた我が一族の土地は、休耕地になってしまった。同じような地方から都市部への人口流入によって世界人口の半分は都市生活者になり、農業技術が失われていった。農家を継ぐこともできるはずの何百万という若者たちが農業よりも一番近い大都市を目指し、やることがなければ携帯電話の通話時間を売って日銭を稼ぐほうを選んでいる。三世代を経た今、私の一族がもっとも農業を身近に感じるのは、恥ずかしながら、せいぜいナイロビの我が家から見える隣家の光景ぐらいだ。

アフリカ全土で、農家は擁護者を必要としている。国家の失敗、不確実な市場、気まぐれな気候が、アフリカの普通の農家の暮らしを非常に不安定かつ不快なものにしてきた。イギリスでは農家一〇〇〇軒あたり八八三台のトラクターがある一方、アフリカではたったの二台だ。肥沃な土地を持つ家族は金の鉱脈の上に座っているかもしれないが、それを掘り出すツルハシがない。その結果、アフリカのほぼすべての国で食糧供給が不安定な状況が続くという苦々しい副作用が生まれている。アフリカの人口はインドより二〇％少なく、土地の質は似通っているのに、なぜか自給自足ができていないのだ。ナイジェリアは魚や米、砂糖といった基本的な食糧の輸入に毎年八二億ドルも費やしている。ニジェールやソマリアで散発的に発生する飢餓は、食糧供給が需要に見合っていないことを如実に示す証拠だ。

最近になって、寄付大国や多国籍組織は「間違えました」の一言すらなく方向転換し、アフリカの農業を急に優先事項として扱い始めた。ガーナ人の元国連事務総長コフィ・アナンが国連を去ったのち、「自然の地図」への投資に特化する財団を立ち上げたのも頷ける。彼の「アフリカ緑の革命のための同盟（AGRA）」は、賢い農業習慣が連鎖的効果を生むことを認識している。

農業部門を強化することはアフリカの人々の栄養と雇用にプラスとなるだけでなく、アフリカの農家は世界の食糧消費のバランスを取る一助になる可能性がある。現在、世界中で一五億人が食べ過ぎている（そしてその過程で一三億トンもの食糧を無駄にしている）一方、一〇億人が飢えている。かつて貧しかった消費者が肉や乳製品、それにチョコレートなどの加工食品を食生活に取り入れるようになるにつれ、世界の食糧需要は上昇傾向に転じている。総計すると、二〇五〇年には地球上に九〇億いると推測される人口のためには、今より七〇％多くの食糧が必要となる計算だ。現在の生産・供給量ではとても追いつかない。農業が非常に盛んなインドでさえ、安価な主要生産物だったはずのタマネギの不足を最近経験した。アフリカの農業は、世界のほかの地域に対して明白な価値を持った提案ができる――それも、地元の貧困と飢えを一気に解決できるような提案だ。

土地をどう活用するかについては、いまだに活発な議論が交わされている。一部の開発経済学者たちは小規模農家に原始的な土掘り、植え付け、そして神頼みをやめて、大規模な工業化された農業に取り組むよう呼びかけている。そうすればアメリカやオーストラリア、ブラジルのように、自給できるようになるだけでなく、換金作物を輸出できるようにもなるのだと。また別の意見としては、アフリカに限らずほかの開発途上国も含めて世界中にある小規模な「一エーカー」農地に積極的に注力するべきだという声もある。

大規模農業の支持者にとって、フィツム・ハゴスはその申し子のような人物だ。エチオピアのアディスアベバから七〇キロほど離れたモジョで、ハゴスのルナ・ファーム・エクスポート・アンド・スロー夕ーハウス有限会社はピーマンやトウガラシ、ジャガイモ、トウモロコシ、マメ、トマトなどさまざまな作物を大量生産している。敷地にはエチオピア料理によく使われる、収穫の難しさで悪名高いテフという穀物が山積みにされている。きれいに並ぶブドウ棚からは、ぎっしり実った食用ブドウの房が重たげにぶらさがっている。出荷用の倉庫では、ケースに入ったトマトが計量機に悲鳴を上げさせている。ハゴスと兄弟たちが運営しているルナ・ファームは、敷地内の家畜小屋でブタや牛も育てていて（肥料となる糞が手っ取り早く手に入る）、地元の羊飼いからヤギやヒツジを買い上げて最先端の食肉処理場で処理している。

ルナ・ファームは四〇〇人近い従業員を抱え、エチオピアと周辺のあまり肥沃ではない国――ソマリア、ジブチ、スーダン向けに食糧を生産することで彼らの生活賃金を稼いでいる。新鮮な野菜や果物に対するこの地域のニーズが、ハゴスの儲けの種だ。畜産に必要な牧草の生える土地が少ない中東で草原が切実に必要とされていることも、同じ理由でハゴスにとっては利益の源となる。ルナ・ファームの食肉処理場は厳格な「ハラール（訳注：イスラム法において合法な食事の決まりごと）」の規律に従って運営され、サウジアラビアの厖大な食肉市場に製品を供給している。毎日、アラブのバイヤーたちがオーストラリアやアメリカなどの従来の食肉市場を無視し、何千キロもの処理済み食肉を紅海の向こう側から送るようハゴスに注文してくる。ブタはエチオピアではあまり一般的な食材ではないが、ルナ・ファームのブタはハゴスが飼育を始めてからの短い

フィツム・ハゴスは400人近くの従業員を雇い、エチオピアや周辺のあまり肥沃ではない地域向けに食糧を生産している。

期間ですぐに数が増え（家畜はだいたいそうやって増える）、東アフリカにあふれかえっている腹をすかせた中国人労働者に安定供給している。そうした中国人の中には、ルナ・ファームで働いている者もいるのだ。

健康的で常に笑顔のハゴスは、驚くべき農業労働者だ。エチオピアのティグレ州で生まれた彼は、ドイツとチェコスロバキア（当時）の大学院で生化学と分子生物学を学んだ。その後一二年間、彼はアメリカでもトップクラスの研究病院で働き、がんの遺伝子について研究して多くの命を救ってきた。だが二〇〇五年にハゴスはアメリカの医療からアフリカの農業へと鞍替えし、白衣を作業着に着替えた。ぴかぴかの真新しい軽トラックでアディスアベバ郊外の丘を流れる川沿いを走りながら、彼はアフリカに戻ろうと決意した瞬間がいつだったか教えてくれた。「ブッシュがケリーに勝ったときさ！（訳注：二〇〇四年のアメリカ大統領選挙）」と大笑いする。「その瞬間に決めたんだ。俺はもうごめんだってね」

ほかのアフリカ人移民と同様、ハゴスも身一つで故郷を離れていた。彼がアメリカで医療の専門家として暮らしていた間、エチオピアはどうにかして貧困の連鎖を断ち切り、一九八〇年代にハゴスを含む二五〇万人が国外へ脱出した時期以来、この国を苦しめ続けた独裁政府から逃れようと奮闘していた。欧米の医療の最先端で実務についていたハゴスだが、故国エチオピアの納税者に対しては責任を感じていた。専門職と比べて農業を見下す人々が多い中（多くの親が息子を医者にしたり、娘を医者と結婚させたりしたがる）、ハゴスは魅力的な前例を作っている。

ハゴスはまた、ほかの国に食糧を供給することなど考えにくかった国、エチオピアの新たな側面も生み出していることになる。一時期、この国の一番の文化的輸出産業は飢餓だった。一九八五年のメガヒット曲「ウィー・アー・ザ・ワールド」と世界的に有名なライヴエイドのコンサートは、腹をすかせ、目をぎょろつかせた子どもたちが手を差し出す姿にスポットライトを当て、民間によるものとしては歴史上類を見ない驚異的な額の寄付金を集めた。最終的にはその飢餓によって何十万人ものエチオピア人が命を落としたが、それはかの地で食糧が育てられなかったからではない。むしろ、国内外の公的機関や市場が、集まった寄付金をちゃんと分配しようとしなかったためであり、できなかったからだった。

ライヴエイドに先立つこと数年前、北部エチオピアのティグレという地域とエリトリアで作物が不作になっていた。この場所はちょうど、一〇年続く内紛の衝突がもっとも激しい地域でもあった。長引く内戦を受けて、エチオピアのマルクス主義の軍事独裁政権は国家予算の半分近くを当時アフリカで最大の常備軍に投入していた。援助物資が到着すると、配給は栄養不足の子どもたちではなく、軍のほうに回されたのだ。

国民の後見人よりも軍師であることを選んだ政府は反乱軍の勢力地域からの貨物を止め、さらに多くの国民を危機にさらした。表面上は援助活動を支援するという名目で、政府は飢餓がもっともひどい地域から五〇万人のエチオピア人を移動させるという作戦にも出た。強制的におこなわれたこの移動は食糧とサービスの供給を簡素化するのが目的だったが、作戦は無残にも失敗し、何百万人もが農地を捨てて難民として流浪するはめになったのだった。

その後二年にわたって続いた危機と援助は、誤情報といいかげんな干渉、そして冷淡な政府が定めた優先順位によって何が導かれるかを明らかに示す事例だ。ソマリアとエチオピアを含むアフリカの角では一九八〇年以来、合計四二回の旱魃《かんばつ》があり、食糧援助が続いている。最近では、二〇一一年の夏だった。ライヴエイドから二五年以上経った今、同じ官僚主義的組織と市場がいまだにまずい運営を続けている現状を見ると、もどかしい思いでいっぱいになる。

ハゴスが農業をおこなっている土地は政府の所有物だが（エチオピアでは土地はすべて政府が所有する）、ルナ・ファームのプロジェクトは食糧援助に対する民間からの抵抗であり、組織的で効率化された工業型農業が可能であることの証明だ。しかも、現地での運営でうまくいっている。ハゴスの灌漑（作物の水やりに使っているゴム管はイスラエル製だ）、保管、流通の成功例をもってすれば、アフリカは簡単に大陸内外の人々に食糧を供給できるはずだと私は信じている。

農業の驚くべき経済的利点に気づいたのは、ハゴスとその一族だけではない。汎アフリカの食糧市場は今の五〇〇億ドルから、二〇三〇年までには一五〇〇億ドルにまで成長すると考えられている。そして世界の需要もまだまだ頭打ちにはならない。世界中で、都市部の人口は地方の人口よりも急激に増え続けており、消費者に対する生産者の割合は急速に減ってきているのだ。こうした事態にアメリカ、オーストラリア、ヨーロッパ、ブラジルはバイオテクノロジー、化学肥料や農薬、高価な耕作機械、無分別な助成金などに大きく依存する、資本集約型の特殊な農業手法で対応している。

ほかの太った国は、アフリカに目を向けている。大量の労働力、有機的な農法、広大な耕作可能地は、土地が少ない日本や韓国、サウジアラビアなどから羨望と好奇のまなざしで見つめられている。EU、カナダ、トルコ、中国は、自国で育てられないものをアフリカで供給できるよう、アフリカとすでに協定を締結済みだ。アフリカ大陸は大規模な民間の工業型農場を抱えている。ルナ・ファームの何倍もの規模があるような農場が、まずはエチオピア、ザンビア、ジンバブエ、モザンビーク、マダガスカルに作られ始めたのだ。ブラザヴィルを首都とするコンゴ共和国は、入植してきた白人系南アフリカ人の集団向けに商業農業用の土地八万ヘクタールを提供した。そうした土地はおしなべて収量が高く、そのほとんどが輸出向けに作られている。

アフリカでは、伝統的な農業と遺伝子工学に支えられた欧米風の大規模農場との大きな隔たりを知るのにさほど時間はかからない。私がいつもナイロビで食べていたイチゴは、アメリカで売られている普通のイチゴの四分の一くらいの大きさしかなかった。マラウイやケニア、カメルーンで車を走らせていて通過した農園や専業農家のビニールハウスは、アメリカ中西部のハイウェイ沿いに何キロにもわたって整然と並ぶトウモロコシに比べれば家庭菜園のようなものだ。
金のかかる集約型の農業モデルをアフリカに導入しようという活発な動きは、アフリカの風景を完全に変えてしまうだろう。また、食糧生産の集約化によって不利益が生まれる可能性もある。一種類の作物だけを育てる単一栽培は病気や不安定な天候に影響を受けやすい。広大な肥育場で家畜を育てるには抗生物質やホルモン剤、飼料が必要で、これらはまず間違いなく最終生産物にたっぷりと残留する。アフリカの都市部における富裕層の間で人気が高まりつつある加工食品は、文字通り「太った」国々で議論されているのと同じ健康リスクを抱えている。そして生産物や家畜が消費地まで移動する距離が長ければ長いほどサプライチェーンは混乱しやすく、環境への悪影響も大きくなる。

そして、たぶんもっとも重要な点は、このような大規模農場のモデルがアフリカの農家の大半を排除するかもしれないということだ。小規模農家は四〇〇人もの従業員を雇ったり、灌漑用のゴム管を輸入したり、トラクターを使ったり、冷蔵トラックを買ったりすることなど考えることすらできない。彼らはナイロビの私の隣人や、マラウイのカムクワンバのような農家なのだ。昔ながらの自給自足農業から今世紀の繁栄する農業へと移行するためには訓練と資金、市場、そして多くの国で栽培方法の全面的な見直しが必要だ。水汲みポンプのキックスタートの設立者ニック・ムーンは、小規模農家を「厖大な数の未認識かつ未活用の人的・社会的資本の宝庫であり、多少なりとも注目を求めて声を上げている」人々だと呼ぶ。

ナイジェリア人のナエメカ・アイクグウォヌが、その声にまっすぐ応えている。故郷の農業生産が着実に低下しているのを目の当たりにした彼は、何千という小規模農家に闘うチャンスを与える計画を考えついた。彼はトラクターや農薬、最先端の遺伝子改良品種などを提供するわけではない。代わりに毎日一〇時間、「何を作るべきか、どうやって作るべきか、いつ作るべきか、誰のために作るべきか」という情報を、ラジオ電波に乗せてナイジェリア南西部に届けているのだ。彼のアイデアはシンプルだからこそすぐれている。新聞さえも届かないアフリカの僻地では、やはりラジオが最強のツールなのだ。

アイクグウォヌは、しゃれたユーモアセンスを持つおしゃべりな人物だ。彼の放送はほとんどが超地元密着のコメディドラマで、そこに教育的なひねりが加えられている。番組ではイボ族の農家に悪い影響を与えそうな気候変動の要素を取り上げたり、害虫駆除の新しい方法を紹介したり、市場で大成功した実例を伝えたりしている。登場人物は誰でも聞けばすぐにわかるようなキャラクターで（ナイジェリアの伝統にのっとり、女性主人公は第一子の名前を取って「ママ・エメカ」と呼ばれている）、彼らが直面する問題もやはり日常的なものばかりだ。あるエピソードでは、地域の長老たちが環境専門家を招き、海面が上昇して低地の作物をだめにしてしまう仕組みを説明させていた。

ドラマの登場人物に扮したアイクグウォヌと仲間たちは、問題に対する解決策を提案する（海面上昇の問題に対しては事前に農地に灌漑をほどこしたり、塩分に強い作物を選択したりすることを勧めている）。彼らの知識はまるで百科事典だ。土壌の浸食を防ぐには、ベチバーというイネ科の植物を植えるといい。芽が出たばかりの苗を守るには、葉っぱで覆ってやればいい。カカシでは鳥に効き目がなくなったなら、注意して除草剤をまけばいい。だが彼らの手法は、基本的にコメディだ。村人たちのふざけあいは、ノリウッドを思い出させる。

覆面ジャーナリストのアナスと同様、アイクグウォヌも新しい形の開発ジャーナリズムを生み出した先駆者だ。イボ語で農業の裏技、コツ、成功例を地域に広めたことで、彼は農業の達人としての役割を担い、ナイジェリアのイモ州に暮らす二五万人という聴取者に口コミ情報を広めているのだ。このモデルにもうひとひねり加え、アイクグウォヌは双方向型の携帯ラジオ（当然、太陽光充電式だ）を配布し、農家が放送局に対して農業についての意見を自由に送れるようにした。こうした助言は商業農家にとっては当然必要不可欠だが、家庭菜園をやっている家庭や自給自足農家にとってもメリットがある。

数々のベンチャー企業も、農家が収入を増やす妨げになっている情報の不均衡を正すべく、アフリカを基盤とする携帯電話を利用した活動に取り組んでいる。ウガンダの「ブソガ地方オープンソースおよび開発イニシアティブ」という組織が開発した「ファーマーズ・フレンド」というアプリは、農家がありとあらゆる農業情報を検索できる携帯電話用のデータベースだ。ここではゾウムシの種類から（近年非常に不安定な）降雨パターンまで、なんでも調べられる。ケニアの「Mファーム」と「i・カウ」、そしてカメルーンの「AGRO‐HUB」も、同様の農業向けアプリだ。モーリシャスとガーナで早くからもっとも成功した携帯向けアプリのひとつ「エソコ」も、農家を支援する同様の戦略を展開している。農家はこのアプリを使って作物の価格を調べたり、携帯電話ひとつで売買の注文をしたりできる。エソコはいまや、アフリカ大陸の一六カ国で使われている。

こうした補完的な技術は、農業指導を受けられずに、何世代も前の農法をそのまま引き継いで働いている農家にとっては頼みの綱だ。だがその範囲が拡大しているとはいえ、アプリやラジオ放送では現場で手を土まみれにして学ぶ実習には勝てない。アメリカの教育哲学者ジョン・デューイが唱える「実践によって学ぶ」という教育方針を強く信奉する私は長靴を履き、ケニアの肥沃な大地溝帯《グレート・リフト・バレー》の農地を目指した。農家にはもっと多くの現金を、木の枝にはもっと多くの果実を約束する農業技術を、自らの手で試したかったのだ。

私には、三人の実習仲間がいた。南スーダンにできたばかりの農業省から送りこまれた老け顔の痩せた青年たち、ダニエル・ガイ、ピーター・アグト、デイヴィッド・アケッチだ。彼らの母国にはナイル川による天然の灌漑があり、非常に肥沃な土地に恵まれている。だが内戦で散り散りになった国民は、自分たちで食糧を作った経験がほとんどない。今回の研修は彼らの責務なのだ。「市場に行って、手ぶらで帰ってくることもあります」とガイは少し悲しそうに言った。「状況はここことはだいぶ違うのです」

私たちが大地溝帯に集まったのは、有機農法の指導に取り組む組織、「グロウ・バイオ集約農業センター」のサミュエル・ンデリトゥ所長に教えを乞うためだ。私たち新人とは違ってンデリトゥはこの五年間の大部分を「食の主権」——食糧を手に入れるだけでなく、食糧生産の供給経路に対する当事者意識が大事だという考え——の伝導に努めてきた、すばらしく熱心かつ弁舌爽

麻袋を縦にして苗を植えることで場所の節約になり、アフリカに多い「1エーカー」の小規模農家が収量を上げられるようになる。

やかな人物だ。

まず学んだのが、土地の改良方法だった。もちろん、トラクターなどは使わない。約二エーカーの土地で、みんな黙って、鉄の鍬を振り下ろす。ンデリトゥは、土を耕したあとに土を盛って揚げ床を作る一番いい方法を実践してみせた。表土の下に石を敷くのだ。彼は作物を取り混ぜて、しかもかなり密接に植える。私には乱雑に見えるが、ちゃんと理由があるらしい。「こうしておけば、雑草が生える余地がないからね」とンデリトゥ。においの強いタマネギを一緒に植えれば、虫除けになる。次に、彼は土とケールの若芽で一杯の麻袋を見せてくれた。袋の横に穴を開ければ、作物はそこから芽を出して縦に育つ。土地が少ない農家向けの工夫だ。私は、自分の空想上の家庭菜園用にメモを取った。

「カンジュ」方式にならって、ンデリトゥは賢いリサイクルにこだわっている。「自分の種は自分で作れ。自分の食糧は自分で作れ。自分の肥料も自分で作れ。

自分の金も自分で作れ。自分でなんでも作るんだ」と満面の笑みで言う。彼は、農家が十分な収量を得ながらでも非有機的なインプットを減らしていけると信じている。

倹約せざるを得ない状況に置かれた農家は、その状況を逆手にとって大きな利益を上げることができる。たとえば化学肥料は高価だし、使いすぎれば土にとっては有害になる。その代わり、農家から出た有機ごみを丁寧に積み上げ、苗床のすぐ横で堆肥にする。熊手でちょっとすくってやれば、化学薬品ゼロの、粘質性の高いすばらしい肥料が姿を現す。

種も、大きな出費だ。塩分や旱魃《かんばつ》に耐えるよう遺伝子改良された種がアフリカ中に出回っているが、現在のモデルでは毎年、または半年に一回種を買わなければならない。これはモンサントのような種苗会社にとってはけっこうな利益になるのだが、消費者にとっては、たとえ助成金が出ていたとしても大きな経済的打撃だ。そこで、ンデリトゥは収穫時に残った種をすべて取っておく。アマランサス、大豆、ツル性のマメ、キマメ、モロコシ、小麦、コリアンダー。植え付けの時期には地域の種子バンクが少量ずつ種を配布し、収穫時には余った種を持ってきてもらって在庫を増やす。ちょうど、融資の利息が何カ月か後に戻ってくるような具合だ。説明しながら、ンデリトゥは毎年倍増し続けるトウジンビエの種が入ったバケツを振ってみせた。

ンデリトゥと集約農業センターの職員たちは、毎年何千軒もの農家に研修を実施している。彼らはすでに南スーダンのイェイ地区、ボル地区を何週間もかけて訪問してきた。ダニエル、ピーター、デイヴィッドの三人は、自ら指導員となれるように訓練を受けに来たのだ。ンデリトゥは彼らの分散型のモデルは、ケニアの農業省のやり方とはまったく違うと語る。農業省では、職員は事務所にばかりいて、農家がアポを取って会いに来るのを待っているだけなのだそうだ。「それを『需要に応じた支援』などと彼らは言っているけどね」とンデリトゥ。「でも私は、農家が今やっている仕事を中断してまで二〇キロも離れた事務所を訪ねていくとは思えないんだ」
「ワン・エーカー・ファンド」はその名の通り、アフリカの農業のほとんどを占める小規模農家を支援する組織だ。ケニア、ルワンダ、ブルンジの農家に融資、助言、そして原材料を提供する。彼らの目標は、小規模農家がこうした主要なインプットを手に入れるために三キロ以上移動しなくてすむようにすることだ。

どちらの組織も、アフリカの医療に変革をもたらした、医師や看護師に代わる地域の保健師モデルを思い出させる。有機農法の指導員は農家と一緒に生活し、最大三年は関係を維持する。そうやって早い時期に技術を導入した農家には研修をおこない、「動きの遅い」農家には説得をおこなう。組織の政府連携アナリストを務めるニック・ダニエルズによれば、ワン・エーカー・ファンドの現地職員は「わかりやすい言葉でちゃんと説明ができ、チェックやフォローもでき、農家と積極的にかかわり、毎週すべての農家を訪問する気概がある」とのことだ。現地職員は必ずしもンデリトゥのような経験豊富な専門家ではないが、その包括的な活動範囲は見事としか言いようがない。二〇〇六年以来、このアメリカの非営利組織は、一三万五〇〇〇人の農家に影響を与えたと自負している。

これまでの章でも見てきたように、見慣れた顔による支援を期待できることが大きな変化を生んでいる。東アフリカでワン・エーカーの活動に参加していない農家と比較すると、参加している農家は徹底的な技術支援のおかげで収量を倍増させていることが見て取れる。

どちらの組織も非営利として活動しているが、どちらも食糧援助や政府助成金といった既存の官僚主義には勝っている。ダニエルズは、ケニア西部の行政地区レベルでの目障りなほど多い「解決策」についてこう説明した。「解決策の多くが援助側から出たものです。USAID（米国国際開発庁）の農業指導員が『こういうことをやらなければならない』と言い、DFID（英国国際再開発省）の指導員が来て『これをやれ』と言う。世界銀行、スウェーデン、デンマーク、みんながありとあらゆる解決策に取り組んでいます。でも、彼らには人材が足りないし、的も外れています。農業指導員たちがあっちこっち振り回されているのを見ると、気の毒になりますよ」

農業支援の代替構造の誕生は、公的機関のしくじりに対する「カンジュ」的反応だ。そして非営利であるにもかかわらず、ワン・エーカーがおこなった一番の改革は経済的なものだった。農家はワン・エーカーに種と肥料の代金の五％を頭金として支払い、残額は時間をかけて分割で支払うことができる。作物のひどい不作に苦しめば、債務はたいてい免除される。不確実な近代農業の海を泳ぎながら、小規模農家は運命よりも努力に左右される融資を歓迎している。

運命に対しては、保証もある。農作物保険は成長産業だ。保険会社は農家の懐が暖かい収穫期に保険を売りに来て、作物の病気であれ旱魃《かんばつ》であれ、大不作のときには保険金を支払う。ほかにも農家向けに民間市場で開発された商品が、「指標保険」だ。これは、変わりやすい天候に対する保険のようなものだ。監査員が農家を訪問したり、洪水の実害を確認するための調査をおこなったりする必要がないというのがこの保険の新しいところだ。そういう調査は通常、物理的に面倒で、作物をたくさん育てようという農家のやる気をそぐ可能性もある。だが、この保険は気候の「指標」に実際の気候を照合する。特定の時期の降雨量が指標よりも少なかったら、保険に加入している農家は保険金を受け取れるという仕組みだ。

これらは、本当の意味で社会的なセーフティネットがない暮らしを下支えしようとがんばる農業起業家たちにとっては重要な解決策だ。保険はアフリカの多くの地域ではまだあまりなじみがないが、不確実さを軽減してくれる。そして不確実さは貧困の中でも特に嫌な要素で、農家が何をいつ、誰のために育てるかを決める際に一番の悩みの種となる要素でもある。うまく売りこめば、保険商品は水平に広がるセーフティネットの延長となり得る。そして保険は不定期に起こる環境破壊による影響を緩和する手助けにもなるのだ。

こうした農家一軒一軒に対する忍耐強い再研修と支援は、小規模農家にとっては非常に大きな助けになる。特に、政府の支援が届いていない地域ではなおさらだ。だが、市場へのアクセスという問題は慢性的に存在する。私の隣人のグラディス一家は交通量の多いナイロビの道路脇に固定客がいたが、彼らのように誰が作物を買ってくれるかわからなければ、普通の農家はできるだけ効率良く作物を育てようという気にもならないし、収穫時期には何トンもの食糧が余って腐り、無駄になってしまう。

共同農業組合は、このリスクを緩和し、無駄を最小限に抑え、農家が現金収入を得る手助けをしてくれる。近くを流れるナイル川のおかげで緑豊かなウガンダ西部は「エデンの庭園」とまで言われているが、ここに、とある七人家族が一〇〇〇エーカーの一等農地を所有していた。だがトラクターを持たなかった一家は広大な土地の片隅で自分たちが食べる分だけの作物を作ることにし、息子の一人には道路脇で携帯電話の通話時間を売る商売をさせていた。彼らの苦労は典型的な例で、かつて農業中心だった地域の一部で農業の知識が消え去りつつある原因にもなっている。

ウガンダにある経験豊富な農家の集合体「UNACOFF」は、このような家族向けに新しいビジネスモデルを構築した。UNACOFFが土地を整備して耕し、土地の所有者（あるいはその他の地元労働者）を組合員として登録して綿などの作物を育てさせる。UNACOFFは肥料や輪作、灌漑の成功例を推奨する。農家は貴重な技術支援と作物の購入保証が受けられ、UNACOFFは貴重な輸出商品が安定して調達できる。わずかずつではあるが、「エデンの庭園」はドル箱になりつつあるのだ。

農業組合は、アフリカでは驚くほど一般的なモデルだ。「家族の地図」を土地にあてはめたようなものだろうか。集合体は口コミを伝える場にもなる。農家がコツや農法、利益を分け合うのだ。UNACOFFのモデルがうまくいくのは、ウガンダ人農家に作物を買う顧客を保証してくれるからだ。しっかりと構築されたサプライチェーンは内陸国ウガンダの端のほうに住む労働者たちに、世界の綿市場へとまっすぐにつながる道を示してくれる。これは、うらやましいほどの偉業だ。アフリカの小規模農家を集めて束にして、影響力のある大きな拳へとまとめあげることができるようになったのだ。

化学農法に対する有機農法、あるいは工業型農業に対する小規模農業の勝敗はまだ判定がついていないが、ひとつ明白な事実がある。農業システムに均衡をもたらすことで、電力問題の裏側が見えるということだ。エネルギーの無駄遣いが気候変動につながり、そのせいで農家は継続的にうまく作物を育てることができなくなった。農家がもっといい成果を上げられるようになれば、暮らしをよくする製品を使うための電力を手に入れられるようになる。そして、それがいずれは、アフリカ人の土地の利用方法を恒久的に変えていけるかもしれないのだ。

特区都市

ナイジェリア南西部のイレ・エキティからアド・エキティまでは、三〇キロほどしか離れていない。だがこの二つの街の間には、時代にすると五〇年ほどの隔たりがある。イレは地元で作られたコンクリートブロックを使って建てたささやかな住居が立ち並び、ほかに木造やトタンの住居が集まっているような場所だ。社会生活は（小さく、たいていはがらがらの）教会と（小さく、たいていはがらがらの）市場を中心におこなわれている。わずかに存在する車の上には、赤土の埃がうっすらと積もっている。そこに暮らす家族は同じ歴史、同じ子育てや畜産経験、同じ食糧を分け合う。

私の祖父の墓はイレにあり、年老いた祖母は街で一番有名な住民の一人だ。仕送りと子どもたちの定期的な里帰りのおかげで祖母の生活水準は高いまま保たれているが、街の住民の大部分はかなり貧しい。畑にはヤムイモが大量に植えられ、私が属する部族に双子が多いのはこのヤムイモのせいだとよく言われる。中にはカカオやトウモロコシを育てる農家もいるが、利益は少ない。ほかの住民はみんな日雇い労働者や料理人、建築業者、工芸職人として働いている。誰も飢えているわけではないが、日々どうにかやっていける以上の生活ができている住民は少ない。

舗装がまばらな曲がりくねる道を二〇分ほど走ると、アドの街にたどり着く。こちらは大盛況だ。エキティ州の州都であるこの街は旧首都ラゴスから五時間の距離にあり、イレを含む七つの行政区の中心に位置する。壮大な眺めが楽しめる巨岩の投げかける影の中、坂になっている大通りや環状交差点が驚くほど人口の密集した、広範囲に広がる街を形作っている。祖母の村は衰退しているがアドは完全に都市化して、しかも急速に成長している。この街の人口は五〇万。トウモロコシを焼き、セメントを運び、給油し、肉を切り分けて売っている。繁栄を物語る建設用クレーンもいくつか見受けられるが、建設現場の大半ではその場しのぎに組まれた木製の足場の中で野心的な数階建てのコンクリートビルも建てられている。アドの未来には富が待っていることを示す一番の兆しは、この街にはイギリスのキャドバリー社が作っているボーンヴィタ・チョコレートドリンクやナイジェリアの国産ビール、スタービールが売れるちゃんとした市場があることを教えてくれる広告看板の数々だ。

アドで私は、友だちの一七歳の誕生日を祝うティーンエイジャーたちのグループと会った。彼らは大げさなヨルバ語まじりの英語を話す。三人組の少年たちが、エルヴィス・コステロ風の黒縁眼鏡をかけた細身の女の子にからんでいる。少年の一人はスキニーパンツを穿き、「アイ・ラブ（「ラブ」はハートマーク）・クラップ（クズが大好き）」とプリントされたTシャツを着ている。

彼らの大半がやはり一七歳で、アド・エキティかその周辺の出身だ。かつてであれば大半が農民として過ごした年頃だが、彼らは高校を卒業したばかりだ。何人かはもう大学に入っている。小遣いを貯めて自分で買った、あるいはプレゼントとしてもらった携帯電話を持っていて、飽きもせずにグループ写真を撮っている。きっとフェイスブックに載せるのだろう。ナイジェリア南部のカラバルからセネガルの首都ダカールまでの西海岸のナイトスポットで聞くような、西アフリカ・ポップスの重低音が鳴り響いていた。

だがこの活気の裏には、悲惨な現実が隠れている。ほとんどのティーンエイジャーたちが、全力で取り組めるものを何も持たない。ただし、私が話をした少年少女たちはすぐにでもアドを出ることに全力を注いでいた。「ここはつまらないよ」と間延びした話し方で言うのは一七歳のアビオドゥン・ウィリアムズだ。彼がかぶっている帽子には、テキサスを褒め称える言葉が記されている。将来の夢は弁護士だ。「アドで生まれ育って就職したら、ここ以外のことが何もわからない」。彼の嘆きは、世界中の地方都市に住む一〇代の若者に共通する。結局のところ、私の祖父もアビオドゥンと同じ年頃で、教育と外界を求めて迷わずエキティを離れていたのだ。

エキティ州の物語は、近代アフリカに共通する物語だ。地方住民がアフリカの巨大都市に流入する速度は、世界のほかのどの地域よりも速い。昔ながらのアフリカのイメージが風の吹き抜けるサバンナや静かな森林だとしたら、新しいイメージは都会のジャングルだ。全体として見れば、アフリカは一九五〇年には五〇〇〇万人しか都市生活者がいなかったのが、今世紀半ばまでにはその数が七億五〇〇〇万人にまで急増すると言われている。これまでに見てきたようなネットワーク、職、サービスに出稼ぎ移民が群がる今、そうした人々が我先にと押しかけて過密状態のラゴスやキンシャサ、ヨハネスブルグなどの巨大都市には、四〇〇〇万人が暮らすことになる。同様に、アフリカの商業的・政治的中心地であるアクラ、アビジャン、アディスアベバなどにも、さらにそれぞれ数百万人が住むことになる。

大陸の主要都市における都市化の規模は息を呑むほどだ。アフリカでもっとも裕福な人物、アリコ・ダンゴートがセメントで財を成したのもまったく不思議ではない。アフリカのGDP成長率に関する不毛な数字の裏には、現地の誰にでも一目瞭然な事実がある。この大陸は、建設途中なのだ。ますます都市化が進む地方都市のすべての道路、すべての橋、環状交差点、ショッピングモールが、基礎としてセメントを必要としている。

主要な新興都市は、アフリカに特徴的な騒がしく、活気があり、ときには息切れするほどの都市化現象を見事に表している。この一〇年で、ガーナの荘厳な海岸都市アクラでは、かつて存在しなかった災難が生まれた。交通渋滞だ。この都市の富は、国の成長の軌跡に沿って増えている。金、カカオ、銀行サービス、新たな石油の発掘が、この都市の「中流階級」を拡大させた。それに伴う加工食品や電子機器などに対する需要が、海外のプライベート・エクイティ・ファンドの融資を受けたぴかぴかの巨大ショッピングモールの建設につながった。モールに、そして拡大を続ける公的部門の仕事や専門職の職場に出かけるために、アクラの上流中産階級は車を買い始めた。一昔前の世代向けに造られた道路に何千台もの新車が出ていったことで、当然の結果が生まれた。毎日何時間も続く路上での怒鳴り合いだ。交通渋滞という新しい光景が、彼らのいらだちに拍車をかける。

アフリカでもっとも西洋的な都市と言える南アフリカのヨハネスブルグでは、巨大なショッピングセンターやオフィスビルがサントンやランドバーグといった中心地のビジネス街のビル群を席巻している。ローズバンクやオークランド・パーク近くの住宅街には、白人・黒人を問わずどんどん裕福になっていく地元住民向けに、こじゃれたアパートやヴィーガン（完全菜食主義者）向けのブランチが食べられる店ができるようになった。高速鉄道が、国内最大の都市であるヨハネスブルグと行政首都のプレトリアをつなぎ、両都市の周辺地域に増え続ける人口は二〇二〇年までに二〇〇〇万人に達するとみられている。

アフリカ最大の都市の人口密集は、公的にも個人的にも、資源の枯渇につながる。世界的な都市化からはっきりと見て取れるのは、限られた公共サービスと住居、そして限りない病気と犯罪のせいで発展できないスラム地区が都市と共存しているということだ。サハラ以南のアフリカでは、スラムの住民が二〇一〇年までに二億人に達すると言われていた。ナイロビにはキベラ、バ・ンドゴ、カワングワレ、マザレというスラムがある。ラゴスにはマココというスラムがあるが、これは潟湖《せきこ》の上に浮かぶ高床式の町で、マココはもともと、この潟湖の名前だった。ヨハネスブルグにはヒルブロウとアレクサンドラがある。人口が密集する危険地区で、大陸を牽引するヨハネスブルグの公式経済からは完全に排除されたスラムだ。

部外者は、主要都市と同じくらい活発だが、もう少しおとなしいアフリカ大陸の第二階層都市を見落としがちだ。たとえばブルキナファソの首都ワガドゥグーの人口は、今後一〇年で八〇％

増加すると言われている。同様にコートジボワールのヤムスクロ、ケニア中西部のナクル、コンゴ民主共和国の東部にあるゴマ、南アフリカのダーバン、そして私の故郷の隣にあるアド・エキティのようなもっと小さい階層の都市も人口は増加傾向にある。アフリカのこうした急成長都市は大都市には及ぶべくもないが、ひょっとすると大都市よりも重要になるかもしれない。

新しいがゆえに、この規模の都市はもっとしっかりとした、もっと効率的な材料を使って、もっとうまく造ることができる。そして同じく新しいがゆえに、これらの都市は苦労の多いスラム生活よりましな環境を住民に提供できるという意味で、大都市よりもいい都市になれる。この観点から見れば、アフリカの人口爆発による並外れた再編成は、このうえないチャンスになるのだ。

「特区都市《チャーター・シティ》」という、物議をかもしている活動がある。発案者は経済学者ポール・ローマー。世界の都市化に根源的な革命を起こそうと活動している人物だ。彼が考案した特区都市は、従来の公的教育の規制を受けない独立した学校であるチャーター・スクールの概念をそのまま都市にあてはめており、都市計画における賢いアイデアを温める、独立した保育器のようなものだ。シンガポールや香港、アテネまで、歴史上の成功した都市国家へのオマージュのようでもある。ローマーが提案する現代版では、熱意のある政府が手つかずの土地を提供し、そこに一種の「自由な都市型事業特区」を構築し、経済学者や社会学者が一番うまくいくと考える規則や習慣にのっとって都市を運営するのだそうだ。

特区都市では、停電やバケツでの水浴び、物乞い、犯罪はもはや存在しない。次善策やごまかしといった「システムD」は必要ないのだ。ローマーはその場所に適した産業と多目的な共有区域、超近代的なビル、効率のいい水道や電気などの公共設備を想定している。ローマーが考える都市はチャーター・スクールと同様、混乱したり腐敗したりしている現状に段階的な変化によって対抗していけるようになるとのことだ。アド・エキティのアビオドゥンのような若者が特区都市への入居を選べば、すぐさまもっといい暮らしができるようになる。「既存のアイデアを踏襲するという選択肢と可能性は、強力な組み合わせです」とローマーは言う。「こうした仕組みを存分に活用することを妨げるものは、創造力の欠如だけです」

特区《チャーター》方式のベンチャーは、実はすでにいくつか存在する。ナイロビから六〇キロ離れたところにあるコンザでは、アフリカ初の「テクノポリス」と銘打たれたものが誕生する。住居や企業が、今はまだサバンナの端に切り取られた五〇〇〇エーカーの空き地に過ぎない場所に造られるのだ。サムスンやファーウェイ、トヨタなどの世界的企業が事務所を構えることになる。将来有望なケニア人たちは好みの家を建てるだろう。水道、電気、高速鉄道——政府が一般のケニア人から奪ったものすべて——が二〇年越しで、一〇〇億ドルのこのプロジェクトで実現する。「経済特区」として、コンザは税制優遇と土地区画処理の対象となる。

世界中の都市に蔓延する不合理な物資の欠乏と無秩序を考えると、ゼロから始めたくてうずうずするのもわからないではない。アフリカの多くの都市や街のたるみきった構造と容赦ない人口過密を見ていると、私はいつも意気消沈してしまう。だが特区都市や計画的衛星都市は、既存の社会が達成してきたことに対して、基本的には悲観的な視点を提示している。ゼロから始めるということは、中央の計画策定者より前から存在した人材や習慣、能力はすべてなかったことにされてしまうのだ。

言い換えれば、特区都市は「形式的バイアス」の頂点なのだ。それは、植民地の権力者たちが管理しやすさを考えて国境線を引いたのと同じバイアスだ。そして、ナイジェリアや赤道ギニアなどの国が不協和音だらけの首都を放棄して、奥地にある無菌状態の計画都市に首都を移したのと同じバイアスでもある。赤道ギニアの大統領テオドロ・オビアン・ンゲマ・ムバソゴ、自称「平和の保証人であり、開発の推進者」が造っている赤道ギニアの新しい首都オヤラでは、レンガひとつにいたるまですべてが輸入品だ。白紙状態を美化するのは、何百万もの国民が心の中で思っている「とにかくどこかへ逃げ出したい」という願いを昇華させただけのことだ。

加えて、富裕層が既存の都市から抜け出すために大枚をはたく一方で、仕事や親族との関係、住居などの縛りがある個人や家族は移動する手段がないまま取り残されることになるのは想像に難くない。このような集団移住はアメリカの都心部から郊外への白人の移動にも似ていて、ただでさえアフリカの発展を阻害している不平等を具現化することになる。

真新しい都市の地図を描く代わりに、古い地図を改良している会社が南アフリカにある。モラディは、ファミリー向けの堂々としたモジュール組み立て方式の住居を一週間以内で建てる会社だ。この工学的革命はシンプルなプラスチックの骨組みから成り、部屋数は家族の人数や経済的状況に応じて一部屋、二部屋、三部屋と変えられる。訓練を受けた建築作業員が基礎を作り、配管や配線用の空間を残した壁型を並べ、そこにセメントのような液体を流しこむ。二日もすれば壁は乾燥してできあがり、プラスチックの骨組みは溶けてなくなってしまう。これは、真の破壊的テクノロジーだ。レンガをひとつずつ買い足す間、未完成なまま立ち続ける家はもうなくなる。洪水に流されるまま、古くなって朽ち果てるまま放置するしかない穴だらけの泥壁はもうなくなるのだ。

モラディは、政府の仕事よりもすぐれた革新的な製品開発の一例だ。国の認可を受けなければ住居が持てない南アフリカでは、政府は希望に満ちているはずの憲法の条項をまったく守れていない。ネルソン・マンデラが大統領の座に就いたとき、公営のレンガ造りの住宅の数は黒人四三人当たり一軒しかなかった。みすぼらしい公営住宅の列が、ヨハネスブルグとケープフラッツの外側を今も縁取っている。二〇〇九年時点で、ケープタウンでは四〇万人が公営住宅の入居待ちをしていて、いずれ入居できる場所についてはほとんど選択肢がない状態だった。民間企業であるモラディは水道と電気、そして選択肢がついてくる安価な住居を、南アフリカの一生懸命働く階級の人々に提供しているのだ。

既存の環境へのこうした改善は、開発途上の都市にとっては根本的な要件だ。だがアフリカの都市化における大きな課題は、アビオドゥンのような少年にラゴスの混沌の中へ飛びこんだりアフリカから経済的脱出を果たしたりするのではなく、故郷アド・エキティにとどまるよう説得することだ。アビオドゥンは、アドには「雰囲気」がない、と言った。彼は、額に汗して働く故郷の街にはない国際的な香りに飢えているのだ。だが重ねて聞くと、本当の理由は経済的なものだと白状した。「高校を卒業したやつらは、まだ就職できないから車が買えずに、いまだにバイクに乗ってるんだよ」

アビオドゥンの友人、バースデーケーキを配っていた丸顔のジョイスは、私が会ったティーンエイジャーたちの中で唯一、絶対に故郷に戻ってくると決意していた。彼女の両親が二人とも安定した職に就いていることも、理由のひとつだろう。母親は会計士、父親は建築請負業者だそうだ。彼女自身は、政治家になりたいと語った。「ナイジェリアにはもっといい場所になってほしいと、本気で思ってるの」と彼女は言う。「それまでには結婚してるわ。遅くとも二四歳までね。そして、エキティ州の州知事になりたいの」

当時その職に就いていたのはカヨデ・ファイェミという男性だった。若く進歩的な指導者である彼は、笑えるくらい腐敗した前知事（その笑える例のひとつが、何百万ナイラもの税金を着服して養鶏場を造ったのに、一羽もニワトリを育てなかったというやつだ）のあとを二〇一〇年に継いだ。短い在任期間の間にファイェミはアドの道路を改修し、夜中でも安全に街を歩けるよう、太陽光パネルをつけた街灯を設置した。公立小学校の高い入学率と驚異的なほど高い人口当たりの上級学位取得率にもかかわらず、エキティはナイジェリアではもっとも貧しい州のうちのひとつで、公式な失業率は二一％にものぼる。世界中の多くの指導者と同様、ファイェミは自分が治めるこの土地に企業を誘致することに一番心を砕いている。エキティの執務室で会ったとき、彼は「暇を持て余していると悪魔が仕事を見つけてきますからね（訳注：何もすることがない人はろくなことをしないという意味のことわざ）」と語ってくれた。

ジョイスは政治の力の熱狂的な信者だが、ファイェミは公共部門ができることには限りがあると認識している。「政府が常に責任者でいられるかどうかはわかりません」と彼は言う。「私の仕事は、可能性を広げる環境を整備するだけです」。その信念を実証するべく、彼はサムスン製のノートパソコンを大量に購入して三万人の生徒と一万八〇〇〇人の教師に配布した。このような形で需要を強調したことで、サムスンは地元労働者向けの研修センターを建てることをついに決意した。

電力を育てる

エキティへの投資を検討した多国籍企業は、サムスンだけではない。エネルギー会社ＢＰは、一九五〇年代以来初の西アフリカへの進出先としてエキティを候補に入れている。だがその投資先は、原油が流れ、天然ガスが燃えさかるニジェール・デルタの川岸ではない。むしろ、同社はエキティに豊富なヤムイモとキャッサバを原料とするエタノールの生産をもくろんでいるのだ。

バイオ燃料生産の導入は、アフリカにとってますます重要性を増してきている革新的技術だ。油分の多い植物は加工して燃料に変え、従来のディーゼルオイルのように車や発電機に入れられる。バイオ燃料の二酸化炭素排出量は化石燃料のそれよりもやや少ないだけだが、世界の枯渇しつつある天然資源を使う必要がない。「ピークオイル論」を信じるにしろ信じないにしろ、植物エネルギーは興味をかきたてる可能性を秘めている。

地元で取れるサトウキビから作ったエタノールは、エチオピアが輸入するガソリンにすでに加えられている。その工程は簡単で、スープを薄めて増やすために水を加えるような感じだ。これなら、たいていのアフリカ人は直観的に理解できる。約一億八五〇〇万リットルのエタノールが地元で生成可能で、この方法でガソリンに加えれば、エチオピアのガソリンスタンドでの一リットル当たりの価格は、ガソリンの輸送に高い費用を払っていないケニアでの価格より安くなる。エチオピアは現在、このエネルギー源を育てるために二〇万ヘクタールの土地を確保している。非耕作地が同じくらい広大なセネガル、マリ、タンザニアも、バイオ燃料の生産という時流に飛び乗ったばかりだ。

ほとんどの専門家が、バイオ燃料生産への大規模な移行は、現在農業に使われている土地に影響を与えかねない危険な賭けだという点で意見が一致している。食糧生産と引き換えの燃料生産は、この新興の世界的産業における大きな懸念事項だ。一般的な「第一世代」のバイオ燃料は砂糖やトウモロコシから作られるが、こちらは食糧生産にかかるのと同じくらい大量の水と窒素肥料を必要としながらも、食べることはできない。これはつまり、これから人口が増えていく惑星で、作られる食糧が減っていくということになる――悪い知らせだ。ほかにも世界的な肉の消費量増加などの問題が、すでに食糧供給率を引き下げつつある。アメリカでは大量のトウモロコシを家畜に与え、その家畜を人間が食べている。アメリカの農業生産の八〇％が、家畜のエサなのだそうだ。

だが第二世代のバイオ燃料は、食糧ではない。リュウゼツランやアブラヤシが一例だが、人間の口に入る副産物（テキーラ）もできる。ジャトロファ（ナンヨウアブラギリ）とトウゴマも種に豊富に油分が含まれるが食用にはならない植物で、新しく出てきた期待の持てる二種だ。ナピアグラス、スイッチグラス、成長の速いヤナギの木も人間の食用にはならないが燃料生産には向いている。水をあまり必要とせず、根に栄養を蓄えるので、植える前よりも土壌が肥沃になる可能性もある。

食糧にならないバイオ燃料植物でもほかの作物と同様に肥料と水、労働力は必要だ。だがアブラヤシ以外のバイオ燃料植物は、気候変動に対する高い耐性を持っている。汚染された土地やいわゆる「耕作限界地（もちろん、何が限界かは見る者によって異なる）」で育てられる植物もあるのだ。欧米の科学者たちは食糧対燃料という問題をどうすれば回避できるかにひどく頭を悩ませている。たとえばトウモロコシの不可食部分を分解する酵素というものがあるが、これはアメリカ中西部で作られている従来のエタノールと競合させるには高価すぎる。だが少なくともアフリカでは、こうした「油脂植物」は食糧生産と直接競合する段階まではいっていない。

エネルギー貧困、気候変動、そして農業基盤による繁栄という三つの課題は、バイオ燃料生産という地点で自然と合流する。石油の値段が一バレルあたり一〇〇ドルを超えると、エネルギーは育てるほうが安くつく。そしてこの一〇年間、石油の値段はだいたいそのあたりで推移しているのだ。結果的に、アフリカでのバイオ燃料研究は、ほとんどが太った国のエネルギーコストを懸念する大手海外企業によっておこなわれている。『ガーディアン』紙の調査によれば、サハラ以南の二〇カ国以上で一〇〇プロジェクト、五〇社が活動しているそうだ。その多くが土地を買い上げ（タンザニア政府はイギリスのサン・バイオフューエル社に九九年リースでキサラウェ地区の土地二万エーカーを無料で貸し出した)、事業を始めることになる過疎地域に道路を敷いて、公共財を提供すると約束した。

だが、まだ結果が見えてこない部分はある。それに、近々EUやイギリスの法律でより環境にやさしい燃料が義務化されるかもしれないヨーロッパの市場に、アフリカで作ったバイオ燃料が全部持っていかれないという保証もない。バイオ燃料のサプライチェーンへのアフリカの参加は、地元での利用可能性を大前提とするべきだ。アフリカに石油を輸入するのは、国の外貨保有高をひどく減少させるだけだ。エチオピアは毎年ガソリンの輸入に現地通貨で一〇〇億ビル(約八億ドル)も支出しているのだ。

公正に取引されれば、第二世代のバイオ燃料はアフリカの収入を激増させ、国内のエネルギーコストを削減することが可能だ。生産面では、小規模農家が恩恵を受けられる多くの道筋が示されている。こうした第二世代植物は育てるのにそれほど資本が必要ないし、ほかの換金作物と同様、組合で種を取りまとめ、精製業者に売って利益を上げられる。加工、保存、流通、そして関連サービスの提供は、さらに雇用を生む新たな産業となり得る。

エキティの計画とは別に、マリでおこなわれている「JMI」というよく似た取り組みが、一三〇〇の小規模農家を巻きこむプロジェクトを展開している。オランダに本部を置くディリジェント・タンザニア・リミテッドという会社が、四〇〇〇軒のジャトロファ生産者と契約を結んでいるのだ。モザンビークでは、「契約栽培農家」と呼ばれる人々は大規模なバイオ燃料工場のためにサトウキビを生産していたほうが、その精製工場で働くよりも多くの収入を上げられる。

これはアビオドゥンと彼の仲間たちにとってはうれしい経済ニュースかもしれない。アフリカが気候変動にほとんど寄与していないことを考えると、化石燃料に代わるバイオ燃料の生産と販売におけるアフリカのリーダーシップは皮肉に満ちている。だが支援をうまく組み合わせれば、アフリカの天然資源は世界に迫り来る消費問題を解決し、新しい世代の働き手に生きがいを与えられるはずだ。

ハリケーン「サンディ」のときの停電中、持てる者と持たざる者との間に一時的に生じた溝は、環境問題に関して太った国と痩せた国との間に恒常的に存在する格差を再現したようなものだった。大西洋の嵐は当然のように、食糧やエネルギー、インフラについて人々に心配させるきっかけとなった。これらはすべて、複雑に絡み合う二一世紀の環境問題だ。災害は絶対に途絶えることがない電力、遠くで作られる食糧、地下から汲み上げられる水、そして絶対に壊れないと信じている建物に私たちがどれほど依存しているかを思い知らせた。進みすぎた発展が実際にはその国のレジリエンスを弱めてしまうというこの脆弱性は、ほかの太った国にも見られる。

洪水から旱魃《かんばつ》まで、もっと多くの激変がすべての国、とりわけサハラ以南のアフリカを待ち受けている。だがどれほどありえないことに思えようとも、この地域はそうした問題に対抗できるだけの備えができているのだ。痩せた国は、ミクロなレベルで抑制の方法を学んできた。食糧生産と消費のバランスをどう取るか、化石燃料なしでどうやって生活するか、どうやってゼロから街を造るか――それも、未来の気候変動を引き起こすかもしれない行動を伴わずに。そして、いかに欲深い「K戦略」から「カンジュ」へと方向転換するか、そしてその実践をいかに広げ、発展させていくかは、これからすべての社会にとってのチャレンジになるだろう。

The Youth Map

第9章
若者の地図
走り出すアフリカの新世代

「待ち期」

ときどき、私たちはアフリカがどれだけ若いかを忘れてしまう。文明として、という意味ではない。人類が最初にどこで生まれたかは、小学校のときにみんな学んでいるだろう。国家として、という意味でもない。アフリカの国家が今の形になったのはおおよそ五〇年前だ。私が言うのは、その人口の年齢、という意味だ。実際、サヘル全域からうっそうとした密林を通り、南の喜望峰にいたるまで、一番共通している特徴は、人口構造が若いということだ。二〇一二年のロンドンオリンピックに参加した最年長の選手は七一歳の日本人、最年少は一三歳のトーゴ人だった。世界の人口は、実際こんな感じだ。日本やイタリア、アメリカなどの太った国の平均年齢がじわじわと上がっていく中（大量に押し寄せる定年退職者の波に対する懸念もある）、アフリカは人口ボーナスを享受している。大陸全体の平均年齢は一九歳だ。サハラ以南のアフリカの総人口中七一％が三〇歳未満で、これは世界でもっとも高い割合だ。

アフリカの若者は、中国とインドの人口について昔言われていたことを思い出させる。どのような行動も、どれほど小さな行動でも、一〇億人でやれば大きな行動になるというものだ。アフリカを強くする原動力は、六億人近くいる一五～二四歳の若者だ。二〇五〇年までには、さらに一億八二〇〇万人が加わる。今世紀、彼らアフリカの子どもたちは幼児期を脱して成人期に入りつつある。彼らは、純粋な潜在的エネルギーを持つ未開発資源なのだ。

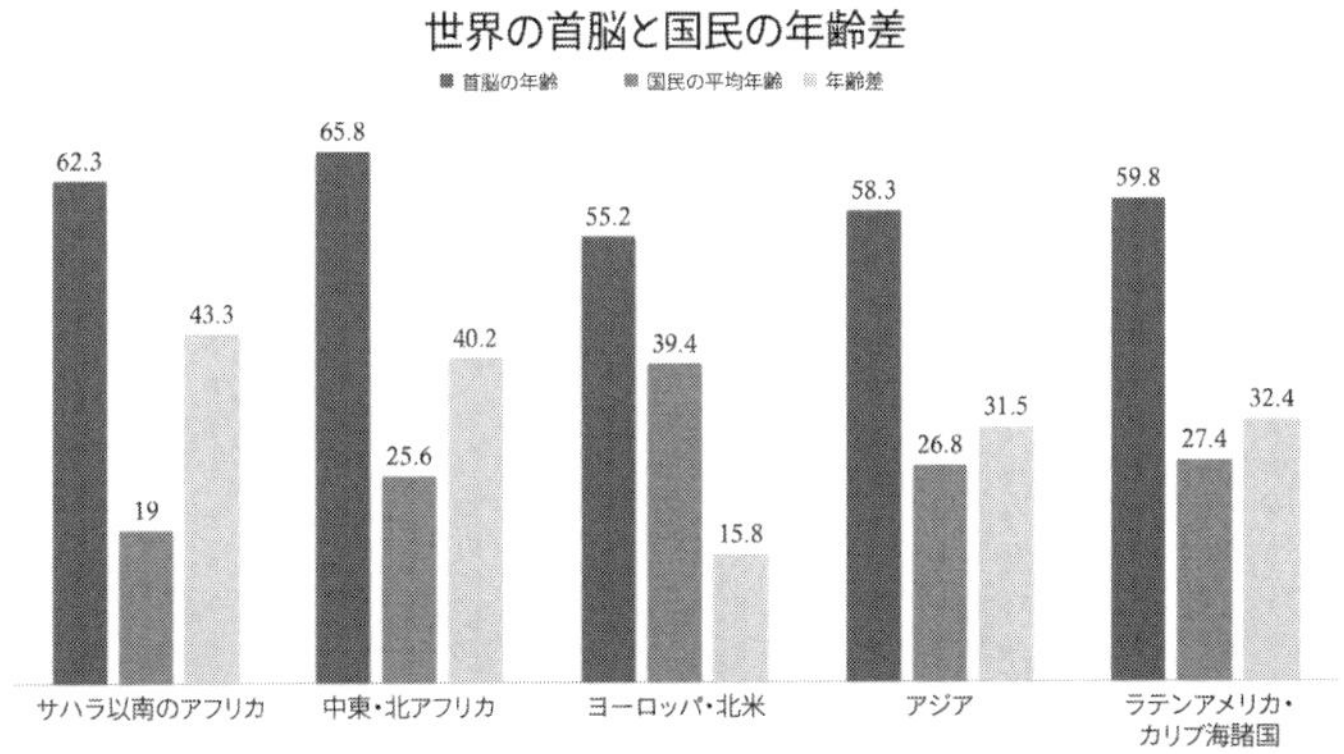

サハラ以南のアフリカは、首脳の年齢と国民の平均年齢との間の差が世界でもっとも大きく、なんと 43 歳も開きがあるというから驚きだ。

この若者人口の多さに反して、アフリカの多くの国で、権力の座にしがみつき続けてきた国の代表たちはもう年老いている。二〇〇七年のケニアの選挙では、七六歳と六二歳が対決していた。まるで、後者がフレッシュな人材だとでも言わんばかりに。リベリアのエレン・ジョンソン・サーリーフは七七歳になる。彼女が再選を目指した大統領選挙期間中、「年寄りすぎてもうもたない」というスローガンを記したチラシを無数に目にした（だが、彼女はもった）。かつては若々しい解放活動家だったジンバブエのロバート・ムガベもいまやしなびた九〇代の偏屈な老人で、モーガン・ツァンギライ首相（彼ももう六〇歳過ぎだが）に権力を奪われまいと必死だ（訳注：ツァンギライは、二〇一三年に首相を退任している）。ウガンダのヨウェリ・ムセヴェニは一九八六年以降ずっと権力の座に居座っている。国民の大部分が生まれる前からずっとだ。カメルーンのポール・ビヤは八三歳で、一九八二年より現職だ。

これは、アフリカの世代間の断絶を簡単に実感できるいい例だ。サハラ以南のアフリカは、国民の平均年齢と首脳との平均年齢との差が世界でもっとも大きく、なんと四三歳も開きがあるというから驚きだ。一方、欧米ではこの平均年齢の差は一六歳だ。この年齢差が大きい国の上位三〇カ国中二〇カ国がサハラ以南のアフリカにある。そして、アフリカの国家元首の平均年齢が七〇歳前後であるのに対して、同大陸の平均寿命は五六歳だ（つまり、一八歳はもう中年ということになる！）。

公式な政治経済は、権力と影響力が年齢とともに強くなるという前提のもとに回っている。地方の人々を代表するはずの公務員や代議士たちにさえ、世代的な偏りが見られる。政府が最大の雇用主である南スーダンでは、一九五〇年代に生まれ、二年間、独立戦争を闘った軍の将校たちが大臣職を与えられた。だがその職に就くだけの資質を備えた者はごくわずかだった。ガーナ人研究者ジョージ・アイッティはこの長老世代のことを、アフリカの官僚制度のうえにどっかりと腰を下ろした「カバ世代」と呼んでいる。

その結果もたらされたのが、カバたちが世を去ったずっとあとに影響を及ぼすような国の方針や計画の決定から、その影響を受けることになる若者世代が排除されているという現状だ。カメルーンの年長の政治家たち（そのほとんどが男性だ）は、テクノロジー政策などのテンポが速い分野に対するごく初歩的な知識にも欠けている、と実業家レベッカ・エノンチョングは言う。「紙の郵便の責任者と、インターネット接続の価格を設定するのが同じ人物なのです。しかも、メールをするのに無料のヤフーメールを使っているんですよ」とエノンチョング。アフリカの声なき若者の大半はほかにも数えきれないほどさまざまな形で、若者のことをまったく考えていない国家統制主義的な政治活動に直面するのだ。

ナイジェリアでかつて教育大臣を務めたオビアゲリ・エゼクウェシリのような一部の指導者は、古い習慣にもたつく世代と権力の座をのっとろうと待ち構える新しい世代との間に存在する溝を強く意識している。彼女によれば、多くの場合「若者たちは失敗を恐れません。とにかく恐れないのです。現在のアフリカの若い世代は、植民地主義がどういうものかまったく知りません。彼らにとっては、おとぎ話のようなものなのです。軍閥支配も知りません。彼らにとっては、別世界の話なのです。お粗末な政治に対する忍耐力もありません。なぜそれが自分たちの運命でなければならないのか、理解できないのです」

ちょうど二〇一〇年に、国際労働機関は世界の若者の失業率が統計を取り始めて以来最悪になったと報告した。サハラ以南のアフリカでは、若者は労働人口の三七％を占めるが、失業者だけを見ると六〇％が若者だ。それも、公式経済だけで。公立高校や大学では、いまだに丸暗記式の詰めこみ教育が好まれる。若者がキャリアを選ぶ手助けをするような組織は数少なく、労働市場は収入の安定への階段を明確には示してくれない。

この一〇年間におけるアフリカ経済の爆発的なＧＤＰ成長率はたしかに喜ぶべきことかもしれないが、アフリカの若者はその恩恵をあまり受けられていない。エゼクウェシリは、ある若者に質問されたと語った。「アフリカの膨大な成長の恩恵が、どうして職という形で自分のところに降りてこないのか、と聞かれたんです」。彼女は恥ずかしさに身を縮め、紙の上での繁栄を現実のチャンスに置き換えられなかったこの失敗を「政策決定者の悪夢」と呼んだ。

私のような一般市民にとっても、それはやはり悪夢だ。ウガンダのカンパラに一カ月住んでいる間、私は電力供給の安定したカフェや飲み屋で何日も過ごし、本書の原稿をせっせと書いていた。ある日の午後、一人の若い女性が大きなマニラ封筒を手に近寄ってきた。「私に仕事をくれませんか？」と言うのだ。私は驚いた。私が着ていた作家の制服であるTシャツとジーンズが、人を雇ったりクビにしたりできるような人物を連想させるとはとても思えなかったのだ。「今、なんて？」

この女性（ここではサラと呼ぶことにしよう）はきれいに編みこまれた髪にもっときれいな襟つきのブラウスを着ていて、半年前に化学の理学士号を取ってマケレレ大学を卒業したばかりだった。マケレレ大学はかつて東アフリカでもっとも優秀と言われた大学だ。おそらくは半年間ずっと持って、カンパラ中を歩き回っていたのであろう成績表と卒業証書には、薬学と生化学でB平均というまずまずの評価が記されていた。だがそれでも仕事を見つけることができず、彼女はありったけの資格をすべて詰めこんだしわくちゃの封筒を手にまったく見知らぬ人物に話しかけるという最終手段に出たのだった。

サラは、マックブック・エアーのような最新機器が簡単に手に入らないアフリカの学生に何世代も前から共通している丁寧な文字で、連絡先を書きつけた。その勇敢さに敬意を表さなければならないと感じた私は、過去に訪問した地元の病院に連絡してみた。それに対する返事は、今のアフリカでほとんどの若者や飢えた者の典型的な物語に見られるようなものだった。「履歴書を送っていただくのは構いませんが、率直に申し上げると、そのような履歴書は毎週のように受け取っていますが、今当院では募集をしていないのです」

アフリカの階級社会は「若者は年長者に従い、自分の番が来るまで待つべきだ」と主張しつつも、若者がいずれリーダーシップを取れるような十分な支援や訓練などの義務を果たしていない。これでは、毎年二二〇万人が就労年齢に達する若い世代が不満を抱えるのも当然だ。若いナイジェリア人女性活動家ノサリエメ・ギャリックは、自分の同輩たちが感じている苦悩を指摘する。「子どもたちは、自分たちがちゃんとした教育を受けられていないことをわかっています」と彼女は言った。「学校へ行って、ちゃんとまじめに正しくやって大学を卒業したのに仕事がないという人が身近に大勢いるからです」

こうして、サハラ以南の若者の大多数が、「待ち期《ウェイトフッド》」にある。モザンビーク人の人類学者アルシンダ・ホンワナ博士はこの状態を一種の苦行だと説明している。若者が「もう世話が必要な子どもではないが……まだ独立した大人にもなりきれない状態」にあると言うのだ。とりわけ、ホンワナ博士は若者を年齢で定義することを否定し、「社会的な成人期」、つまり職や結婚、社会参加、出産や子育てなどを伴う安定した時期に達していない者がすべて若者だと語る。成人期の特徴の中で、職がもっとも重要だろう。失業は人生のどの時期に経験しても厳しいものだが、キャリアの最初に直面すると一番ダメージが深刻だ。国際労働機関によれば、「これは経済的市民権を否定されるに等しく、絶望と怒りの源となる」そうだ。

彼ら若者の行く末は重要だ。職不足や社会構造の不備によって空いた隙間には、特に若い男性の場合は悪事や不幸が入りこみやすい。何百万ものアフリカ人が青年期から成人期への行進途中で足踏みさせられている状況で、彼らの潜在的エネルギーを活用する方法を見つけ出すのがアフリカの今後一〇年でもっとも重要な課題だ。

「若者の地図」では、先へと続く道を三本示す。ひとつは若いアフリカ人に役に立つ経験を与えることだ。暗記重視の教育法から、もっと実践的で場合によっては収入創出にもつながるような教育へと移行するのだ。もうひとつは、もっと独創的な形で若者に手を差し伸べることだ。公教育では学校を中退したり、「生焼け」状態で卒業したりした者を取りこぼしてしまう。そして最後は、「カバ世代」からリーダーシップを引き継ぐ若者たちが、親世代を失望させてきたまさにそのしくじり国家を改革していけるよう、後押ししていくことだ。公共の失敗から公共の成功への移行が実現するとすれば、彼らの草の根でのリーダーシップと模範になる存在の育成は必要不可欠だ。だが、私たち大人がもっと気を配らなければ、それは実現しない。

次世代の起業家を育てる

エリザベス・スコサナは、南アフリカのヨハネスブルグ近郊にある治安の悪い町で育った。彼女がまだ赤ん坊のときに終わったアパルトヘイトによってひどく損害を被った地域だ。一九九四年まで、南アフリカの黒人はヨハネスブルグの周辺にしか住むことを許されず、当時アフリカ大陸を牽引していた南アフリカの経済成長の恩恵を受けられずにいた。「現在、一〇代での妊娠、深刻な薬物依存、アルコール依存が非常に若い年齢からみられます」と、エリザベスは際立った真剣さで語った。南アフリカでは若者の半数に職がなく、「高校を卒業しても、大学になんか行く必要がないという雰囲気があります。縁故主義と身内びいきがあたりまえなので、パパが働いているところに入れてもらってそこで一生を終えればいい、と思っているんです。それが、私が育った場所で一〇代のうちに経験できる最高の出来事なんです」

エリザベスに初めて会ったとき、彼女はちょうど一八歳。アフリカン・リーダーシップ・アカデミー（ALA）の快活な二年生だった。ヨハネスブルグの街が広がる先の緑豊かな郊外にあるALAでは、毎年大陸中から集まった約二〇〇人の生徒を教えている。アメリカ東海岸のこじゃれた全寮制学校に似た雰囲気だ。だが一歩足を踏み入れると、その文化はかなり違っている。生徒の九〇％が学費の援助を受けていて、多くがエリザベスのように厳しい環境の出身だ。だが学校名が示すように、全生徒が官民問わず、将来アフリカで組織のトップに就くための教育を受けている。「中央銀行の総裁になる子もいるし、自分で非営利組織を立ち上げて運営する子もいるし、大学教授になる子もいるでしょう」と言うのは、フレッド・スワニカー。三一歳だった二〇〇八年にこの学校を共同設立した、快活なガーナ人だ。「若者たちが今から一〇年後、一五年後、二〇年後にリーダーとなれるよう、私たちが育成していくことが重要なのです」

ALAのキャンパスは、エリザベスのような思慮深い天才児たちでいっぱいだ。風力発電用の風車で風をつかまえたウィリアム・カムクワンバが通った学校でもある。彼はここからダートマス大学へと進学してエンジニアになった。ケニア出身のトレヴァー・キベットは一三歳のとき、国の低開発についての苦言を合理的かつ経済的統計を伴う文章にして財務大臣に書き送った。彼はケニアの将来有望な次世代の模範としてすぐさま国会中を連れ回され、その後ＡＬＡへの入学が認められた。ジョエル・ムワレはウガンダとケニアで浄水会社を立ち上げた。私の訪問時には卒業前の最後の学期を過ごしていた若きケニア人ブライアン・ワウェルが、ペンシルベニア大学ウォートン・スクールで学ぶための、栄誉あるハンツマン奨学金を勝ち取ったばかりだった。

ＡＬＡは、アメリカの高校で学ぶようなことはすべて教えている。ルワンダ人の一年生ジャニーン・ムガンザは物理、数学、歴史、地理、英語の授業をとっている。だが、ＡＬＡのカリキュラムが実質的に世界中のどの学校とも大きく違うのは、起業家精神とリーダーシップを重視した二年間の集中教育であるところだ。教育学的に並外れて大胆なこの活動の中で、スワニカーは「カンジュ」精神を抽出し、教えられると信じている。

「起業家に育つ一番の方法は練習と経験を通じてであって、理論を通じてではありません」と彼は語る。したがって、彼の教え子たちは三つの分野のうちひとつを「専攻」することが求められる。長期的な社会福祉ベンチャー、生徒自身が考案して一年かけて育てるプロジェクト、または生徒が運営するビジネスのいずれかだ。特に評判の良かった生徒運営ビジネスが、学校の冷たい朝食に温かい卵料理とベーコンを添えるというものだった。最近卒業したばかりのスペンサー・ホーンは、生徒たちの排泄物を利用する堆肥装置を開発した。「排泄物を分解してメタンガスに変えます。そのときに出る副産物は、あとで肥料として使えます」と、彼は記者のカイル・ブラウンに語っている。「完成したら、今学校で調理用のガスに費やしているコストを削減できるといいと思っています」

ＡＬＡでの学習は地元の高校を補完する目的で開発された二年間のプログラムで、生徒の年齢層は一五歳から一九歳。エリザベスのような生徒は、母国で公立高校を卒業してきている。あるいは、母国の不十分な教育システムを飛ばしてしまって、エリートチームの仲間入りをしに来た者もいる。また、母国ですでに最高の教育を受けてきた者もいる。どのような背景であれ（生徒たちは四十数カ国から集まっている）、彼らはこの場所がほかとは違うことを直観的に理解しているのだ。

全寮制学校はどこもそうだが、ＡＬＡの生徒たちも出身地はさまざまだ。このため、ＡＬＡはゆっくりと、しかし確実に、将来アフリカの役に立つであろう精神的なつながりを持つ、エネルギーに満ちあふれた汎アフリカ人ネットワークをはぐくんでいるということになる。高校での経験はどのようなものでも、大事な思い出や関係を育ててくれるものだ。ＡＬＡでは、アフリカ人同士が内に持つ偏見を打ちやぶるという有益な、そして興味深い効果が生まれている。

新入生は、それぞれ思いこみで身構えたまま入学する。たとえばナイジェリア人は激しい議論をする、ガーナ人はうるさい、フランス語圏の生徒はフランス人ぶる、南アフリカではエイズが空気感染する、ケニア人はどんちゃん騒ぎばかりする、等々。だが生徒たちは互いに触れあう中で国境を越え、尊敬と相互依存の健全なネットワークを築いていく（青春のときめきが生まれる場合もある）。「いつどこでも学ぶことのできる相手がこれだけいるのです」と言うのはシエラレオネ出身のジェネー・ジャーだ。「相談すれば、アドバイスをくれる人が必ずいます」。ＡＬＡの生徒には生涯続く堅固な連携ネットワークを築いてほしいと考えている、とスワニカーは言う。

ＡＬＡはある程度の職業訓練もおこなっている。ただし、その内容は自立的思考と事業開発力の育成だ。「僕はＡＬＡで一年半学んでいて、生徒運営ビジネスの運用管理者を経験しました。今は社会奉仕組織のＣＯＯをやっています。貸借対照表を作ったり、役員会を開いたりしていますし、監査を受けたこともありますよ。僕、最近一七歳になったばかりなんですけどね」と言うのはラゴス出身の二年生、アカン・ネルソンだ。「こうしたことは僕が将来直面することで、そこがこの学校のほかと違うところです。貸借対照表の書き方や損益計算書の作り方なら、どこの高校でも習えます。でもそれを実践できる環境を与えてくれる学校はあまりありません。そうした書類を成績のために作るのではなくて、自分の信頼性を高めるために作るのです」

実践主義とリスクをいとわない姿勢、独立独歩でゼロからスタートする能力を若いうちから身につけさせようというこの信条が、アフリカの「カンジュ」文化とほかの社会の文化との大きな違いだ。毎日集団登校している生徒たちの行列の話を覚えているだろうか。ほかにも何百万人というアフリカの子どもたちが、ＡＬＡのような全寮制の学校に入るために一二歳になる前に家を離れている。その経験はＡＬＡと比べるとそれほど壮大ではないが、独立心はあたりまえのものになる。「アフリカのこの状況は、子どもにリスクを負うこととそれを管理することの大切さを教えてくれます」と語るのは当時、タンザニアのＩＴ企業トライ・ラブス・リミテッドで代表取締役を務めていたエマニュエル・フェルジだ。「こうしたことは大学で教えてくれるものではなく、日々の生活の中で学んでいくものなのです」。ＡＬＡでは、教室は世界の本当の仕組みを理解して適応する能力を早い段階からはぐくむための、理想的な安全空間として扱われている。

たとえば、ALAの強迫的なほどの時間管理を見てみよう。エリート大学に入る「多才な」ティーンエイジャーはみなそうであるように、ここの生徒たちもスポーツや社会福祉、生徒運営ビジネス、それにSATや国際バカロレアといった試験に備えるための厖大な勉強でスケジュールは常に過密状態だ。その過密状態の海の中をもっとも優秀な生徒だけが泳ぎきればいいというのではなく、ALAは毎年最初に、スケジュール管理に特化した短期集中トレーニングを生徒全員に実施する。生徒は日記を渡され、そこに起きている時間のすべてを割り振らなければならない。授業時間、自由時間、食事、食事中の会議など、すべてだ。この日記は、毎週末に教師に提出しなければならない宿題なのだ。「ただ時間を無為に過ごすのではなく、最大限に活用するという考え方に無理やり慣れさせるのです」とエリザベス。その穏やかで魅力的な表情の下には強力な気概がひそんでいる。「ベッドの上に座って、化学の先生が出した宿題はなんだったっけ、などと思い出している暇はありません」

この教育方法は、さまざまな形で効果を生む。初めて親元を離れて暮らす生徒たちにとっては、生活の基礎を作る経験となるのだ（そしてフランス語圏の国から来た生徒にとっては初めて英語で学ぶ経験となる）。「最初はどうしてこんなことしてるんだろう、って思ったんですけど、今はもうやめられません」とエリザベス。「勉強が大変でいっぱいいっぱいになったら、日記を見て、これから何をやるか計画を立てるんです。すると実際落ち着きます」

また、このカリキュラムはよく冗談で「アフリカ時間」と言われるアフリカ特有の問題に対する、効果的な対抗策にもなる。だいたいにおいて、アフリカでは時間は軽視されがちだ。時間ならいくらでもあるような気がするのだ。だから暮らしはたいてい時間通りには運ばない。私は、遅れに対する苦笑いまじりの謝罪を一生分に値するくらい受けてきたし、自分でもしてきた。「親が時間を管理しているところを見たことはありません。これまでの人生で誰一人、時間管理をきっちりやって、順守している人には会ってこなかったんです」とエリザベス。

ＡＬＡは、非効率を一切容認していない。それが、ＡＬＡが「集中的訓練」と呼ぶものに生徒を慣れさせる賢い方法なのだ。この訓練は、フロリダ州立大学の心理学教授アンダース・エリクソン博士の研究を基にしている。原則として、教室での授業（自己、チーム、地域という単位を枠組みとしている）を応用し、自分の中に取りこまなければならないというものだ。*

集中的訓練は、今まで私が見てきた中でＡＬＡが最高の高校だと思える要素のごく一部に過ぎない。生徒たちは赤レンガの建物やおしゃれな寮を満喫し、女性実業家カーリー・フィオリーナやアメリカ合衆国大統領夫人ミシェル・オバマ、教育ＮＰＯ「ティーチ・フォー・アメリカ」の設立者ウェンディ・コップのような世界的に有名なお客も受け入れる。彼らは自信に満ちあふれ、はきはきとしゃべる。彼らにとって、成功は必然のように思える。私はパスタとポテトのランチをとりながら、生徒たちが地域の経済統合から海外援助の落とし穴まで、ありとあらゆることについて議論する用意ができていることに気づいた。こじゃれた全寮制学校がだいたいそうであるように、ＡＬＡも中等レベルのリベラル・アーツ（一般教養科目）を教えている。ここは手をかけて教えられた一握りの幸運な生徒たちが、枠にはまらない考え方をするよう勇気づけられる、優

＊この実践的教育への注力は、情報を貯蓄してあとで引き出すというブラジル人教育学者パウロ・フレイレの「銀行型教育概念」とは対照的だ。

秀な人材の保育器のような場所だ。

ＡＬＡだけが成功例ではない。ほかのアフリカ諸国でも、同じような方法で長年にわたってエリートを育ててきた。マラウイのカムズ・アカデミー、ケニアのヒルクレスト、そしてジンバブエでもイギリスの王子やカトリックの聖人の名を冠した数々の学校が、競争力を身につける教育を実践してきた長い伝統を持つ。ガーナのベレクーソにあるアシェシ大学は新興の大学で、海外の移住先から帰国した若きガーナ人パトリック・アウアーによって設立された。南アフリカのベノニにある低価格の私立学校セント・フランシス・カレッジは教室の定員が三〇人までの少人数制で、二〇一〇年におこなわれた全国共通の中等試験の合格率は一〇〇％だった。開発途上国で安価な私立教育を提供するブリッジ・インターナショナル・アカデミーズと同様、こうした学校の存在は無料の公立学校よりも質の高い教育を求めてやまない家族にとっては命綱となる。

だが、こうしたエリート校はアフリカのニーズにブリッジ・インターナショナル・アカデミーズほど応えることができていない。保護者が手弁当で運営する学校も増えてはきているものの、私立教育に対する需要は供給をはるかに上回っているのだ。幸運に恵まれない何百万人もの子どもたち（ＡＬＡのことを聞いたこともなかったり、厳しい入学審査を突破する方法を見つけられずにいたりする子どもたち）は、しくじり国家の教育制度に振り回されるしかない。

ＡＬＡのリーダーシップの授業では、生徒のほとんどがＷ・Ｅ・Ｂ・デュボイス（訳注：アメリカ合衆国の公民権運動指導者で、全米黒人地位向上協会の創立者の一人）の代表作『The Talented Tenth（才能ある十分の一）』（未邦訳）を読む。個々の才能が恵まれない人々のもとへ少しずつ伝わっていくという前提のもとに設立されたエリート校として、ＡＬＡはアフリカ系アメリカ人に向けたデュボイスのメッセージを、アフリカで体現しているかのようだ。

適切な進路を

一方、ジテゲメーはこうしたエリート校の逆を行っている。「独立独歩」という意味の名を冠したこの非営利の青少年センターは、ケニアで教育やその他のセーフティネットからこぼれ落ちてしまった子どもたちを支援する方法を極めた。これまで見てきた多くの事例と同様、このプログラムも度重なる公的機関のしくじりから生まれてきた。国連が支援する教育無償政策が二〇〇三年にケニアにやってきたとき、副作用が生まれた。公式な学校ではないことで罰則を受け、ストリートチルドレンを受け入れる地域のセンターやシェルターが閉鎖されていったのだ。子どもたちは多くが孤児や捨て子だったり、あるいは虐待や貧困から逃れようと家を飛び出してきた背景を持つ。いったん路上に住んでしまえば、彼らは実質的に社会のすべてから虐げられるようになる。マチャコスという街で、ジテゲメーはそのようなストリートチルドレンを更生させ、きたる人生に備えさせるシステムを先駆的に実践しているのだ。

ジテゲメーのプログラムには、二つの道筋がある。正式な教育の道筋と、職業訓練への道筋だ。まだあまり学校に行ってなかった幼い子どもなら、小学校に向けて準備させ、再入学させる。組織はできるかぎりの食事、指導、財政支援をおこなう。受けそびれた教育カリキュラムを修了する学力がなかったり、その意志がなかったりする一〇代後半の子どもなら、工芸や商売の技能訓練を提供する。仕立て、溶接、木工、美容、自動車修理などの技術が身につけられるのだ。生徒たちはベテランの職人について仕事を覚える。

いわゆる「トラッキング（能力別のクラス編成）」は、アメリカでは非常に議論の的となっている。親は子どもが普通のクラスではなく、数学の補習クラスや特殊学級に入れられるのを嫌がる。子どもは自分が「降格」させられることがわかってやる気を失い、成績の低さのせいで教育側からの期待もさらに低くなってしまう。

だがジテゲメーでは、能力別に分けることが逆にいい影響を生んでいるようだ。おそらくは、子どもたちの置かれた苦境が一因なのだろう。指導者は子どもたちに給料を払って仕事を与え、他の大人が子どもが自信をつけられるように監督する。四〇歳のウィルソン・ムセンビは、数年前からジテゲメーの研修生を受け入れ始めた。二年間の研修と形ばかりの給料を支払い続けた今、ムセンビはまもなく研修を修了する一七歳のパトリックを雇って、マチャコスの中心地で運営している六人ほどの整備士を抱える工場で働かせたいと考えている。

私が話を聞いたティーンエイジャーたちは、「改心」を達成できていることに誇りを感じていた。だが、その改心に感傷的な思いは一切ない。パトリックが家と学校を棄てたのはまだ一〇代前半のころだった。表向きは炭を集めてどうにか暮らしていたことになっているが、当時の「俺の仕事は、シンナーを吸うことだった」そうだ。鋭い観察力を持つ一八歳のトレイシーも、自分が中毒だったことをなめらかな英語で明かしてくれた。プログラムでもっとも年長組の一人、ロナルドは、路上で一〇年暮らした。今では彼を含む十数人の職業訓練生たちが、自分に何ができるかをかなり誇らしげに語ってくれる。

「仕事が見つかれば、自分で家を建てられる」とロナルド。彼の両親にはできなかったことだ。「仕事があれば」とパトリックも言う。「家族に必要なものはなんでも手に入れられるよう助けてやれる。十分な食事も手に入る」。ジテゲメーの共同設立者ファラ・ストックマンは、職業訓練コースの修了生のうち八〇％が職に就いて収入を得ており、六〇％が家庭で一番の稼ぎ頭だと語った。

ジテゲメーは自力で生活している場合が多い子どもたちに特有のニーズを尊重しつつ、このエンパワーメントに明確なビジョンを持って取り組んでいる。「私たちは生きることの価値、生きる上で必要な技能、発展といったものを教えます」と職業訓練プログラムのディレクター、アレックス・ムティソは言う。運営側の地元に対する配慮も大事だそうだ。初期のころ、救済された女の子たちが洋裁の研修から一人、また一人と脱落していったことがあった。組織立った、伝統的な教育環境になじめなかったからだ。「彼女たちは自分たちが周囲から軽んじられているように感じてしまったのです」とムティソ。「第八クラスを修了した研修生や第四学年を修了した研修生と一緒に学んでいたからです。自分たちが路上出身だから、軽蔑されていると思ってしまったんですね」。ＡＬＡのスケジュール日記のように、誠実な仕事をするという前向きな姿勢で技術を磨いて自信を身につけることが変化を生むのだ。

サマソース、ケンコール、デジタル・ディバイド・データなどのアフリカを基盤とする業務委託ベンチャーも、売りになる技術を身につけてちょっとした小遣い稼ぎもできる若者向けの職業訓練プログラムを立ち上げている。バンガロールやマニラで同様のプログラムを提供しているクラスターと同様、彼らは若いパートタイムやフルタイムの従業員を雇い、民間の顧客に派遣してすぐに責任を果たすような形で仕事をさせるのだ。

職業訓練プログラムの応援者たちは、誰もが大臣や責任者になれる素質を持って生まれているわけではないと言う。中には、確固とした技能を身につけて成功する若者もいる。ブッカー・T・ワシントンは、著書『奴隷より立ち上がりて』（稲澤秀夫訳、中央大学出版部、一九七八年）で、デュボイスの「才能ある十分の一」理論に対してあらかじめ反論している。「ある男がひとつの地域に、ギリシャ語の文章についての分析を提供しようとしたとする」とワシントンは書いている。「その地域はその時点ではギリシャ語の分析を必要と感じていないかもしれず、またそれを受け入れる準備もできていないかもしれない。だがレンガや家、馬車の必要性は感じるかもしれない」。子どもたちを海外の学校に行かせているガーナ人のプリンス・クルジェソンは、アフリカの繁栄への切符は石油ではなく、鉱物でもなく、実践的技能だと考えている。「アフリカの経済にとって何より重要なのは、人材の開発と知識を基盤とする資本です。天然資源のことなど忘れてしまうべきです。今の人々はそんなものには関心がありません。私は関心がないし、私の子どもたちも関心を持っていません」

アフリカの国が運営する制度では、実践的教育についてほとんど考慮されていない。タンザニア人ジャーナリストのジェネラリ・ウリムウェングは、自分が九年生のときのカリキュラムを思い出してこう言った。「イギリス東部の半島、イースト・アングリアの放牧地についてかなり勉強しました。それから畜産について、カムチャツカの凍えるような寒さについて、エベレストの標高について、オーストラリアのグレート・バリア・リーフの見事な光景について。それがなんの役に立ったんだろうと、今でも自問しますよ」。今では「私たちは石細工、金細工、整備、手芸、商業と簿記、芸術やクリエイティブな技術を教えるべきです」と彼は考えている。

アフリカでは、若者にとって最善の経済的・教育的チャンスは、第二章で紹介した非公式経済にあるのかもしれない。非公式な「徒弟制」雇用は、アフリカでは昔から、技術を受け継いで収入を得る機会を獲得する手段だった。非公式経済では、ますます若者の雇用が増えている。たとえばザンビアでは、働く若者のなんと九九％もが非公式経済で雇用されているのだ。公式な学校教育の枠組みからは切り離されているにもかかわらず、非公式部門での徒弟制度は非常に組織立っていて、若者が実践的な技能を身につけられる有意義な枠組みとして、現地の社会規範にしっかりと基づいている。

ジテゲメーの活動も、この若者の手に現金が入るようにするための最善の方法と一致している。国際労働機関は、職業訓練校が就職あっせんもおこなえばもっとも効果的だとしている。研修生は企業文化や実際に働く先輩たちのネットワークの仲間入りをし、それが技術力だけではなく、将来の就職の見通しにかかわる職業上の人間関係を構築する方法となるのだ。

非公式部門を信頼し、研修パートナーとして組み入れることで、ジテゲメーは若者たちの就職に関してより効果的な介入活動をおこなうことができている。一方、競争相手である資金不足の

ウィルソン・ムセンビは自分の工場でストリートチルドレンだった若者に仕事を教えている。こうした徒弟制度は、若者に実践的技能と収入獲得の可能性を与えると実証されている。

公立技術系専門学校では、ほとんど就職できる保証がない。ジテゲメーの活動モデルでは、ムセンビのような非公式部門の現場の指導者は、収入を向上させてくれる労働力を手に入れることができる。受け入れの動機づけとしてはこれで十分で、ほかに助成金も理由づけもいらない。このプログラムは、ALAと同じ「習うより慣れろ」理論を基盤としている。これは世界中どこのサマー・インターンでも同じだが、ジテゲメーがほかと違うのは、慎重かつ現実的な方法で目的を達成しているところだ。

残念ながら、「アフリカの国家が職業訓練プログラムを考案しているときには、公的部門のほうにばかり注力しがちです」と言うのはアビオドゥン・アラオ。ナイジェリアでの職業訓練プログラムを調査した、イギリスの名門大学キングス・カレッジ・ロンドンの主任研究員だ。これまで何度も見てきた非公式部門に対する軽視を考えると、この見落としも理解できる。だがそれだけではなく、多くの国でだんだんと、教育という市場は実践的技術からかけ離れたものになりつつあるのだ。働き始める世代の若者はこの変化の犠牲になってきた。ルワンダ出身のALA一年生のムガンザは、将来の仕事についてははっきりとした計画はなかったが、起業家精神の教育は必要だと感じている。「大学を出て、それで……就職したら実務経験を問われる。でも自分には経験がない。その経験は、どこに行けば身につけられるんですか?」

放課後改革

一九九〇年代半ば、世界の教育業界はインプット（たとえば学校に対する支出など）の測定をやめて、アウトプット（生徒の成績など）を測定し始めた。だが、残念ながら開発業界はこのような試みを導入しなかった。MDGsの二つ目の目標は、進捗状況を測る目安として学校への入学率を採用している。このため二〇〇〇年以来、アフリカの学校の入学率はどんどん上がってきた。二〇〇〇年の初期には、無料の学校制度が大陸中を席巻したのだ。二〇〇二~〇七年の間に、二一〇万人の子どもたちがケニアの教室にあふれかえった。サハラ以南での入学率は一九九九年の五八%から、二〇一〇年には七六%にまで跳ね上がっている。現在、トーゴとマラウイ、マダガスカル、ウガンダ、ルワンダの小学校入学率はほぼ一〇〇%に近い。*

だが、入学したからといって教育をほどこしたということにはならない。マラウイが学校の無償化改革をおこなったのは一九九四年で、大陸のほかの国よりもずっと早かった。そしてすぐさ

＊この数字では、私立学校のブームはもちろん、他の非公式な試みも見落とされている。たとえばラゴスでは、父母による代替学校が、ドロップアウトしてしまう子どもの数を半分にまで減らしたのだ。

ま、過密教室という問題に直面した。マラウイでは平均的な小学一年生の一教室あたりの定員は一〇〇人で、そのうち小学校を卒業するのは三人に一人しかいない。過密教室は生徒一人ひとりに目が届きにくく、授業内容の習熟度も低くなる。結果、ケニアの小学三年生は一〇人に一人が、二年生レベルのお話を読むことができない。ガーナでは、一桁から二桁の算数の問題が半分以上解けた一五〜一九歳は、四人に一人しかいなかった。ブリッジ・インターナショナル・アカデミーズでエリザベス先生が七歳児に教えこんでいたような問題を、だ。リベリアで一番の公立大学の入試に合格した生徒は、二〇一三年には一人もいなかった。

ソマリランドでアバールソ・テックという科学技術系の専門高校を設立、運営しているジョナサン・スターは、学校で一番成績優秀な一一年生の女子生徒たちは微分積分を勉強すると同時に、四年生の算数の教科書を使って長除法（訳注：割り算の筆算で、途中の計算過程を順次書きながら計算を進めていく方法）の勉強もしていると言った。「彼女たちが両方勉強しているのは、間にできた穴を埋める必要がまだあるからです」とスター。「算数はわかっているけれど、わからない部分もある。分数はわかるけれど、分数がなんなのかがわかっていない。何をするべきか教えてくれる手引きはないのです」

だが、子どもたちには『シュジャーズ』がある。これは学校でも教師でもない。マンガだ。ケニアで制作され、紙媒体だけでなくテレビやラジオ、ソーシャルメディアでも展開されているこのマンガの主人公は、ボイエという高卒の少年だ。「カンジュ」方式にのっとり、ボイエは実家の地下室でＦＭラジオ局を開設する。こっそり放送を続けながら、ボイエ扮する「ＤＪ　Ｂ」はさまざまな若者たちを仲間にし、どうやって収入を得て暮らしをよくしていけばいいか、アドバイスをする。ほかの登場人物は、海岸沿いのとある町に暮らすパンク風の少年マルキア。どのキャラクターも勢いのあるアニメ風の絵柄で描かれている。チャーリー・ペレはサッカーに夢中の少年。ケニア中部の、とあるスラム地域に住んでいる。マリア・キムは思慮深く勉強熱心な少女で、幼い弟の面倒を見ている。彼らの名字や住んでいる場所はわざとあいまいにしてある。このマンガのファンが自分の現実（と部族）を登場人物たちに投影できるようにだ。

『シュジャーズ』とは、「英雄」という意味だ。超能力を駆使して典型的な悪党たちと闘う代わりに、子どもたちは一般常識と自前のイノベーションを駆使して倫理的な勝利と、ときに収入も勝ち取る。『シュジャーズ』の第一話では、ニワトリをピンク色に染めるよう推奨していた。西アフリカで試験運用されたこの方法で、ヒナが猛禽類にさらわれるのを防ぐことができるのだ。実は、農場で放し飼いにされているニワトリのうち、五〇～八〇％がタカにさらわれるのだそうだ。色鮮やかな染色が猛禽の目を騙し、農家は財産を守ることができる。マンガでは、チャーリー・ペレのいたずら好きの兄弟が実家のニワトリを染めてしまうのだが、怒った父親も、タカがやってきたときに効果を見て納得するというストーリーになっている。

このように、ストーリーは単純かつ派手なものが多く、若者にしかわからないスワヒリ語と英語が融合した完璧な「シェン語」で語られる。題材はありふれたものに思えるかもしれないし（種を水に漬ける浸種、アルコール中毒、「国民の団結」など）、与えられるミッションには少々感傷的なものもある。だが、才能あふれる若きイラストレーターや作家、役者、制作者たちの流行をと

ケニアの若者向けに教育的なマンガとラジオ番組を制作している『シュジャーズ』の事務所。

らえたセンスが、アイデアに息吹を与えているのだ。『シュジャーズ』で特に大胆だった題材のひとつが、若い有権者に対し、ケニアの新しい法律に関する二〇一〇年の国民投票で「人の言いなりになってはいけない」と呼びかけたものだ。『シュジャーズ』の制作者たちは汚職を取り上げ、ケニア西部の国境にあるビクトリア湖に面したキスムという街出身の男性を描いた。この男性は、子どもの中学校の学費を補助する政府のプログラムで、不正と着服がおこなわれていることを暴くのだ。「私たちは作品中で、もっと詳しい情報が得られるウェブサイトを紹介しました」と言うのは制作責任者のブリジット・ディーコンだ。このストーリーは土曜日に公開され、四日後には一万二〇〇〇人がリンクをクリックしていた。わかりにくい政府のウェブサイトが普段閲覧される回数の何倍にもなったのだ。

「読者が『こんなのつまんなーい！』と言うと思うでしょう？」と『シュジャーズ』のアートディレ

クター、二六歳のファティマは言う。「ですが、読者は実践的で責任感があり、倫理的で建設的、積極的な市民でいることに喜びを感じているのです。マリア・キムは生真面目でまったく社交的ではない女の子ですが、一番人気のあるキャラクターなんですよ」

娯楽を通じて読者や視聴者に精神的な栄養を摂らせようと取り組んだメディアプロジェクトは、『シュジャーズ』が初めてではない。ナイジェリアの「スモールホルダーズ・ラジオ」をはじめ、人生の教訓をちりばめたメロドラマがアフリカでは一般的だ。南アフリカでは地元で放送しているメロドラマ『ソウル・シティ』を三四〇〇万人以上が観ている。南アフリカの黒人の間ではコカ・コーラと同じくらい人気のこの番組を定期的に観ている視聴者は、観ていない南アフリカ人の四倍もコンドームの使用率が高い。『シュジャーズ』の制作責任者ディーコンともう一人のディレクター、ロブ・バーネットはケニアの社会問題をドラマ化する、いわゆる「テレノベラ」のシリーズ『マクタノ・ジャンクション』の制作にも携わっていた。そのとき、彼らは本当の意味での刷りこみがカギだと気づいたという。「ものすごく良質な海外番組と低質な地元番組という選択肢を与えると、視聴者は地元番組のほうを選ぶんですよ」とバーネットは言う。

ノリウッドがいい証拠だ。だが、現在のメディアで特に若者をターゲットにしたものは少ない。むしろ、アフリカにおける若者向けメディアは、眉をひそめたくなるようなミュージックビデオがせいぜいなのだ。それに、不足しがちな教科書を除いて、読むものを手に入れるのも難しい。スターによれば、彼の学校アバールソ・テックのソマリ人生徒たちはアメリカのハーパー・リーの名作『アラバマ物語』に挑戦したが、それを読むための基礎力はほとんどなかったという。

「二年生レベルの本を読んでいて急に高校レベルの本に取り組むと、使われている言葉の半分くらいしかわかりません。それでは拷問です。そんな苦行に耐えられる人はいません。でも絵本の『それいけ、わんちゃん』だったら、『こんなの、簡単すぎるよ』と言われてしまいます。必要なのは、明らかに生徒を成長させる内容なのです」

そういう意味でマンガは、理想的な解決策だ。『シュジャーズ』はぼろぼろになるまでみんなで共有したり、壁に貼り出したり、校庭で回し読みしたり、すばらしい絵と退屈な情報を何度でも読み返したりすることができる。それに、「ものすごく費用のかかるわりには一瞬で終わってしまうテレビ番組よりもずっと安く制作できますからね」とバーネット。

何百万人もの子どもたちに収入創出のアドバイスを提供できる可能性には興味をそそられる。『シュジャーズ』の作戦司令室のすぐ外にあるパティオで、バーネットはピンク色のニワトリ作戦についてざっくりとした計算をしてみせてくれた。「さらわれなかったニワトリの価値を足していくんです。三〇〇シリングで雛鶏を一羽買います。毎年三六個卵を産むとして、そのうち一六から一八個が猛禽に襲われるとしましょう。卵が孵化してニワトリに成長すれば、五ドルの価値があります。そうすれば、一羽の雛鶏の価値は八〇ドルということになります」。五〇〇万人いる読者のうちたった一％でもアドバイスを受け入れれば、四〇〇万ドルの価値が生まれる。

「それが、私たちの主な目標のひとつでした。大規模にやらなければならないのです。小規模なプロジェクトをこねくりまわしている暇はないのです」

『シュジャーズ』の発行部数は（人道支援組織の資金援助を受けて）毎月六〇万部だが、読者や視聴者とつながろうとする三六〇度展開の取り組みによって、一〇〇〇万人に届いている。ＤＪ Ｂの架空のラジオ番組は現実のラジオでも放送され、マンガで紹介したものと同じ情報の一部を取り上げたり、インタビューやおまけ情報を伝えたりしている。ケニアの二六のラジオ局で毎日生放送されるこの番組は、フィクションの形を保っている。二五歳の俳優が演じる「ＤＪ Ｂ」がリスナーに挨拶をしてからこう言う。「僕の大好きなマリア・キムからメールが来たよ。今から電話してみよう。ものすごい話があるらしいんだ……」。そうして、物語が始まるのだ。

ショートメールを使ったライブのインターフェースやアクセス数の多いフェイスブックやツイッターのアカウント（これらはときどき、これから出る号のネタ集めに活用される）も、フィクションに肉付けする手助けをしてくれる。現実とファンタジーとの間の行き来はときに混乱を招くこともあり、リスナーが制作会社ウェル・トールド・ストーリーのオフィスに電話をかけてきて、本物のＤＪ Ｂと話したいということもあるのだそうだ。「毎週ですよ」とディーコン。「電話がかかってきては、『マリア・キムの電話番号を教えてくれませんか？』などと言われるのです」

テレビ関連の業績に与えられるアメリカのエミー賞を二〇一二年に受賞した『シュジャーズ』は、学校に通っている人数よりは通っていない人数のほうがおそらく多い一六～二六歳の世代に対する重要な教育的介入だ。アフリカでは多くの国が高い学校中退率に頭を悩ませている。ガーナでは一万四〇〇〇の小学校に五四〇万人、八〇〇〇の中学校に一三四万人、五一〇の公立高校に七三万人しか生徒が残らない。南アフリカでは、二〇〇一年に小学校に入学した一年生のうち、六六％が二〇一二年に高校の卒業証書を手にできなかった。そして卒業できた生徒のうち、大学進学を検討できるくらいの成績を取ったのはたった一二％だ。公式なデータはあまり残っていないが、重要な節目（小学校から中学校への変わり目、さらに大学への変わり目）ごとに、何百万ものアフリカの子どもたちがこぼれ落ちていく。教育とメディアの境目をあいまいにすることで、『シュジャーズ』は学びを必要としている子どもたちに教育の連続性を提供する。教室を人気の雑誌や放送に移すことで、「地元の教育制度を完全に無視しているのです」とバーネットは言う。

デジタル教育は、世界的な成長産業だ。非営利の教育ウェブサイト「カーン・アカデミー」などの「ＭＯＯＣＳ」（大規模公開オンライン講座）は、驚くほど多彩な科目の講座を提供している。また、「ワン・ラップトップ・パー・チャイルド」（訳注：教育向上のために安価で頑丈なノートパソコンを世界中の子どもに届けようという取り組み）のように、痩せた国の若者にデジタル・リテラシーを導入しようというプログラムもある。インターネットに接続して学習するツールは若者に崇拝されている。アフリカでは特にそうだ。だが、オンライン学習サイト「オバミ」の設立者バーバラ・マリンソンは、既存の関係を基盤とする新しいメディアツールを開発したほうが、より良い結果を得るためにはいいと考えている。

アフリカにおける教育改革は、ただ教育の質が向上するだけにとどまらない。より良い教育はすべての子どもの健康を向上させる。また、若いアフリカ人女性が子どもを産む年齢が高くなることで、自己啓発と収入獲得の機会が増えて、労働者の技術力が高くなり、経済が発展する。バーチャルではないリアルの学校は、食事や医療を含むさまざまな福利厚生を提供する最前線だ。子どもたちがもっと学校に行くようになれば悪さをしたりぶらぶらしたりすることもなくなるし、家族の収入はもっと安定するかもしれない。そして、教育は次の世代につながる成果を生む。母親が学校に通った期間が長いほど、その子どもは成績がいいという傾向があるのだ。

だが学校教育の供給内容はいまだに需要にまったく追いついておらず、アフリカでは何百万人もの若者が現状にただ依存しているわけにもいかない状況だ。教育の内側の改革を促進することが（教育を受けられるようにするだけでなく）、非常に重要だ。

ジテゲメー、『シュジャーズ』、ＡＬＡ、そしてブリッジ・インターナショナル・アカデミーズは、明らかに解決策が欠如している状況から、教育の自由をその手で作り出した。アフリカの若者世代のために、「カンジュ」理論を働かせたのだ。この冒険主義は、アメリカのチャーター・スクールの活動と似ていなくもない。国連財団で働くデイヴィッド・エイルワードは、太った国の行き詰まった状態をこう嘆く。「現時点では、このひどい現状を維持しようとする教師や組合、教育委員会、国境などの複合的要因があります。ですがいずれ、教育制度の存在しない国で……そのような障害がなくなる日がくるでしょう。こうした実験的活動は、早い時期から見られるようになるはずです」。ますます増えていく情報を手に入れるための機会コスト（訳注：ある行動を選択することで失われる、選択可能だった別の行動が持つ最大利益）が少なくなっていく中、カリキュラムや学習プロセスについては、世界中で共通のものに注目が集まるようになってきている。アフリカの教育界のイノベーターを見習うことも、理にかなっているのだ。

プロスコヴィア・アレンゴット・オロマイトは、二〇一二年九月にウガンダの国会で就任宣誓をおこなった。彼女はわずか一九歳、アフリカでもっとも若い選出議員だ。大統領であり彼女が所属する政党の党首でもある六八歳のヨウェリ・ムセヴェニは、彼女が生きてきた年数よりさらに八年も長く在任していた。

アレンゴットが政治力に飢えている若者であるという事実を、私たちは励みに感じるべきなのかもしれない。彼女が女性であるという事実には、さらに喜ぶべきだろう。世界を見渡しても、政治で活躍する女性は少なく、貴重だ。とはいえ、アフリカでは六カ国が女性議員の比率で世界の上位に入っているのだが。アレンゴットは、ちゃんと機能している公立高校がひとつしかない、ウガンダの東部地域を代表する議員だ。

だが、アレンゴットはわかりやすい批判の対象となってしまった。新たに彼女の同僚となった男性議員の一人、バルナバス・ティンカシイミレは、彼女の当選を「国の恥」だと呼んだ。「信じられません」と彼は言ったものだ。「あんな子どもが、どんな知識や経験を持っていると言うのです?」。爆弾を投下したのは男性議員ばかりではない。ウガンダ中東部のソロティ県を代表する女性議員、アンジェリン・オセゲも、アレンゴットを攻撃した。「議会は保育所ではありません」というのが彼女の意見だ。「自分で塩や服を買ったこともない子ですよ。議会で何ができるんでしょうか?」

アレンゴットは、国の政策を動かすことはほとんどできていない。任期中、彼女は地元のキリスト教系大学に通うことになり、期待されている仕事はといえば、彼女を当選させた長期政権与党の意見に足並みを揃えて票を投じることだ。実は彼女の当選は、新世代の活動家たちの政治参入を妨げる伝統という壁にうっかり生じた例外的な穴だった。彼女は、選挙のわずか二カ月前に在職のまま亡くなった父親の後釜として楽々当選を果たした。まだ学生だった彼女は本当に経験がない状態だ。どのような「集中的訓練」も、年季の入った保守的な立法者たちに立ち向かえるだけの備えを彼女にさせることはできなかっただろう。

さらに悪いことに、彼女が若い世代の政治活動家の新しい波を代表しているという兆しもまったくない。政府の役職はいまだにリスク嫌いでコネのある層の温床になっていて、アレンゴットのあとに続こうという若いアフリカ人はまだ数少ない。しくじり国家の機能不全状態に、生まれたときから慣らされている彼らにとって、公的部門はまったく魅力がない。iハブや大学のビリヤード場、あるいは屋外産業クラスターにいる彼らにとって、政治の重要性は、起業時の不安やつまらないエンターテインメント、日々のパンを手に入れるための苦労などと比べるとだいぶ低くなってしまう。

政治に対するこの関心の低さは、一部にはほかの道のほうがもっと面白く、腐敗も少なく、おそらくはもっと効率がいいと思われているからという理由もある。「相手を悪く見せることで勝つのが政治だというなら、僕は絶対政治家にはならないよ」と言うのは、小さな村に持続可能な教育基金を立ち上げる一因になった若いケニア人、デイヴィス・カランビだ。「でも学校を建てたり、誰もが教育や医療のような当然の権利を行使できるようなインフラを構築したり、公共資源という意味で制度の中にあるものを最大限に活用したりするのが政治だというなら、僕はそういう政治がしたい。そういう意味では、僕はもうすでに政治家だよ」

社会的発展は政治以上のものであるというカランビの考え方は、国営機関の長年にわたる投資不足と機能不全に対する回答の一部だ。とりわけ重要なのは、これが発展に対する関心の放棄ではないということだ。むしろ、私たちがすでに知っている事実――公的機関の階層に依存した中央政治の仕事の仕方では、国民ができること、そして今現在やっていることの効果を見落としてしまうという事実――を強調しているのだ。

アフリカの公的機関に問題が多いのは事実だが、そこにはかすかな希望の光がある。これから国を引き継いでいく、若い世代の活動だ。ケニアの落書きが国の「ハゲタカ」政治家という真実を描き出していたのも、そうした活動のひとつだろう。また、セネガルの二〇一二年の選挙に先立って見られたもっとも勇気づけられたメッセージが、若者によるラップのスローガン「ヨンナ・マール」――「もうたくさんだ」というものだった。そして官民いずれの部門でも変化が根付くためには、若者の間に責任感と義務感を持つ気風が生まれるよう力づけていくことが必須だ。問題は、幻滅した彼らの中にどうやって新たな義務感を生み出させるかだ。

場合によっては、若さだけで問題が半分解決することもある。親の世代、またはそれよりさらに上の世代と比べると、私が出会った若いアフリカ人たちは社会的エンパワーメントの瞬間が近づきつつあることを喜んでいた。ＡＬＡの二年生、ナイジェリア人のオラミデ・アラデスルは、非公式な制服とおぼしきジャージをだらしなく穿き、その色に合わせたピンク色のスタッド・イヤリングを耳につけた少女だ。「私の両親は、変化を信じていなかった。そんなのは単なる取引だと思っていたの。でも私は、変化に希望を感じてる。制度の変化、政治の変化、家族制度の変化とかね」。ヨハネスブルグ出身のエリザベスも、アパルトヘイトという屈辱からくる「二日酔い」のような苦しさを実感していない。社会的・教育的改革の必要性について、彼女の意見ははっきりしている。「可能性があるのに、今目の前にある分だけで満足しようというなんて理解できません」と彼女は言う。「私は、そういう考え方を変えたいのです」

彼らの並外れた楽観主義をたどると、世界中のほとんどの学校では教えていないALAの三つ目の科目に行き着いた。アフリカ学だ。ALAのカリキュラムを作った初期のころの教師たちは、歴史と場所の感覚が自信と成功にとって非常に重要だと考えた。そこで今はエチオピアになっているアクスム王国とその植民地支配に対する長年の抵抗の歴史が、微分積分や化学と並んで教えられているのだ。「アフリカでも、大陸全体としての歴史を教えていない学校があります。自分の国の歴史は習いますし、地域ごとの歴史や、大陸のちょっと大きめな出来事については習いますが」と言うのはジンバブエ出身のアフリカ学教師、ノリズヴェ・ムラバだ。「私たちは生徒たちに、大陸を全体として前進させる方法を考えられるよう手助けしたいのです。そのためにはどんな問題が共通しているのかを知ることはもちろんですが、ほかの国やその指導者たちがさまざまな問題にどう対処しているかも知る必要があります」

この考え方は、「若者の地図」に特有の無気力という問題に対処するための役に立つ。多くの文化が、着実に崩壊していく良識に苦しんでいる。メールやミュージックビデオの蔓延、伝統や年配者に対する敬意のなさなどがその表れだ。サハラ以南のアフリカも例外ではない。退屈と幻滅が破壊的行動を生んでいるサヘル地域で、ボコ・ハラムやアフリカの角のアル・シャバブのような組織で簡単に洗脳されて志願する若き自爆テロ犯たちは、政治的階層と市民文化に対する軽蔑心という危険を極端な形で具現化しているのだ。希望を持たせてくれるようなアフリカの歴史を教えることで、その問題に対抗できるかもしれない。そしてALAでは、それが教育理念の柱となっているのだ。

「私たちは、起業家の天国としてのアフリカについて話しています」というのはセグン・オラグンジュ。ALAのリーダーシップ・起業家精神部門の責任者だ。「アフリカにいれば、何かの最前線に立てるからです。一〇年後、二〇年後にはアフリカのJ・P・モルガンになるような会社を立ち上げられる。アメリカではそうはいきません。そういう会社ならもうありますからね。このチャンスを手にして、ほかではできないことができるという独自の特権が、アフリカにはあるのです」。この姿勢は、ALAの入学条件にも明文化されている。学資援助を受ける生徒は、二五歳以降にアフリカに戻ってきて、そこから一〇年間はアフリカで過ごすことを誓わなければならないのだ。そのねらいは、生徒たちが未来に向けたいわば「恩送り」として、自分が学んだ専門分野にいい変化をもたらしてくれることだ。この制約は、あまり押しつけがましい感じがしない。シエラレオネ出身の一年生、ジャーは、アフリカに戻ってきて仕事をするほうがいいと言う。「最近はアフリカの可能性についていろいろ聞きますから。その可能性を探る方法さえ知っていればいいのです」と彼女は言った。「それで興味がわきました」

政治とは無関係なアフリカ的楽観主義を重視することは、変化の原動力となる。オラミデは外交について学ぶか、でなければ弁護士になるのもいいと考えている。だが、今の自分よりも大きなもののために働きたいということだけは確実に言えるのだそうだ。「ここに入る前は、普通の仕事をすると思っていました。銀行に就職して、安定した暮らしをして。私の友だちもほとんどがそういう人生を送りたいと思っているのです」とオラミデ。「でも、私はそれじゃ満足できません。何かを始めて、故郷の役に立つことを何かしたいのです。それが、一番大事なことです」

アフリカの公的機関は、長引く闘いに挑む備えがまったくできていなかった。若者たちが一体となって、大陸の問題解決に深く関与するようになれば、そうした過去を打ち消し、「待ち期」という空白を埋めることができる。この「待ち期」という言葉の生みの親であるホンワナ博士は、開発途上国の若者たちが「エリート階級によって民族間・宗教間の紛争に駆り出されるのをよしとするのをやめ、自らの社会経済的・政治的権利のために闘う」ようになるだろうと語った。真の技能、よりすぐれた取り組み、そして文化や階級の枠にとらわれない意識の向上が、アフリカの若者ができることの限界をなくしていく。政府の中でも外でも、関係ないのだ。

アフリカの若者がないがしろにされるのは、すべてのアフリカ人にとって危険なことだ。「若者の地図」を考える上で重要なのは、何百万人も置き去りにしてきたこれまでの制度を強化するのをやめて、リスクを取って昔ながらの教育法を拒否することを基盤とすることだ。タンザニアでの教育者向けの講演のなかで、エマニュエル・フェルジは世代間ギャップについてこう語った。「たいていの場合、人々を二つのチームに分けることができます。ひとつはダメだ、それは危なすぎる、まだ早すぎるというチーム。もうひとつは、行け行けというチームです」。フェルジによれば、アフリカの若者はもう走り出す準備ができている。「二一世紀の無学な若者は、読み書きできない者のことではありません。今世紀の無学者とは、古くに学んだことを忘れられず、今の時代に適した新しい教訓を学ぶことができない者を指すのです」

Two Publics

第10章
二つの公的機関

結局、誰に責任がある？

脱出、声、忠誠心

アフリカは今、岐路に立っている。何百万もの人々が、なされるべきことについてはビジョンを共有している。つまりは社会的、経済的、そして市民としてのエンパワーメントを、歴史的に疎外されてきた人々に与えるということだ。ここには女性の権利、フェアトレード、近代的教育、バランスの取れた消費、問題に対処する政治が含まれる。整備された道とそれを使うための規則もそうだ。だが今日から明日へ、A地点からB地点へと移動するにはどうすればいいかについては、いつもあいまいなままだ。

経済学者の故アルバート・ハーシュマンは、混乱状態にある公的制度に対する三つの対応策を特定した。グループのメンバーは自分の意見を離脱（「脱出」）、表現（「声」）、あるいは服従（「忠誠心」）のいずれかで示すことができる。この枠組みは、サハラ以南の国家にはあてはめやすい。

これまでの各章で明らかにしてきたように、脱出は一番人気の選択肢だ。しくじり国家にいればなおさらだ。電子マネー、私立学校、個人向け医療サービス、自家発電、移住でさえ、人々やビジネスの発展を妨げる公的機関からの「脱出」と見ることができる。こうした脱出の機会がこれまではアフリカのもっとも裕福な一％にしか与えられなかったのに対し、本書で紹介してきた新しいビジネスやテクノロジーは脱出をずっと民主的な選択にしてくれた。グラディス、ブリッジ・インターナショナル・アカデミーの保護者たち、それにソマリランドの愛国者たちのような何百万人もが、目標を追求するために公的機関に立ち向かったり、脱出したりしている。「声」もまた、発展の可能性を広げるものだ。「ヴィレッジ・イン・アクション」やエムペディグリー、ナイロビの壁に落書きをして回る夜のアーティストたち、そして収賄を暴露する内部告発サイト「私が賄賂を渡しました《アイ・ペイド・ア・ブライブ》」まで、活動家の中には一般の人々の声を大きくして世間に届けようと取り組む人々がいる。だがアフリカの市民社会は、とことんまで追い詰められている。世界中の人権を監視する団体フリーダム・ハウスは、サハラ以南のアフリカ諸国には痛ましいほど自由がないと報告している。つまり、人権や表現の自由、ジェンダーに基づくエンパワーメントなどのさまざまな政治的目標に注力する団体が、おまけのようにしか存在しないということだ。

多くの国で、マスコミも同じくらい弱々しい。フリーダム・ハウスによれば、アフリカのメディア環境で「自由」と言えるのは全体のわずか三%とのことだ。私は議会での速記、誤情報、嫌がらせなどによって報道がゆがめられるのをこの目で見てきた。復讐を恐れ、服従する文化が、多くの記者たちに「誰がどうした」という記事ばかり書かせている（「何がどうした」という記事ではなく）。進歩主義の寵児、リベリアの大統領エレン・ジョンソン・サーリーフでさえ、弾圧的な報道規制を容認したという前科がある。アフリカでのヘイトスピーチを取り締まる法律の可決は、表現の自由を狭める環境を示唆する。異議を唱えるためのツールがますます使いやすくなっているこの時代でもそうなのだ。

ある意味、これはアフリカのメディアを守り、強化するための議論だ。自らが属する一般大衆の代理として、自由で公正な現地情報の報道は、公的機関に誠実さを求め、しくじり国家に蔓延する情報の不均衡を正す役割を果たす。私自身も含む外国人記者たちだけが、大陸中の情報を深く、幅広く照らし出すことができるわけではない。ありがたいことに、最近は一般市民からも情報が多く発信されるようになった。彼らは二一世紀のツールを駆使して事実をより良く、より長く、より遠くまで伝えられるようになったのだ。

だが声自体は、力を求めて訴える請願書のようなものだ。一般市民を常に失望させているまさにそのしくじり国家に受理してもらわなければ話が進まない。つまり、声を発したからといって、必ずしも国民の希望がかなえられるわけではないのだ。たとえば壁に描かれたハゲタカの絵は、権力者たちの行動を変えるきっかけにはならなかった。就任からわずか二カ月後、ケニアの国会議員は自分たちの給料を六〇％増やす決議を採択した。毎月およそ一万ドルという額にしたのだ。また、アフリカの市民団体の多くが外部からの助成金に頼っているか、自分たちの活動を補完するはずの海外NGOと競合している。汎アフリカNGOの共同体、「ステート・オブ・ジ・ユニオン」の代表であるジャミラ・ムワンジシは、「国家以外のアフリカの人々の声が聴ける場所が、どんどん少なくなっている」と懸念を示した。

地元NGOが変革に向けた計画を考案したとしても、公的機関が行動を起こすことが重要だ。アフリカ連合がアフリカの独立から五〇年を記念し、新たな五〇年に向けた計画策定のために集結した際には、市民団体は最初から締め出されてしまった。表向きの理屈はこうだ。「外部からの意見は、外交官たちによる高官会議の邪魔になる」。アフリカ民族会議のジェイコブ・ズマの元妻であり、アフリカ連合の新代表を務める南アフリカ出身の活動家ヌコサザナ・ドラミニ＝ズマは、会合における敵か味方かの二者択一的な枠組みについて説明した。「どれが終了しているか、どの委員会がまだ開催中かを見極めます。議論に参加するのでないのなら、なんのために出席するというのです?」

「忠誠心」——権力を批判するのではなく、信じる心——が、第三の手段だ。これは意外に思えるかもしれない。大陸に存在する無数の官僚たちを除いて、アフリカの政治にもっと力を集中させるべきだと主張する人々は少ないのだから。政府が暮らしを良くしてくれることに前向きに期待している人々はさらに少ない。だが忠誠心を育てることは、期待を抱かせるということだ。期待を抱けばある程度の正当性が生まれ、それに伴う社会的発展が示唆される。そして私の主張がゆがんだ、あるいは搾取的政府の周辺で働く人々を応援しているように思えたとしても、最近のアフリカでの選挙の投票率を見れば、どれほど多くの人々が有能で国民を代表してくれる政府という夢を抱き続けているかがわかるはずだ。

アフリカの未来を現実的に考える上で必要なのは、「誰に対して忠誠心を持つか? あるいは、何に?」と問うことかもしれない。開発活動における基本的な対立は、演繹的プロセスと帰納的プロセスとの間に生じる。過剰に演繹的なのが、「いらないもの」手法だ。この類の解決策は外部の優先順位から生まれるもので、エリートが集まる会議室や議会から始まって国民へと降りていくその過程には、ほとんど柔軟性がない。その一方で、帰納的プロセスの代表である草の根の手法は、人々に認知されて大規模展開するのに苦戦する。

ラゴスのオフィスで、活動家ンゴジ・イウェレはアフリカに見られるこの「二つの公的機関」について説明してくれた。一方は「地域レベルの公的機関。これは人々のために働く、地域レベルでの統治です。人々が自ら構築し、自らの罰則規定、自らの境界線、あなたの権利、私の権利を設定するものです」。そしてもうひとつの公的機関は、「この地域レベルの公的機関が存在しないふりをする、現代の欧米の政府」なのだそうだ。

イウェレは、「多元的法体制」と呼ばれる現象を観察している。正当性と権力をめぐって対立する制度はアフリカだけに存在するわけではない。慣習的なものであれ、商業的であれ、宗教的、あるいは部族的なものであれ、非公式な法律は、世界の多くの地域で公式な法律と共存している*。アフリカでは、一方の「公的機関」は確実に欧米的だ。国家と官僚主義、議会制民主主義と行政国家、国際貿易と人権法、ＧＤＰ重視の統計を中心に構成されている。もう一方の「公的機関」はこれよりはるかに分権化され、より文化に根付いている。家族内の上下関係、部族または宗教の法律、インド洋周辺からアジア・ヨーロッパの内陸までの広範囲の貿易で何世紀にもわたって使われてきた非公式な契約である商慣習《レクス・メルカトリア》などによって構成される。

「法の支配」の信奉者たちがアフリカの「もうひとつの公的機関」が持つ存在感、強さ、そして便利さをこれまでたびたび無視してきたというイウェレの意見は正しい。実際、開発活動の主な失敗要因は、国や国家に対するアフリカ人の忠誠心を前提に考えてきたことだった。「もうひとつの公的機関」をいかす変革のツールや裏技、連携はないものと考えられてきたのだ。

だが二重規範を認めることは、第一歩に過ぎない。どちらの公的機関にも強みがあり、どちら

＊ある商人は、税込の固定価格を提示するかもしれない。別の商人は、値引き交渉をするかもしれない。ある家庭では法定年齢より若い子どもの飲酒を容認するかもしれないが、別の家庭では成人しても飲酒を禁じるかもしれない。アラブ・中東でおこなわれる取引の多くにイスラム銀行法が適用されているのも、その一例だ。

にも危険がある。一方の端には私が本書を通して応援し続けてきた「カンジュ」精神――悪知恵をはたらかせたり、規則を曲げたり、まったく新しい方法を編み出したり――がある。もう一方の端には、力強くちゃんと機能する国家――現代のアフリカではまだ珍しい――がある。

最強の国家

私が見てきた中で機能する国家にもっとも近いと思えたのは、ルワンダだ。この国の名を聞けば誰もが、一九九四年の大虐殺を思い出すだろう。現在、この国はビジネスのしやすさでアフリカ諸国では上位に入り、死体で埋めつくされていた道路は今ではバターのようになめらかに、都市部から奥地まで続いている。経済は驚異的なペースで成長を続けていて、二〇一〇年時点で七・五％という経済成長率はほかの東アフリカ諸国より二％高く、サハラ以南のアフリカ全体に比べても高い数字だ。

ルワンダを初めて訪れたとき、私はあれほど魅惑的で穏やかな風景を見るとは思ってもいなかった。まるでセザンヌの絵のような、「千の丘の国」という別名にふさわしいその景色は、あの悲惨な歴史とはまったく対照的だった。そしてこの国の悪質な官僚主義についての白書を何カ月もめくり続けたあとで、政府があれほど熱心に歓待してくれるとも思っていなかった。だがソマリランドが破壊の中から粘り強く公的機関をつくっているように、ルワンダ政府もかつてその代名詞とされてきた内紛から這い出ようと努力しているのだ。

二〇〇〇年代初頭に再生して以来、ルワンダ政府は数々の革新的な改革を実施してきた。国を世界経済に仲間入りさせるため、教育と事業の公用語はフランス語から英語に変更された。子どもは必ずそれまでより三年長く学校に通うことが義務付けられ、国民皆保険の仕組みが今は運用の初期段階に入っている。環境破壊の脅威に対応して、この国ではビニール袋が使用禁止だ。巨大な国際空港が目下建設中で、アフリカのど真ん中で孤立しているルワンダの地理的問題を一気に飛び越す勢いだ。光ファイバーケーブルも、同じく国の孤立を解消する目的で敷設されつつある。

さらに国から命じられて、きちんと制服を着た女性たちが首都キガリの道路を毎日掃いている。自分の家を掃除するくらいの丁寧な仕事ぶりだ。アフリカ経済の根幹を成す非公式産業でさえ、国の傘下に置かれている。バイクタクシーの運転手たちは反射材つきのベストを着て、身分証明書と乗客用のヘルメットを必ず携帯する。犯罪はほぼ存在しない。

この組織力と統制力は実に斬新だ。ルワンダの残虐な歴史とひどく見放された土地を思うとなおさらその斬新さが際立つ。ルワンダは貧しい内陸国で、これといった天然資源もない。虐殺で人口の一割が殺され、さらに何十万人もが難民キャンプへ逃げこむことを余儀なくされた。取り残された者はかろうじて命があるだけという状態だった。まるまる一世代分の孤児たちが家を必要としていた。中央銀行も会計監査院もなく、学校の授業計画もなかった。記録や文書は取り返しようのないくらい徹底的に破壊され、国の機関としての記録は失われてしまった。逃げ出したフツ族の民兵たちがコンゴとの国境付近に潜伏し、いつか復讐しに戻って来ると脅迫していた。

だが「カンジュ」のほかの現象でも見られたように、この徹底的な破壊と不安定さが大きなプラスを生み出した。たとえば、もう何年にもわたって、この国の女性政治家の割合は世界最高だ。外交、農業、保健の各省庁の大臣は女性が務めている。国会の議長、上院の副委員長、大統領の首席補佐官も女性だ。これは、虐殺が生んだプラス効果のひとつだ。生き残った女性たちは、国を再建しなければならないときにまわりに男性がいないことに気づいた。そして、彼女たちには貢献できる能力があったのだ。「ルワンダにおける国家再建の秘訣は、女性、若者、社会からはみ出していた人たちです」と述べたのは二〇一二年にこの世を去った実直なジェンダー・家族計画大臣で愛国者のアロイジア・イニュンバだった。ルワンダの社会はまだ虐殺の後遺症にがっちりと縛られているが、一九九四年の壊滅的事態は、社会の構造を部分的に「リセット」する役割を果たした。ルワンダをゼロから再スタートさせたのだ。

アフリカ諸国を旅してきた中で、政府は常に不明瞭で、しばしば信用がなく、日々の生活にはほとんど関係のないものとみなされていた。だが私が会ったルワンダ人たち――CEO、農家、政府の大臣、外国からの宣教師たち――は、どこまでも楽観的だ。彼らの多くが、ルワンダの新たな評判を作ろうと熱心に取り組んでいた。過去に対する怒りや苦々しさを口に出す者はわずかだった。ある意味不気味なくらいだが、何人もが「最高の復讐は成功することだ」という言葉を口にした。「彼らは、非常に並外れたことを次から次へとやっています」と語るのはマンジ・カイフラ、国営航空会社ルワンダエアーのトップを務めた人物だ。「私はクリスマスの時期に移動したのですが、入管の係員がこんなカードをくれたんですよ。『喜びに満ちたお祝いの時季を楽しく過ごされますように、そしてまたお越しいただけますことを祈っております』。とにかく、ほかとはまったく違います」

キガリで、私はルワンダの民間部門の構築を担当する政府機関、ルワンダ開発委員会（RDB）に立ち寄った。この部署の自慢は、二四時間以内に新規事業を登録できるというものだ（しくじり国家では、この手続きは一年以上かかることもある）。RDBで、輸出入事業の登録にやってきていたひょろりとしたコンゴ人の商売人、パスカル・カランビシと会った。登録するということは、ルワンダで納税する義務を負うということだ。これは珍しい。カランビシは、アフリカのほとんどの小規模事業が進むのとは逆の方向に泳いでいる。だが、彼は登録するメリットがあると考える理由を説明した。「ここには保証がありますからね、税金を払わなければならないにしても。コンゴには保証なんかありませんから」

これが、中央政府に対する忠誠心の主要な根拠のひとつだ。国民は安定を求めるのだ。部族主義、縁故主義、えこひいき、利権争いが政党や官僚の間に蔓延しており、さらに頻発する暴力がうんざりするほどの頻度で難民を国境の向こうへ追いやっているコンゴ民主共和国からすれば、ルワンダの穏やかな仕事ぶりは美徳に見えるのだろう。財務省でMDGsを担当するベティ・ムテシは、暗い過去と明るい未来との間に明確な線を引いた。「何かから逃げようとしていたら、もっと速く走ろうとしませんか？　私ならそうします」

因果関係はどうあれ、権力と正当性はルワンダでは他の国ではなしえていない形で組み合わさっている。断片的に成功しているとは言え、ソマリランドはまだ国家としては成立していない。

苦労して分離と新たな国家としての地位を勝ち取ったとは言え、南スーダンが安定した繁栄国家になるのはまだずっと先の話だ。南アフリカでさえ、自由を求めた闘争の勝利に歓喜したのはいいものの、根深い開発問題といまだに続く人種の分断に苦しんでいる。

ルワンダ人の大半は政府が機能することを期待しているし、もっと重要なのが、機能すると信じていることだ。「政府は国民のために尽くすものです。国民はそれを知っていて、国民のために尽くすよう要求します」とルワンダ開発委員長クレア・アカマンジは言う。反応が速く、熱意にあふれ、頭が切れる三二歳の彼女は、まるで彼女が仕える新しい国家の象徴のようだ。時折、地元の有権者に名指しで呼び出されて苦情を聞かされることもあると言う。「腐敗に対する態度が一貫していること、経済発展に対する態度が一貫していること、前よりもずっとたくさん食べ物があること、これだけの建設ラッシュが起こっていること、キガリに家がどんどん増えていることを目の当たりにすると、みんな期待を持って精力的になるのです」

中でも一番精力的なのが虐殺に終止符を打って今は大統領となっている反乱軍の指導者、ポール・カガメだろう。彼は二〇〇三年、九五%とも言われる得票率で初当選を果たしたと伝えられている。それまで、彼はある意味、影のＣＥＯのような存在だった。最初は国の解放者として、次に副大統領として、そして二〇〇〇年からは、非選出の大統領として。彼の人となりが、ルワンダにこのうえなく大きな影響を及ぼしている。国民は、カガメがジョージ・ワシントン、エイブラハム・リンカーン、そしてバラク・オバマをいっしょくたにしたような人物だと冗談を言う。批判的な者は彼がジンバブエの独裁者ムガベや、ムッソリーニも思い出させると指摘する。

この評判には根拠がないわけではない。ゲリラ軍を引き連れてウガンダからルワンダの首都に乗りこんで以来、カガメは自らの再建活動の実施を抜け目なく、俊敏に実施してきた。イノベーションの種を山ほど隠し持っている彼は、賛否両論の「ワン・ラップトップ・パー・チャイルド」プログラムに最初に食いついた貧困国元首の一人だ。彼は定期的に演説台に立っては、「ワン・カウ・パー・プア・ファミリー（すべての貧しい家族に牛を）」のような新しい国家政策を説明し、擁護してきた。ツイッターのヘビーユーザーでもあり、ダボス世界経済フォーラムやニューヨークのクリントン・グローバル・イニシアティブのような国際的イベントでもすぐに見つけられる。個人のウェブサイトを開設しているアフリカの国家元首はカガメだけだ。「彼はアフリカのこれまでの指導者とは違って、非常に献身的でまじめな人物です」とジェンダー・家族計画大臣のイニュンバは言う。「彼は国民に挑戦を呼びかけ、説明責任を求め、物事を正しく進めることの重要性を強調する大統領なのです」

かくしてビニール袋は禁制品となり、空港であたかも密輸コカインでも探しているかのように検査されるようになった。政府は「ウムガンダ」――住民が毎月総出で公道を掃除したり、家を建てたりする活動――を義務付けている。手抜き予防のため、この命令を出したルワンダ税務当局のビルはキガリでもっとも大きく、もっともよく見える建造物だし、税金逃れに対する罰金は恐ろしく高い（納税が一日遅れただけで、一〇％の罰金が科せられる）。ルワンダ開発委員長のアカマンジと同様、役人たちは考えられないくらい若く、目を輝かせた働き者ばかりで、週七日も出勤してくる。おなじみの政治派閥やリピーター政治家を使い回すというしくじり国家の伝統に反し

ルワンダの首都キガリに立つ看板。「いかなる腐敗も許さない」と、虐殺後に国のイメージ向上に取り組む決意表明が記されている。

て、省庁での人材の入れ替わりは激しい。「ルワンダの官僚は自分の地位が保証されているとは思いません」とルワンダエアーの元トップ、カイフラは言う。「六カ月後に結果が出せていなければ、放り出されるだけです」。道路脇に立つ大量の看板が、「いかなる腐敗も許さない」というメッセージを国民に思い出させる。

ルワンダ国家は徐々に、新鮮さに欠ける開発業界に誰も予期しなかったような破壊的変化をもたらしてきた――しかも、国家そのものにしばしば「カンジュ」理論をあてはめることによって。キガリの売店は、住民なら誰にでも無料のインターネットアクセスを提供しているところが多い。「ラピッドSMS」という保健省のプログラムは、妊娠中から生後一四日までの母体の健康をモニタリングする。地域の保健師が妊婦のいる家庭からショートメールで情報を集め、緊急事態には地域の病院に直接情報を伝えるのだ。保健省の情報通信技術責任者デニス・ムレンジによれば、このプログラムの展開は、政府がすべての保健師に携帯電話を貸与してからさらにうまくいくようになったとのことだ。

ルワンダは、「家族の地図」を使って大虐殺直後に正義を行使した。一九九四年から二〇〇〇年にかけての内戦の後始末の中で、骨抜きになった法制度は告訴された約一三万人もの犯罪者のうち、たったの三五〇〇人しか裁いていなかった。最悪の「虐殺者《ジェノシデール》」たちに対して起こされた国際裁判では、何万もの殺人者たちの訴追を裁ききれなかったのだ。そこで仕事を引き継いだのが「ガチャチャ」、長老たちが「芝生の上で」問題を解決する伝統的な紛争解決の仕組みだ。この仕組みに罪の免除はない。犯罪者はより軽い処罰と引き換えに自白をし、遺族や生存者がわずかな補償金を受け取るのだ。すると、訴訟は一〇年で片づいてしまった。賛否両論のこの仕組みは従来の欧米式の司法制度を擁護する者たちからは批判を招いたが、ルワンダ開発委員長のアカマンジにとっては、選択の理由は明らかだった。「今あるもので工夫しながらやっていきますか、それとも永遠に正義がおこなわれないままにするのですか？」

「カンジュ」を容認するこの意見を政府関係者の口から聞くのは、衝撃だった。だが一九九四年にルワンダが死んでいくのをただ傍観していた正式な国際機関の数々に対して、カガメ大統領は当然とも言える不信感を持っている。他国ではどのように問題解決にあたっているかを知るために多くの官僚を視察に送り出しつつも、カガメ政権は援助国との間にある根本的な経済格差を拒絶した。カガメはルワンダの個人や企業が母国の社会的ニーズに応えられるよう、国内で開発資金を立ち上げたのだ。その予算の大半はいまだに海外援助に頼っているものの、カイフラによれば、「ルワンダの賢いところは、『援助資金をくれたら、その資金でこういうことをやりたい』と言ったところです」。通常は、援助国がやってきて「橋を造りなさい」と言う。ルワンダはこれに対して、「いや、橋はいらない。学校がほしいんだ」と言ったのだ。

援助と公共サービスの提供に対するルワンダの一風変わった姿勢は、民間部門の発展への並外れた注力から来ている。ルワンダ開発委員会の事務所には、政府における企業精神を促進するポスターが貼ってある。「ルワンダへようこそ。私たちはお客様を大切にします」。この比喩は、あながち大げさでもない。顧客との人間関係が説明責任を促進するのと同様、ルワンダは市民や投資家を顧客とみなし、世界銀行の「事業のしやすい国」ランキングにおける自国の業績に強い誇りを抱いている。二〇一三年、政府は海外の投資家に対し、うらやましくなるほど低い金利で四億ドル相当の債券を発行した。国民と資本需要は多国籍企業のレーダーにひっかかるにはまだまだ低すぎるが、ルワンダ開発委員会は自国内で事業をおこなうことを選んだ会社に対しては円滑な手続きを約束している。

あたりまえのことかもしれないが、虐殺による精神的な後遺症に対処するのが、紛争後のルワンダを統治する上では一番やっかいな部分だった。国家の統一には、民族意識の意図的な抑えこみが欠かせなかった——これは、アフリカのほかの国の政治制度がいまだに苦労していることだ。現在、「主要二民族」であるフツ族とツチ族については、触れることさえ大きなタブーとなっている。学のある者はあの二部族間の亀裂を「民族性」ではなく「相違」と呼ぶ。これはある意味本来の形への回帰である——身長や肌の色といった外見的特徴に応じてルワンダ人を勝手にグループに振り分けたのは、旧宗主国ベルギーの民俗学者たちだ。だが、これは国家としてのアイデンティティを強固なものにするうまいやり方ではある。ある外交筋の高官が私に語ったところによると、民族による同胞びいきに対する過敏性が、ルワンダ政府を名目上、どちらの民族に対しても開かれたものしたのだそうだ。

ルワンダの再建プロセスを加速させるため、カガメ大統領は「アガシロ」という哲学を採用した。これはルワンダの公用語のひとつであるキニャルワンダ語で、「自立」「尊厳」を意味する言葉だ。「私がいつも口にする『アガシロ』とは、自らの品位と我々の未来のために闘うことを意味する」と、彼は二〇一〇年に大統領別邸で述べた。ウガンダの首都カンパラで開かれた地域青少年育成会議では、こう宣言している。「尊厳を持ち、それを守る備えができたときにこそ、現状の問題を解決しようとするイノベーションが生み出せるのだ」

この徹底的な取り組みにより、さまざまな結果が生まれた。ルワンダは妊産婦死亡率、HIV感染率、小学校入学率（それにどんな意味があるかは別として）のような従来のMDGsの指数では比較的進歩を見せている。銀行業務や契約の履行までにかかる日数といった民間の指標でも同様だ。だが安全な水と衛生はいまだに地方に暮らすルワンダ人の一〇人に四人には届いておらず、目標の「中所得国」にこの国が到達するのはまだまだ先のことだ（現在の人口当たり所得は年間一二〇〇ドル）。

忠誠心作戦には期待と落とし穴があり、ルワンダの政治的文化にはその両方に対するいい例がある。報道関係者は、ちっぽけなこの国を「アフリカのシンガポール」と呼びたがる。たしかに、ルワンダは貧困から繁栄へと急伸した東アジアの「トラ」たちを模倣してきた。だが現実における類似性はあまりほめられたものではない。政府は国民の生活のあらゆる場面に深く関与しており、公共の場での行動や情報の流れは厳しく統制されている。政治機関は脆弱で、カガメ大統領の周辺には独裁主義と個人崇拝の空気がたちこめつつある。

ルワンダ愛国戦線をゲリラ軍から政権与党の座にまで引き上げる以前はウガンダ軍、キューバ、そしてアメリカで情報官としての訓練を受けてきたカガメは、ありていに言えば、被害妄想的だ。地元記者がカガメに対して批判的なことを言えば、逮捕される。ルワンダの記者たちは、大陸でもっとも自由のない人々なのだ。国の記念日の祭典に出席しなかっただけで投獄された人物もいる。カガメが初当選して以来、反対勢力に対する弾圧と不正投票や票の抑圧に対する批判がささやかれ、あるいは声高に叫ばれてきた。アフリカ大湖沼地域でのカガメの軍事的暗躍は一九九七年にコンゴ民主共和国のモブツ政権を転覆させた直接の要因となったし、以来、カガメの指揮下にある特殊部隊がこの隣国をずっと不安定な状態に置いている。国連は、カガメが長年にわたって地域武力紛争を煽ってきたことに対する手厳しい報告をいくつも発行している。

アフリカの多くの国が切望する洞察力にあふれたリーダーを代表する存在ではあるものの、カガメはアフリカのかつての絶対的指導者たちが持っていた危険もはらんでいる。ルワンダとウガンダ（カガメの古い友人、ヨウェリ・ムセヴェニが一九八六年以来ずっと権力を握っている国だ）の間をしょっちゅう移動している若い弁護士が、「ウガンダの首都カンパラでは、国民はラジオで大統領を批判することができます。でもここでは、空港に着陸した瞬間にみんな口をつぐむのです」と教えてくれた。

脆さは内在するものの、忠誠心は続いている。二〇一〇年、カガメは九三％の得票率で再選された。ルワンダもソマリランドと同様、治安の悪い周辺国に囲まれた脆弱性がもたらす不安が、なんとしても国を安定させなければならないという強い欲求を生む。作家スティーブン・キンザーがカガメと大虐殺について書いたすぐれた著書を読めば、成長し続ける独裁政権に抵抗するルワンダ人がなぜ少ないのかがわかる。一九九四年以前、「ルワンダにおける市民団体は独裁主義的で中央集権化された政府に強い不満を持っていた。だが政府の判断や命令に疑義を唱える力はほとんどなかった」とのことだ。骨抜きの市民団体を除けば、ほとんどがみじめなほど貧しい農牧民で、彼らの要望はと言えば安全、仕事、食糧といった生活に欠かせないものだけに集中していた。政権争いなど、考えるだけでも恐ろしいと思う国民が大半だった。国民が唯一それを経験したのがハビャリマナ独裁政権の終盤に差しかかったときで、それが虐殺の火種となった。だからもう一度試してみようという気には誰もならないのだ（訳注：一九九四年四月に発生したハビャリマナ大統領暗殺事件をきっかけに約一〇〇日間の虐殺が始まった）。

もちろん、恐怖に基づく容認は真の忠誠心とは程遠い。どのような形の権力であれ、継続的な信頼はまず社会規範によって獲得され、推進されていくべきものだ。国民はまず規則を理解し、それを集団で順守することに価値があると信じられなければならない。忠誠心をこうして理解することで、国民は力を発揮することができる。ウガンダ人研究者マハムード・マムダニは、それをこのように言い表している。「民主的秩序の真の守護者が国家であったことはない。それは常に市民社会だったのだ」

市場試験

だが、現地の社会規範を明確にするのは難しい。公式・非公式の枠組みは複雑な暗号や言語で構成され、アフリカではほぼ全員がそれを日々使い分けながら生活している。この問題に対する答えを見つけようと、スタンフォード大学とアメリカの世界開発センターの研究者たちがリベリアで市場試験を実施した。

この実験が始まったのは、リベリアに事実上、二つの法制度が存在するからだ。内戦の終結により、いくつもの新しい公式な慣習法や成文法が生まれた。同時に、この国には「内陸地規制」という非公式な法律があり、地域の指導者に裁判官の権限を与え、伝統的裁判の影響力とその存続を容認している（ウガンダにも複数の制度が存在する。こちらでは「国民抵抗評議会」なるものが一九八六年以来ずっと警察、医療、司法、教育、その他の公共サービスを管理する権利を有している。そして南アフリカでも、地元の部族や地域での裁判が同様の形で争いを解決している。ソマリランドでは独特の議会制度によって投票と二院制の議会が運営されているが、争いの解決には伝統的な氏族構造も活用されている）。

起訴、弁護士費用、少額の賄賂、遠くの裁判所への交通費、裁判を待つ間収監されている者の食費など、リベリアでの公式な司法制度は金がかかる。だが非公式な司法制度が必ずしもそれよりましといえるわけではない。この研究では、リベリアやアフリカのほかの地域における伝統的裁判も「高額で腐敗しており、差別的で、法の知識に乏しい地元の裁判官によって判断が下される」場合があると結論づけられた。マムダニが指摘するように、伝統的権威は国民の権利を守ることよりも伝統を守るほうを重視する可能性が高いのだ。

この二重の仕組みについて、研究者たちはリベリアで記録された四五〇〇以上の争いでどのように法制度の選択がおこなわれたかを追跡するべく、地元を拠点に二つの法制度の仲介をおこなっている法律事務員《パラリーガル》六〇〇人に聞き取りをおこなった。* 地方にいる患者をより多く診られるように遠方へ出かけていった看護師たちのように、彼ら法律事務員たちもバイクを走らせては奥地まで出かけていったのだ。

土地や借金をめぐる争い、軽犯罪や重犯罪、家庭内不和を抱えた人々は伝統的法制度を選ぶ場合もあれば、公式な司法制度を頼る場合もあった。たいていの場合、判断の際には自分の信条よりも便宜性を優先している。国民は、より有利な審判が下ると思われるほうの制度を選んでいたのだ。だからこそ、社会的弱者である女性が、男性に対して訴訟を起こす際に公式な司法制度を選ぶのだろう。地位がない人間は、正式な法律のほうがより客観的に判断してもらえると考えるのだ。

だが、最終的な統計結果には、非公式のほうへのバイアスが見られた。争いの三八％が伝統的司法制度に持ちこまれた一方で、公式な司法制度に持ちこまれたのはたったの四％だったのだ。

＊法律事務員が対応した市民は争いの決着に満足しており、伝統的司法制度だけよりも両方から選べる二重制度のほうを選ぶ可能性が高かった。法律事務員の存在が賄賂の減少につながったという兆候もある。

残る五八％はまったく訴訟に発展せず、関係者間で解決されていた。多くのアフリカ人が民間医療や「私立学校」を選ぶのと同じように、多くのリベリア人が民間の法律を選んでいたのだった。

大半が非公式な制度を選ぶのは、そちらのほうが抽象的な社会的優先事項を反映しているからだ。公式な司法制度は「物理的にも社会的にもほとんど見返りのない」懲罰を下すものである一方、伝統的司法制度は補償、柔軟性、そしてより幅広いコミュニティの幸福を重視する。被害者は、懲罰よりも犯罪に対する補償のほうに関心があるのだ。この現実主義から、伝統的司法制度のほうが好まれるというわけだ。ひとつわかりやすい例を挙げよう。ある若者が、狩猟中の事故で別の若者を殺してしまった。加害者を投獄して地域の絆を引き裂く代わりに、被害者のおじが両方の家族を説得し、事件は家畜の生贄と厳粛な献杯で解決を見た。

リベリアの「二つの公式制度」の何が見事かといえば、その互換性だ。国民はいつでも、一方の制度からもう一方の制度へと乗り換えることができる。伝統的制度での判断が無視されれば、当事者は公式な司法制度に頼って解決策（こちらのほうがより強制力もあるだろう）を求めることができるのだ。公式な司法制度で経済的あるいは社会的に高くついてしまったら、伝統的裁判に戻ってもいい。

こうした「二つの公式制度」は世界中にあるが、ただ同時に存在しているというだけではない。実質的に相互依存の関係にあるのだ。一方が、もう一方を必要としている。一部の社会基盤・市場基盤の規範、あるいは経済学者アビナッシュ・ディキシットが「民間の政府」と呼ぶものは、輸入規制からナンバープレートの発行、安定した通貨まで、公式な規則の存在に依存している。

同様に一部の法律は実際的で非公式な取引慣行から生まれることもある。世界の外貨交換率を一時的にせよ安定化させる一助となったブレトン・ウッズ協定（訳注：一九四五年に発効した国際通貨体制についての協定）や、タクシー料金を一律に保つ地方自治体の規制などがいい例だ。どちらの法律や規範も、日々の意思決定には欠かせない。

だがこの相互依存の度合いは、世界の地域によって大きく異なる。太った国はより公式で強力な法律のほうに偏りがちだ。たとえば、あるドイツの車メーカーが、投資が確実に実行されるようにするため、契約法と強制力のある裁判所に頼っているとする。顧客は車に乗る人間が守られる安全規制や燃費を削減する排ガス規制に頼り、公共部門が造った道を走れるものと信じている。アフリカでは、しくじり国家に対する依存度はずっと低い。実際、ベンチャー企業の中には、国は最低限のルールと最低限の支援さえ与えてくれればいいというものも多い。「直接介入や規制の問題ではありません。そんなものがあったら彼らの独創性が損なわれてしまいますから」と言うのはオビアゲリ・エゼクウェシリ。ナイジェリアの元教育大臣で、現在は民間部門の能力構築に取り組む機関の責任者を務めている。「輸送や小売のベンチャー企業に必要なのはいい道路だけという場合もあるのです。それさえあれば、彼らの生産性は飛躍的に向上します」

中心が中心でいられなくなる

このような考え方は、世界中の政府の適切な役割と範囲に関する議論でも、見ることができる。

フランス人外交官で国連平和維持活動担当の事務次長を務めたジャン＝マリー・ゲーノが著書『The End of the Nation-State（原書はフランス語『La fin de la démocratie』、国民国家の終焉）』（未邦訳）で「ヨーロッパが世界に与えた国家の概念は、単なる一過性の政治的形態であり、ヨーロッパ的な例外であって、王国の時代と『新帝国主義《ネオ・インペリアリズム》』と時代との間の心許ない転換期に過ぎなかったのかもしれないということに気づくときが来た」と訴えてから二〇年近く経つ。彼は、経済的近代性とそれまでは考えられなかった行動力が政治的近代性をしのぎ、「国家は世界的に高まりつつある融合の流れに適応できず、まるで拘束衣のようになってきている」と主張した。

ゲーノは、グローバル化の大きな波が、中南米とアジア、そしてアフリカまでをも太った国と同じ（平等ではないにしても）舞台に載せるはるか前にこの点を指摘していた。以来、権力と影響力（文化的、軍事的、経済的）に対するかつての独占は、おおむね消散してしまった。現代のアフリカを一瞥しただけで、その変化は見て取れる。トルコの航空会社、フランスの電話会社、ブラジルのプライベート・エクイティ・ファンドなどが、アメリカの平和部隊《ピースコア》や中国の日雇い労働者と同じくらいあたりまえに見られるようになったのだ。

本書を、自由主義者がサハラ以南のアフリカにおける荒稼ぎや詐欺、自由な発展を祝福する本として片づけるのは簡単だ。実際、その通りなのだから。ルワンダの強力な国家は例外であって慣例ではない。公的機関は、この地域に必要な速度では成熟していない。安全・治安、土地や水を得る権利などの一部の商品は、昔ながらの国家の領域だ。だが医療や電力、教育などの分野における開発は、国家の手を離れたところで花開いている。しかも道路や衛生設備などにまで、民間の手は伸びてきているのだ。仕組みと資金、サービスを提供する小さな組織と、それができない政治制度との間には、大きな開きがある。

アフリカは非公式なネットワークの役割を認め、支援していく必要がある。家族や企業、土地の権利者、若者、そしてオンライン・オフラインを問わない情報ネットワークを含むこれらの強力な連携の形は、世界に線を引き、切り分ける国家の地図と官僚主義に、見事なまでの抵抗を示している。「カンジュ」を理解し、受け入れることで、グローバルな意思決定への胸躍る変革が見られるはずだ。

だがこの開きを縮めるには、両方の「公的機関」による融合的な努力が欠かせない。リベリアでの研究は、「公式な司法制度の要素を非公式な司法制度に組みこみ、また逆も同様に組みこむことで融通の利かない形式主義に変わる低コストな仕組みが構築でき、しかもそれが正当性を維持できる可能性は非常に大きい」との結論に至っている。同じような「オープンソース」な考え方は、ほかの開発分野にも適用できる。カメルーン人の学者アチレ・ムベンベは「かかわりあい」を呼びかけ、こう述べている。「『生きた時間』としての時間を考える……その多様性と同時性、その存在と不在について、永続と変化という退屈な枠組みを超えて考えるのだ」。公式と非公式、両方の枠組みの上に構築されるイノベーションは、二倍の効果を生むかもしれない。

国連が「グローバル・パルス」というプロジェクトを立ち上げたのは、意外なことだった。これは経済的打撃を予測するためのデータを発掘するというものだ。たとえば、誰かが毎月一〇ドル単位で携帯電話の通話時間を購入していたのに、突然毎週一ドル単位で買うようになったとする。するとグローバル・パルスはこの変化を収入減少の兆しとみなし、地元の学校での給食プログラムに注力するようになる、という具合だ。牛が例年よりも数週間早く市場（実際の市場であれ、オンラインの市場であれ）で安く売られるようになったら、これも何かしらのストレスの印だ。「バナナ　腐る」や「フランス　仕事」といった検索ワードも、データの鉱山におけるカナリアとして、危険を察知する警報の役割を果たす。

このプログラムは、過去の失敗に対する認識を基盤としている。食糧、燃料、経済の危機がピークを迎えていた二〇〇八年、何百万もの人々が貧困ラインの下へ落ちていく様子に、世界中の政府や開発機関は不意を突かれて立ち止まっていた。抽出した家庭で聞き取り調査をおこなうために役人を派遣したり、地元政府が世帯収入や降雨量、妊産婦死亡率の統計を吐き出すのを待ったりする代わりに、グローバル・パルスなら行間を読んですぐに行動できる。全体的なデータを発掘してわかったことを伝えることで、開発に対する反応を強化しようというのだ。「パルス研究所」の第一号は、ウガンダのカンパラに設立される予定だ。

範囲はやや狭いものの、アフリカでも開かれた政府と透明性の高い活動が生まれ、基本情報が中央とその周辺で共有されるべきだとの主張が出始めている。ケニア、リベリア、南アフリカ、タンザニア、ガーナの政府は政府のデータをすべてオンラインで公開すると約束している。こうした取り組みは、市民団体の助けを借りたほうがうまくいく。東アフリカで透明性を求める活動に取り組む組織「ウウェゾ」は、国の教育に関する調査を実施している。その調査範囲は学校だけにとどまらず、学校から落ちこぼれてしまった生徒がいるかもしれない家庭にまで調査の手を伸ばしている。

一部の援助機関や慈善団体は、市場に対する解決策として、援助資金をスタートアップ資金にできるようにしている。こうした新しい形の「官民パートナーシップ」は基本的生活必需品を配布する代わりに、商品やプロセスに対して資金援助をおこなっている。たとえば借り入れ保証に取り組むUSAID（米国国際開発庁）のパイロット政策は、第七章で紹介した資金の使い方に似ている。通常は市場と国家の間に均衡を求めるはずの世界銀行も、競争を通じてアイデアを募る「開発市場」を作り出した。この一〇年プロジェクトは世界全域を対象としているが、アフリカではエチオピアの女性農家に現地に適した種を提供し、収量を上げて気候変動の影響を緩和できるよう従来の農法を後押しする「シーズ・フォー・ニーズ（必要な者に種を届ける）」のようなプロジェクトに資金を提供している。政府に与えられる何億ドルという資金（二〇一一年にエチオピアが公的援助として受け取った金額は三八億ドルだ）に対し、この援助金はたったの二〇万ドルだった。

少しずつだが、世界的な慈善団体の中でも特に大きい戦艦が方向転換を始めている。世界銀行の新総裁ジム・ヨン・キムは、医療系NGO「パートナーズ・イン・ヘルス」からスカウトされた人物だ。このNGOは現在活動している中でももっとも演繹的でなく、もっとも効果的な世界的慈善団体だろう。世界銀行のアフリカ担当チーフエコノミスト、シャンタ・デバラジャンは、「開発3・0」時代の今、私たちは貧困層を「政府による支援の受益者としてだけでなく、モニターであり分析者としてみなければならない」と主張する。最近匿名で出された世界銀行のとある報告は、「国家に代わる形を見つけるためには、昔ながらのアフリカの統治の仕方や伝統を組みこめる独創的思考が必要だ」と述べている。この報告はさらに「もっとゆるやかな政治協定によって、分割された社会により大きな自治権を与える」ことを提案している。

世界銀行などの機関は必ずしもこの提案に従っているわけではないが、こうした「ゆるやかな協定」には、もっと柔軟なアフリカの地図への回帰という利点がある。将来的には、アフリカ連合のような地域的政治組織が交通、貿易、テクノロジー、安全のための道筋に必要な共通の規則を、革新的アイデアを押しつぶしたり、現在のような部族的で疑義の唱えられない政治をのさばらせたりしないで、施行できるようになるかもしれない。アフリカ連合を改革するには、ドラミニ＝ズマがおこなっている閉鎖的な取り組みを根底から覆す必要がある。だが過去の外交的成功（トーゴで権力掌握の動きが制圧されたのがその一例だ）は、痩せていて包括的な、汎アフリカ的枠組みのテンプレートを提案してくれる。それは、ヨーロッパにおけるシェンゲン協定（訳注：ヨーロッパ内であれば国境検査なしで国境を通過できるようにした協定）のようなものになるかもしれない。

南アフリカ開発共同体や西アフリカ諸国経済共同体、東アフリカ共同体のようなもっと小さな組織も、これまでずっと多国籍であり続けた規範、義務、連携に形を与えることができる。数の力の原則があてはまるのだ。国境がもっと開放的になれば、人の流れも資金の流れも幅広くなる。地方での証券取引は、新興事業の成長可能性を広げる。より多くのアフリカ人労働者が、自分にとって最善の道筋を選び取ることができるようになるのだ。

アイルランドの詩人W・B・イェイツは「再臨」という題の詩の中で、「中心が中心でいられなくなる」と書いている。アフリカ全域にわたって、中心が中心でいたことなど実はなかった。

半世紀分の偽物のしくじり国家に積もった埃が取り除かれてはじめて、ポスト国家として生まれる公的機関は、力強く確実にその実力を発揮する。

今、私たちは、アフリカで暮らしを良くしようと活動するハイブリッドな組織の数々を目撃し始めている。地方生まれの才能や無駄のない技術が、少しずつ中央へと近づいてきているのだ。アフリカで活動する大規模組織も、地方に手を差し伸べるために「カンジュ」式のツールをもっと使うようになってきている。もっとも革新的な開発の取り組みが、民間によるものか公共によるものかを区別するのはますます難しくなってきた。

新しい地図は、ときに現実をそのまま写し出す。グーグルはマップ制作の際にナイロビのスラム、キベラを入れなかったが、住民たちは完璧にバランスのとれた団結心と独立心とでこれに対抗した。キベラに一七万いると推定される住民の一人、ケファ・ンギトは、この地区が「政府からもほかの誰からも認められていない場所なんだ。連中は、ここがまだ森だと思ってるんだよ」と言った（「キベラ」は「森」を意味する）。実際、ケニアの公式な調査では、このスラムの常に変わり続けるインフラと経済を追跡するだけの能力も体力もない。ナイロビ大学の都市計画特別チームでさえお手上げで、キベラの売店やトタンの家の塊をざっくり「居住区域」と分類しただけだった。

この理論に反して、ンギトのような熱意ある住民たちは、簡素なＧＰＳ機器と「オープンストリートマップ」（ウィキペディアの地図版のようなもの）を武器に、キベラの詳細な地図を作製し

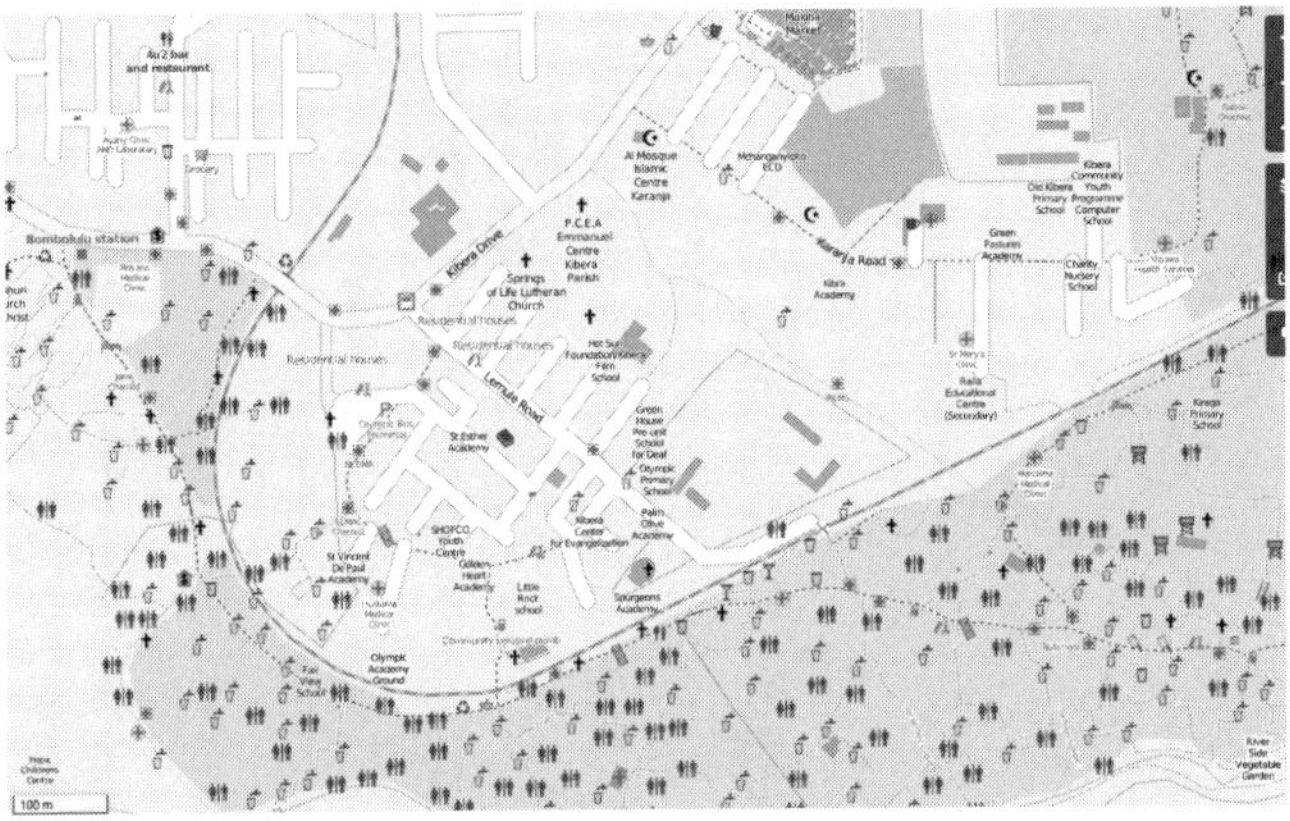

ナイロビでもっとも大きな非公式居住地区、キベラの地図。オープン・ソース方式でコミュニティが編集したこの地図には、公共施設や生活環境といった詳細な情報が重ねられている。
（出典 © openstreetmap.org contributers, avairable under an Open Database License, with cartography licensed as CC-BY-SA）

ただけでなく、住民向けに事業やサービスの名簿まで作った。キベラの建物をマッピングしたうえに、彼らはデジタルの地図を何層にも重ねて、医療、教育、安全、土地利用の情報が層ごとにわかるように記したのだ。どの診療所に行けば無料の予防接種を受けられるか、各学校に訓練を受けた教師が何人いるか、どこの街灯がちゃんとついているかを知りたければ、マップ・キベラが教えてくれる。ビジネスレビューサイト「イェルプ」のスラム版のようなものだ。

　この地図には、二一世紀のアフリカにおける新たな物語が凝縮されている。国家よりも小さな宇宙を定義しつつ、大きな、ことによるとグローバルでさえあるコミュニティを住民たちの定義で地図に描きこんでいるのだ。これはアフリカでこのような地図を作りたいという意欲がある者にとっては有益な手本となる。学生、宗教系NGO、小規模農家、駆け出しのビジネス、繁栄している民間企業、変化を起こそうとしている小規模社会起業家など、みんなにとっての手本だ。

一方で現代のアフリカでは、大規模展開が何よりも重要だ。普通の人々が古臭い地図を描き直してはいるものの、協力者が必要だ。地元の診療所やＩＴハブで生まれるアイデアは、放置されたままでは、どれだけすぐれていても次世代につながる可能性を発揮することができない。こうしたアイデアは、家族、テクノロジー、商業、自然、そして若者という、多様かつ補完的なベクトルに沿って運ばれる。ラゴス中に変化の兆しを伝えてまわるバイクタクシーのように、私たちの地図は二つの公的機関をつなぐ役割を果たす。富を築いて公的機関を強化し、特に恵まれない人々に支援の手を差し伸べるという昔から続く努力を加速させることができるのだ。これらの地図は、「何が可能か」という方程式を変える力を持っている。たいていの場合は、これらの地図が変えるのは、「普通の人々にとって何が可能か」という方程式だ。そして、「ほしくないもの」と比べると、この普通の人々の変化が、アフリカの希望ある未来に欠かせない基本的な材料なのである。

謝辞

まずは私の家族に永遠の感謝を。特に両親ソラとフンミは、「良く」あると同時に「卓越」するというのがどういうことなのか、日々実践してみせてくれている。両親の知恵を誇りに思っているし、彼らの私に対する信頼は私にとって大切なものだ。きょうだいたちフェイとトビは私の初めての友人であり、最高の教師だ。二人がいてくれて本当に私は幸運だ。そして私からさかのぼること四世代分のオロパデ家とファルシ家にも。あなたたちの活力と模範には感謝している。

今回の執筆に私を備えさせてくれたすばらしい教師たち、指導者たちに感謝。特にジャダ・ヘブラ、マーク・オッペンハイマー、アン・ビアステーカー、フレッド・ストレベイ、ジル・アブラムソン、キャリル・フィリップス、エリザベス・アレクサンダー、マイク・ヴァスケス、スキップ・ゲイツに。

ワシントンの小娘ライターだった私に賭けてくれた人々と雑誌・新聞にもお礼申し上げる。『ザ・ニュー・リパブリック』のフランク・フォア、『ザ・ルート』のリネット・クレメットソン、ドンナ・バード、ジェイコブ・ワイズバーグ、『ザ・デイリー・ビースト』のティナ・ブラウン、そしてニューアメリカ財団のスティーヴ・コルとアンドレス・マルティネスには、のびのびやらせてくれてありがとうと伝えたい。また、私を担当してくれた才能あふれる編集者たちと、刺激

にも。

ケニアに到着した瞬間から、そこは故郷のような感じだった。ナイロビにいるときの私の家族には、冒険への熱意、忍耐強い指導、そして数えきれないほどのタスカー印のビールをありがとう。特に、すべてを見てきたンネカ・エゼとワルター・ランバーソンに感謝を。先に言っておくが、私はあなたたちをありがたく思っている。

本書の取材は村ぐるみの活動だった。情報提供者たち、道先案内人たち、事実の暴露者たち、そして旅の道連れたちに感謝する。トペ、タヨ、イブクン、タデ・アビドイェ、レベッカ・アブ＝チェディド、デュペとコニイン・アジャイ、セムハル・アライア、エリザベス・アシャム、ビビ・バクレ＝ユスフとジェレミー・ウィート、リック・ベネット、エラナ・ベルコウィッツ、リチャード・ブルックス、ジョン・カストロ、テレサ・クラーク、ジェシカ・コラコ、ウィル・コナーズ、ロビー・コリー＝ブレ、ロラン・コルテ、エメ・エッシアン、イヴ・フェアバンクス、ハワード・フレンチ、アン・フリードマン、レイチェル・ギチンガ、ダナ・ゴールドスタイン、セリーニュ・ゲイ、フィッツム・ハゴス、クリストファー・ヘイズ、エリック・ハースマン、アンジェロ・イザマ、ポール・マティル・カゴ、メアリー・キャサリン・レーダー、ジョナサン・レッドガード、ステファン・マグダリンスキ、マイク・マッケイ、キャサリン・ミチョンスキ、ジャクリーン・ムナ・ムシイトワ、マーリーン・ンゴイ、イシス・ニョンゴ、エメカ・オカフォル、オリー・オコロー、サシャ・ポラコウ＝スランスキー、デュペ・プポーラ、アレック・ロス、テディ・ルゲ、レイハン・サラム、アニヤ・シフリン、ニコラス・シュミードル、アンヌ＝マリー・スローター、フェイス・スミス、アミナトゥ・ソウ、ファラ・ストックマン、スラジ・スダカー、アンジェラ・ワチュカ、ビニャヴァンガ・ワイナイナ、ティム・ウー、アンドリュー・ユン、ビル・ジンマーマン、ジェイミー・ジンマーマン、そしてイーサン・ザッカーマン。あなたたち全員からはすばらしいアイデアをいただいた。

私が本を書きたいと言ったとき、私を信頼してくれたチームに感謝。私のスタイリッシュで超一流の担当者たちハワード・ユンとゲイル・ロス、そしてディアン・ウルミには、初期のころに励ましてくれてありがとうと伝えたい。才能あふれる編集者コートニー・ヤングとリサーチ・アシスタントのサラ・イェーガーには特に大きな感謝を。一文一文をもみほぐし、どれほど微妙な事実でも優雅に突き止めてくれた。

この野望を実現させてくれた各組織にも感謝したい。ニューアメリカ財団、ロックフェラー財団、ジャーマン・マーシャル基金、イェール・ジャーナリズム・イニシアティブ、そしてイェール大学法学部。

最後に、私に自らの物語を語ってくれたすべての人々に感謝を。そしてチヌア・アチェベにも、この言葉をありがとう。「他人の物語が気に入らないのなら、自分の物語を書け」

363「アフリカのシンガポール」：“Africa's Singapore?” *The Economist,* February 25, 2012.

363 事的暗躍：モブツの退陣につながった 1997 年のコンゴ民主共和国への進軍に加えて、ルワンダの特殊部隊は継続的な攻撃や暗殺、人権侵害を今もコンゴ民主共和国でおこなっていると言われている。一連の国連安保理報告書に詳細が記載されている。

364 ルワンダにおける市民団体：Kinzer, *A Thousand Hills,* 222.

365 民主的秩序の真の守護者：Mahmood Mamdani, “The State, Private Sector, and Market Failures: A Response to Prof Joseph Stiglitz,” *Pambazuka News* 595 (July 25, 2012).

365 市場試験：Bilal Siddiqui and Justin Sandefur, “Delivering Justice to the Poor: Evidence From a Field Experiment in Liberia,” working paper, Stanford University Program for International Policy Studies and Center for Global Development, 2013.

366 高額で腐敗しており、差別的：Olivier Sterck and Olivia d'Aoust, “Who Benefits From Customary Justice? : Rent-Seeking Bribery and Criminality in Sub-Saharan Africa,” Université catholique de Louvain, Institut de Recherches Economiques et Sociales (IRES), 2012.

367 公式な司法制度は……懲罰を下すもの：Siddiqui and Sandefur, “Delivering Justice to the Poor,” 9.

367 経済学者アビナッシュ・ディクシット：Dixit, *Lawlessness and Economics.*

369 国家はまるで拘束衣のよう：Jean-Marie Guehenno, *The End of the Nation-State* (University of Minnesota Press, 1995), 4, 13.

370「かかわりあい」……『生きた時間』としての時間を考える：Achille Mbembe, *On the Postcolony* (University of California Press, 2001).

370 グローバル・パルス：この節のグローバル・パルスに関する情報はすべて、“Big Data for Development: Opportunities & Challenges,” UN Global Pulse, May 2012 より。

371 政府のデータをすべてオンラインで：“Open Data for Africa,” OAfrica, September 20,2012.

371 国の教育に関する調査：www.uwezo.net/assessments.

372「開発 3.0」：Shanta Devarajan, “Development 3.0,” Africa Can, November 5, 2010.

372 国家に代わる形を見つけるためには……独創的思考が必要だ："Africa's Growth Tragedy: An Institutional Perspective,” World Bank Country Note G, 2000.

374 都市計画特別チーム：Andrew Thiaine Imwati, “Investigating the Potential of Modern Geo-Info Technologies in Planning Urban Community Settlements: The Case of Nairobiperi-Urban Settlements,” University of Nairobi College of Humanities and Social Sciences, 2010.

339 アフリカでもっとも若い選出議員：David Smith, "Twenty-Year-Old Ugandan Becomes One of Youngest MPs in African History," *The Guardian* (UK), September 26, 2012.

339 女性議員の比率："Women in National Parliaments," Inter Parliamentary Union, 2013.

"Parliament is not a daycare centre"；Edward Ssekika, "Work Cut Out for New 19-Year-Old Usuk MP," *The Observer* (Uganda), September 14, 2012.

341「ヨンナ・マール」：Ethan Zuckerman, "Y'en A Marre: Music and Mobilization in Senegal," EthanZuckerman.com, April 15, 2013.

344「エリート階級によって民族間・宗教間の紛争に駆り出される：Alcinda Honwana, *The Time of Youth: Work, Social Change, and Politics in Africa* (Kumarian Press, 2012).

第10章　二つの公的機関

348 経済学者の故アルバート・ハーシュマン：全般的に参照したのは Albert O. Hirschman, *Exit, Voice, and Loyalty: Responses to Decline in Firms, Organizations, and States* (Harvard University Press, 1970).

349「私が賄賂を渡しました」：www.ipaidabribe.com.

349 フリーダム・ハウス：この節のフリーダム・ハウスについての数字はすべて、www.freedomhouse.org/. より。フリーダム・ハウスは報道の自由や市民の権利、その他の市民社会問題についての最新で役に立つ統計を、サハラ以南のアフリカに範囲を限らず取っている。

349 弾圧的な報道規制を容認した：Rodney Sieh, "Jailed for Journalism," *The New York Times,* August 30, 2013.

350 給料を60％増やす："Kenyan MPs Settle for Lower Pay Rise," Al Jazeera, June 12, 2013.

350 国家以外のアフリカの人々の声が聴ける場所が「どんどん少なくなっている」：Elissa Jobson, "Civil Society Exclusions Dampen Mood at African Union Summit," *The Guardian* (UK), May 28, 2013.

352 多元的法体制：この概念についての概略および開発分野での具体的な適用方法については、Brian Z. Tamanaha et al., eds., *Legal Pluralism and Development: Scholars and Practitioners in Dialogue* (Cambridge University Press, 2012) を参照。

353 ビジネスのしやすさ："Doing Business," The World Bank. ルワンダは2013年にアフリカで3位に入った。

357 ポール・カガメ：この節およびポール・カガメの経歴、そしてルワンダの虐殺前と後についての詳しい情報は、Stephen Kinzer, *A Thousand Hills: Rwanda's Rebirth and the Man Who Dreamed It* (John Wiley and Sons, 2009) を参照。

360「ガチャチャ」："The Gacaca Tribunals in Rwanda," in*Reconciliation After Violent Conflict,* International Institute for Democracy and Electoral Assistance, 2003.

360 国内で開発資金を：www.agaciro.org.

361 4億ドル相当の債券：Carolyn Cohn, "Bond Yields Too Low? There's Always Rwanda," Reuters, May 3, 2013.

362「アガシロ」："Opening Speech by H. E. President Paul Kagame at the 9th Leadership Retreat," March 4, 2010; and "Speech by H. E. Paul Kagame, President of the Republic of Rwanda, at the Young Achiever Awards," December 11, 2011.

362 さまざまな結果："Rwanda Human Development Report," United Nations Development Programme.

Opportunities," International Institute for Environment and Development, November 2009.

第９章　若者の地図

310 2012年のロンドンオリンピック：この節のオリンピックに関する情報はすべて、Beatrice Debut, "Youngest Olympics Competitor Keeps It Simple," The Daily Star (Lebanon), August 6, 2012; および Sam Jones, "London 2012'S Oldest Competitor, Hiroshi Hoketsu, Takes the Reins," *The Guardian* (UK), August 2, 2012 より。

310 人口ボーナス："Regional Overview: Youth in Africa," United Nations Economic Commission for Africa; and Fred Swaniker, "Lifting Africa Up by Empowering Its Youth," McKinsey on Society, Voices on Society, vol. 1.

312 国民の平均年齢と首脳との平均年齢：Todd Moss, "The Generation Chasm: Do Young Populations Have Elderly Leaders?" Center for Global Development, February 3, 2012.

312「カバ世代」：George Ayittey, "George Ayittey on Cheetahs Versus Hippos," TED Global, 2007.

313 世界の若者の失業率："The Youth Employment Crisis: Time for Action," International Labour Organization, 2012. Many of the analyses and statistics from this report inform the rest of the chapter.

315「待ち期」：この節の「待ち期」に関する情報はすべて、Alcinda Honwana, "'Waithood': Youth Transitions and Social Change," International Institute of Social Studies, University of Rotterdam, 2012. より。

318 排泄物を分解：Kyle Brown, "Why Africa's Young Thinkers Are Headed to Prestigious US Colleges," *Christian Science Monitor,* October 25, 2010.

322「集中的訓練」：K. Anders Ericsson et al., "The Role of Deliberate Practice in the Acquisition of Expert Performance," *Psychological Review* 100, no. 3 (1993).

324『才能ある十分の一』：W.E.B. Du Bois, "The Talented Tenth," in *The Negro Problem: A Series of Articles by Representative Negroes of To-day* (New York, 1903).

327 アフリカを基盤とする業務委託ベンチャー：Imara Africa Securities Team, "Why Outsourcing Could Be Africa's Next Big Opportunity," How We Made It in Africa, May 11, 2011.

327『奴隷より立ち上がりて』：Booker T. Washington, *Up From Slavery: An Autobiography* (Doubleday, Page, 1901). ブッカー・T・ワシントン『奴隷より立ち上がりて』（稲澤秀夫訳、中央大学出版部、1978年）

328 非公式な「徒弟制」雇用："The Youth Employment Crisis," ILO report.

330 無料の学校制度：Jocelyne Sambira, "African Schools Keep an Eye on the Prize," Africa Renewal (UN), August 1, 2012. このほか Kenny, *Getting Better,* 104 も参照。

331 過密教室：この節の過密教室に関する情報はすべて、"Cost, Financing and School Effectiveness of Education in Malawi," Development Research Group, The World Bank, 2004; および "When Will Our Children Learn?" Twaweza Policy Note, August 2010 より。

331 学校中退率："Primary Completion Rate, Total," World Bank World Development Indicators, 2008-2012; and "Access to Education in Ghana: The Evidence and the Issues," University of Sussex Consortium for Research on Educational Access, Transitions and Equity, June 2007. このほか Lucy Holborn, "Education in South Africa: Where Did It Go Wrong?" Africa in Fact, September 1, 2013 も参照。

338 母親が学校に通った期間が長いほど：Twaweza Policy Note.

Phones Are Transforming African Agriculture," How We Made It in Africa, March 28, 2011 を参照。このほか"New Mobile Applications Help Ugandan Communities," ITU News, September 2009 も参照。

290 農作物保険……指標保険：Ruth Vargas Hill, "Agricultural Insurance in Sub-Saharan Africa: Can It Work?" International Food Policy Research Institute, September 2010. このほか Tina Rosenberg, "Doing More Than Praying for Rain," *The New York Times,* May 9, 2011; Shawn Cole, "Index Insurance - a Free Lunch for African Farmers," This Is Africa, November 19, 2012; および "Index Based Weather Insurance: Project Briefing Note," Rockefeller Foundation も参照。

295 地方住民がアフリカの巨大都市に流入："Africa's Cities to Triple in Size," BBC, November 24, 2010.

297 スラムの住民：同上。

297 ワガドゥグー：John Vidal, "Africa Warned of 'Slum' Cities Danger as Its Population Passes 1bn," *The Guardian* (UK), November 24, 2010.

298「特区都市」: Sebastian Mallaby, "The Politically Incorrect Guide to Ending Poverty," *The Atlantic,* June 8, 2010. このほか www.chartercities.org も参照。

299 コンザ：Katrina Manson, "Konza City to Challenge India's Tech Giants," *The Standard* (Kenya), January 26, 2013. このほか www.konzacity.co.ke も参照。

300 テオドロ・オビアン・ンゲマ・ムバソゴが新しく造った赤道ギニアの首都オヤラ：Stephen Sackur, "Equatorial Guinea: Obiang's Future Capital, Oyala," BBC News Magazine, December 17, 2012.

301 公営のレンガ造りの住宅の数は黒人 43 人当たり 1 軒："Africa Action Stands in Solidarity with South Africa's Poor," Africa Action, October 5, 2009.

301 公営住宅："South Africa Since Apartheid," Reuters, June 24, 2012.

302 笑えるくらい腐敗した前知事："Fayose: Profile of Corruption," *Tell Magazine* (Nigeria).

303 サムスン製のノートパソコン："A Story Untold: Something Is Happening in Ekiti - for Real!" Information Nigeria, December 24, 2012.

303 ＢＰは、1950 年以来初の西アフリカへの進出先としてエキティを候補に入れている：Okwy Iroegbu-Chikezie, "Ekiti, BP to Partner on Biofuel," The Nation (Nigeria), July 5, 2012.

303 地元で取れるサトウキビから作ったエタノール：この節のエチオピアにおけるエタノール製造に関する情報はすべて、"Ethiopia Saves 24 mln USD From Ethanol Blended Fuel," Walta Info; "Ethiopia to Increase Ethanol Capacity, Raises Mandate From 5 to 10 Percent," Biofuels Digest, January 19, 2011; および "Ethiopia Has 207,180 Hectares Designated for Biofuels Projects," Biofuels Digest, December 29, 2010 より。

304 食糧生産と引き換えの燃料生産：Duncan Graham-Rowe, "Beyond Food Versus Fuel," *Nature* 474, S8 (2011).

305 エネルギーは育てるほうが安くつく：Horand Knaup, "Green Gold Rush: Africa Becoming a Biofuel Battleground," *Der Spiegel* (Germany), September 5, 2008.

305『ガーディアン』紙の調査によれば 100 プロジェクト：Damian Carrington, "Biofuels Boom in Africa as British Firms Lead Rush on Land for Plantations," *The Guardian* (UK), May 31, 2011.

306 エチオピアはま毎年ガソリンの輸入に：Denis Gathanju, "Ethiopia Sets Its Sights on Biodiesel," Renewable Energy World, December 3, 2010.

306 小規模農家が恩恵を受けられる多くの道筋："Biofuels in Africa: Growing Small Scale

reports も参照。

269 無線アンテナ塔に、電力を供給し続ける：Adeola Yusuf, "Nigeria: The Country's Expensive Darkness," *The Daily Independent* (Nigeria), June 27, 2011.

270 太陽光発電による「通信基地局」: "IHS Opens Africa's Largest Solar Cell Site," *BusinessTech* (South Africa), April 30, 2012.

271 燃料の助成金："Nigeria Fuel Subsidy Report 'Reveals $6bn Fraud'," BBC, April 24, 2012.

271 ウィリアム・カムクワンバ："William Kamkwamba: How I Built a Windmill," TED Global, July 2007.

272 総計すると農業は：Calestous Juma, *The New Harvest: Agricultural Innovation in Africa* (Oxford University Press, 2011), 11.

273 アフリカの農業生産率：Keith Fuglie and Alejandro Nin-Pratt, "A Changing Global Harvest," International Food Policy Research Institute, 2012. このほか "Africa's Pulse," The World Bank, October 2012 も参照。

273 灌漑されているのはたったの 4%だ：農業用水の管理については、世界銀行が最新の報告を保存している。

275 世界銀行主導の構造改革プログラム：Lee R. Lynd and Jeremy Woods, "Perspective: A New Hope for Africa," *Nature*474, S20-S21 (June 23, 2011). このほか James S. Guseh, "The Public Sector, Privatization, and Development in Sub-Saharan Africa," African Studies Quarterly 5, no. 1 (2001) も参照。

275 農産物販売委員会：Anna Laven, "Marketing Reforms in Ghana's Cocoa Sector," Overseas Development Institute, December 2007.

275 アフリカの国の 80%が……：Juma, *The New Harvest,*13

276 1000 軒あたり 883 台のトラクター：同上。

276 食糧が不安定：Heather Murdock, "Nigeria Tries to Curb Appetite for Imported Food," Global Post, April 27, 2012.

277 世界の食糧消費のバランス：Lynd and Woods, "Perspective."

277 大規模な工業化された農業：Juma, *The New Harvest* を参照。

277「1 エーカー」農地："Smallholders, Food Security and the Environment," International Fund for Agricultural Development, 2013; and Shenggen Fan, "G20 Ministers of Agriculture Must Focus on Smallholder Farmers to Achieve Food Security and Prevent Food Price Volatility," International for Food Policy Research Institute, June 15, 2011.

280 飢餓によって何十万人ものエチオピア人が命を落とした：全般的に参照したのは Peter Gill, *Famine and Foreigners: Ethiopia Since Live Aid* (Oxford University Press, 2010).

281 アフリカの角では 1980 年以来、合計 42 回の旱魃："Horn of Africa: Fast Facts About the Drought," IRIN News, August 5, 2011.

281 汎アフリカの食糧市場：Juma, *The New Harvest.*

282 大規模な民間の工業型農場：Peter Gibbon, "Experiences of Plantation and Large-Scale Farming in 20th Century Africa," Danish Institute for International Studies, 2011.

282 ブラザヴィルを首都とするコンゴ共和国：Arsène Séverin, "Congo-Brazzaville: South African Farmers Set Up in Congo," Inter Press Service, March 26, 2011.

285 アフリカを基盤とする携帯電話を利用した活動：概要については、Jaco Maritz, "How Mobile

250「とにかく、貧困層に金を渡せ」: David Hulme, Joseph Hanlon, and Armando Barrientos, *Just Give Money to the Poor: The Development Revolution From the Global South* (Kumarian Press, 2012).

251 移民債券：Ngozi Okonjo-Iweala and Dilip Ratha, "A Bond for the Homeland," *Foreign Policy*, May 24, 2011.

252 特別移民投資事務所をリベリアに：James Butty, "Liberian Diaspora Debates Reconstruction, Dual Citizenship," Voice of America, July 26, 2012.

Ethiopia's recent diaspora bonds: "Milking Migrants," *The Economist,* August 20, 2011.

252 ダンビサ・モヨの壮大な計画：Paul Collier, "Review: Dead Aid, by Dambisa Moyo," *The Independent* (UK), January 30, 2009.

第８章　自然の地図

258 アフリカ大陸は、電力問題に悩んでいる：Anton Eberhard et al., "Underpowered: The State of the Power Sector in Sub-Saharan Africa," World Bank Africa Infrastructure Country Diagnostic, June 2008. このほか "Key World Energy Statistics," International Energy Agency, 2012 も参照。

259 ピーター・ディカンポの『Life Without Lights（明かりのない暮らし）』：www.lifewithoutlights.com.

260 エネルギー貧困："Energy Poverty: How to Make Modern Energy Access Universal?," International Energy Agency and United Nations Development Programme, September 2010. このほか Charles Kenny, "A Thousand Points of Light," *Foreign Policy*, July 11, 2011.

261 世界でもっとも二酸化炭素の排出量が低い：Eberhard et al., "Underpowered." *400 liters of water per day:*Fareed Zakaria, *The Post-American World* (W. W. Norton and Company, 2008), 30. ファリード・ザカリア『アメリカ後の世界』（楡井浩一訳、徳間書店、2008 年）

261 K戦略者：William Rees, "What's Blocking Sustainability? Human Nature, Cognition and Denial," *Sustainability: Science Practice and Policy 6,*no. 2 (Fall 2010): 4.

262 世界最大の発電国：John Vidal, "DR Congo Waits on Funding for World's Largest Hydropower Project," *The Guardian* (UK), May 21, 2013; および John Irish, "Bidding Nears for $9-14 bln Congo Hydropower Plant," Reuters News, May 18, 2013.

262 ギニアビサウでは："Energy Poverty in Africa," OPEC Fund for International Development, June 2008.

262 タンザニアは：Jacques Morisset, "Tanzania Can Benefit From Natural Gas by Empowering People," World Bank, March 16, 2012; および Isis Gaddis, "Only 14% of Tanzanians Have Electricity: What Can Be Done?" World Bank, October 31, 2012.

263 モザンビークのカホラ・バッサ・ダム：全般的に参照したのは Allen F. and Barbara S. Isaacman, Dams, Displacement and the Delusion of Development: Cahora Bassa and Its Legacies in Mozambique, 1965-2007 (Ohio University Press, 2013). このほか "Mozambique Power Supply Constrained Until 2020," NewsDay (Zimbabwe), April 26, 2012; および Rowan Moore Geraty, "New Coal Giant Mozambique Facing Rising Public Anger," Christian Science Monitor, April 27, 2012.

267 環境を汚染するエネルギー：Bryan Walsh, "The Worst Kind of Poverty: Energy Poverty," *Time,* October 11, 2011. このほか"Coal Mining in Africa - Overview," Mbendi Information Services も参照。

268 新しい再生可能エネルギーにおこなった投資："Global Trends in Renewable Energy Investment 2011," United Nations Environmental Program me, July 7, 2011. このほか "Lighting Africa" annual

Donald McNeil Jr., "Study Finds Generic AIDS Drug Effective," *The New York Times,* July 2, 2004; および Elizabeth Whitman, "Rich Nations Wage Assault on Generic AIDS Drugs," Inter Press Service, June 7, 2011 も参照。

232 クオリティ・ケミカル・インダストリーズ："Kenya May Buy Ugandan ARVs," Kenya Medical Research Institute, January 28, 2010.

234「社会起業家精神」：www.Ashoka.org, www.Enablis.org, www.aspeninstitute.org, and www.EchoingGreen.org.

236 安定した仕事：Claire Melamed, "Does Development Give Poor People What They Want?" Overseas Development Institute, February 2011.

237 ハスク・パワー・システムズ：Andrew Revkin, "Husk Power for India," *The New York Times,* December 24, 2008.

239 マイクロファイナンスは……：この節のマイクロファイナンスに関する情報はすべてアフリカのマイクロファイナンス機関について最新のデータ全般を記録するＭＩＸマーケットより。アレックス・カウンツとヴィクラム・アクラが2010年10月25日におこなった対談「少額融資と利益追求という動機」が、営利目的のマイクロファイナンスをめぐる議論の概要を紹介している。

241 中小企業："Small and Medium Sized Enterprises," Corporation for Enterprise Development, 2013.

241 銀行業は……："Scrambled in Africa," *The Economist,* September 16, 2010.

242 ブラジルのメガバンク、ＢＴＧパクチュアル：Andrew England, "International Banks Ramp Up Presence in Africa," *Financial Times,* January 2, 2012.

243 アグバラという都市にあるもっとも成功している製造業、アルミ缶工場：Bukola Idowu, "Nigeria: Fidelity Bank Financed Africa's Largest Aluminium Can Factory," *Leadership* (Nigeria), March 3, 2013.

243 大陸全体における公式な失業率：Fine et al., "Africa at Work."

244「必ずしも優先順位が高いとは言えない」："SME Trade Finance: Review of Facilities Available in Kenya," Financial Sector Deepening, 2008.

245 非公式な融資：Lingelbach et al., "What's Distinctive About Growth-Oriented Entrepreneurship in Developing Countries?"

246 インパクト投資："Impact Investments: An Emerging Asset Class," J. P. Morgan Global Research and Rockefeller Foundation, November 29, 2010 でインパクト投資の概要とその世界への大規模展開の可能性についての予測をおこなっている。

246 余計な事務作業：新たな二次的監視組織をいくつか紹介すると、グローバル・インパクト・インベスティング・ネットワーク（世界インパクト投資ネットワーク、ＧＩＩＮ）、インパクトベース、インパクト・レポーティング・アンド・インベストメント・スタンダード（インパクト報告および投資基準、ＩＲＩＳ）、ミッション・メジャーメントがある。

248 強力な営利目的事業：ポーラ・ゴールドマン（"The Distortion Risk of Impact Investing," Stanford Social Innovation Review Blog, May 7, 2012）が、援助が市場基盤の解決策を押し出してしまうリスクについて、そしてオミダイア・ネットワークがどのようにしてそのリスクを管理しているかについての意見を示している。

249 借入保証商品：アレックス・デュヴァル・スミス（"Is Trade, Not Aid, the Answer for Africa?" The Guardian [UK], May 25, 2009）が、2009年にケープタウンで開かれた世界経済フォーラム会議でアフリカ保証基金となったものについての議論を展開している。

250 俊敏なアフリカの銀行：*African Business,* August/September 2011, p. 31.

Partners Puts $26M Into Samwer Brothers, African Amazon Clone Jumia," TechCrunch, March 6, 2013.

212 起業家精神を持つ指導者は……：Katrina Manson, "Kenya's 'Silicon Savannah' to Challenge India on IT," *Financial Times,* June 6, 2011.

212 開発関係者の間で長年続いてきた議論：蚊帳をめぐる議論については、Jessica Cohen and Pascaline Dupas, "Free Distribution or Cost-Sharing: Evidence From a Randomized Malaria Prevention Experiment ," Brookings Institution Working Paper, December 2007; "Scaling Up Insecticide-Treated Netting Programs in Africa," Roll Back Malaria, August 2005; および April Harding, "The Economist Succumbs to the 'Siren Song' of Universal Bednet Giveaways," Center for Global Development, February 1, 2008. を参照、動機づけや公共·民間·寄付の代替案についての全般的な議論に関しては、Kara Hanson et al., "Is Private Health Care the Answer to the Health Problems of the World's Poor?" *PLOS Medicine,*November 25, 2008. を参照。

215「無料」の学校にかかる費用：Frances Vavrus and Goodiel Moshi, "The Cost of a 'Free' Primary Education in Tanzania," *International Critical Childhood Policy Studies* 2, no. 1 (2009).

215 非公立学校：Kenny, *Getting Better,* 83. このほか James Tooley and Pauline Dixon, "Private Education Is Good for the Poor: A Study of Private Schools Serving the Poor in Low-Income Countries," Cato Institute, 2005.

216 私立のミッション・スクールやコミュニティ・スクール：Donna Bryson, "Private Schools for the Poor Fill Gap in S. Africa," Associated Press, January 2, 2011.

217 ウガンダでは長年にわたり：Banerjee and Duflo, *Poor Economics,* 235. バナジー、デュフロ『貧乏人の経済学』

218 私立学校で教育を受けた若きアフリカ人たち：Tooley and Dixon, "Private Education Is Good for the Poor."

225 アフリカの医療支出：世界銀行開発指標より。このほか Pablo Gottret and George Schieber, "Health Financing Revisited: A Practioner's Guide," World Bank Group, 2006 も参照。

225 ブルンジで医療費が無料になると：Adam Nossiter, "In Sierra Leone, New Hope for Children and Pregnant Women," *The New York Times,* July 17, 2011.

225 世界銀行の民間部門である国際金融公社によれば："The Business of Health in Africa: Partnering With the Private Sector to Improve People's Lives," International Finance Corporation, 2008.

229 民間の外来専門診療所：ウンジャニやリヴウェル診療所を含む数々の事例については、保険市場革新センターのウェブサイトを参照。

229 オープン・キャピタル・アドバイザーズ："The Next 33 Million," Open Capital Advisors, October 2012.

230 医療保険の不足：Marius Gamser, "Health Insurance Coverage Debated in Africa," *International Insurance News*17 (November 2011). アフリカ再保険会社ではアフリカの保険についての最新の統計を取っている。

230 保険会社が……実施した調査：J. L. Carapinha et al., "Health Insurance Systems in Five Sub-Saharan African Countries: Medicine Benefits and Data for Decision Making," *Health Policy,* 2010.

230 ナミビアで保険をかけていない人：Emily Gustafsson-Wright et al., "Low Cost Health Insurance in Africa Provides the Poor With Antiretroviral Drugs," Brookings Institution, November 29, 2007.

232 抗レトロウイルス薬についての議論："AIDS, Drug Prices and Generic Drugs," Avert.org. このほか

the Medical Cloud to Africa With Hello Doctor & MXIT," Entegral, July 20, 2012.

187 このプロジェクトは、差し迫った困難の中から生まれた：Gerald P. Douglas et al., "Using Touchscreen Electronic Medical Record Systems to Support and Monitor National Scale-Up of Antiretroviral Therapy in Malawi," PLOS Medicine, August 10, 2010. このほか Peggy MacKenzie, "Malawi's $1 million eHealth Miracle," Toronto Star, April 10, 2010 も参照。

191 マラリアに感染した：この節のマラリアについての情報はすべて、World Malaria Report 2011,World Health Organization, 2011; および David Bell et al., "Ensuring Quality and Access for Malaria Diagnosis: How Can It Be Achieved?" Nature Reviews Microbiology 4, S7-S20 (September 1, 2006). より。

192 有名製薬会社の薬にしても、あやしいものだ："84 Percent of Anti-Malaria Drugs in Lagos Are Fake," *The Guardian* (Nigeria), March 30, 2012.

197 内陸のブルキナファソまでコンテナを移動する：Fine et al., "Africa at Work," 43.

第７章　商業の地図

202 南アフリカのスタンビック銀行："CfC Stanbic Breaks Even in South Sudan in 9 Months," *The Star* (Kenya), March 8, 2013.

202 メリンダ・ゲイツまでが……：Melinda Gates, "What Nonprofits Can Learn From Coca-Cola," TEDxChange, October 12, 2010.

203 グッド・アフリカン・コーヒー："A Good African Tale," *The Economist,* May 11, 2010.

203「政治的リスク」と呼ばれるものに対する恐怖は、誇張されすぎだ："Economic Tools Mapping Multilateral Investment Guarantee Agency (MIGA)," The Aspen Institute Market Building Initiative, 2012.

203 繁栄ポルノ："Lions on the Move: The Progress and Potential of African Economies," McKinsey Global Institute, 2011.

204「ピラミッドの底辺（略して BOP）」：C. K. Prahalad and Stuart L. Hart, "The Fortune at the Bottom of the Pyramid," *strategy+business* 26 (First Quarter 2002).

204 ピラミッドの中ほど："The Middle of the Pyramid: Dynamics of the Middle Class in Africa," African Development Bank, April 20, 2011.

204 人口当たりのＧＤＰが低い：イソコ・インスティテュートとザイン・ラティフとのインタビュー。

206 ザ・ホーム・デポやベスト・バイといった大手小売チェーンや家電量販店はこの「値段交渉つき経済」を容認するようになった：Matt Richtel, "Even at Megastores, Hagglers Find No Price Is Set in Stone," *The New York Times,* March 23, 2008.

208 著書『最底辺のポートフォリオ』：Daryl Collins, Jonathan Morduch, Stuart Rutherford, and Orlanda Ruthven, *Portfolios of the Poor: How the World's Poor Live on $2 a Day* (Princeton University Press, 2009). ダリル・コリンズ、ジョナサン・モーダック、スチュアート・ラザフォード、オーランダ・ラトフェン『最底辺のポートフォリオ――１日２ドルで暮らすということ』（大川修二訳、みすず書房、2011 年）、および Abhijit Banerjee and Esther Duflo, *Poor Economics* (Public Affairs, 2012), 135. アビジット・V・バナジー、エスター・デュフロ『貧乏人の経済学 ――もういちど貧困問題を根っこから考える』（山形浩生訳、みすず書房、2012 年）を参照。

210 アフリカで新たに生まれつつある消費者階級：Janice Kew, "Wal-Mart Brand Favored in Massmart's Africa Growth Drive," Bloomberg News, April 16, 2013; and Ingrid Lunden, "Summit

(Fahamu/Pambazuka, 2010), 37.

164 電話は、市場の行動も変える：Aker and Mbiti, "Mobile Phones and Economic Development in Africa."

164 一日の稼ぎの平均 10%：Nathan Eagle, Guardian Activate Summit, 2011.

165 ジム・バルシリー：Simon Dingle, "SA Top BlackBerry Growth Market," Fin24, March 15,2010.

165 海底ケーブル事業：Okuttah Mark, "State Plans Shared Cables to Cut Internet Costs," *Business Daily* (Kenya), July 11, 2011.

166 華為《ファーウェイ》がＩＤＥＯＳを発表した：Wayan Vota, "Celebrate the IDEOS vs. Samsung $100 Smartphone Price War in Kenya," ICTWorks.org, July 20, 2012.

166 経済発展にこれまでにはない影響：L. Waverman, M. Meschi, and M. Fuss, "The Impact of Telecoms on Economic Growth in Developing Countries," in Africa: The Impact of Mobile Phones, Vodaphone Policy Paper Series 2 (March 2005).

168 2005 年、サファリコムは「サンバサ」というサービスを始めた：Idd Salim, "A Brief Life History of the Mpesa Phenomena," July 21, 2012.

168 融資や銀行サービスはほとんど存在しない："Half the World Is Unbanked," McKinsey on Society, March 2009.

169 Mペサがもたらしたのは、安全性と利便性、そして人々へのエンパワーメントだ：William Jack and Tavneet Suri, "The Economics of M-Pesa," August 2010. このほか Gatonye Gathura, "Women Rival Men in Cash Transfer," *The Daily Nation* (Kenya), July 8, 2012.

169 リスクが高すぎる：Paul Makin, "Regulatory Issues Around Mobile Banking," Consult Hyperion, 2009.

170 2012 年に世界の金融習慣についておこなわれた調査："Press 1 for Modernity," *The Economist,* April 28, 2012.

170「コパ・チャパー」と「Mシュワリ」："Safaricom Launches New Micro-Credit Product," NTV Kenya, November 27, 2012.

171 2010 年に実施されたMペサに関する調査：Jack and Suri, "The Economics of M-Pesa."

172 ＢＲＣＫ：Anthony Wing Kosner, "BRCK Keeps the Internet On When the Power Goes Off, Even in Africa," *Forbes,* May 5, 2013.

172 人間関係と取引関係の複雑に入り組んだ網：Daniels, *Making Do,* 22.

173 このような空間：www.mobilehackaf.org.

176 小規模事業同士に強い絆：Lingelbach et al., "What's Distinctive About Growth-Oriented Entrepreneurship in Developing Countries?"；および Daniels, *Making Do.*

179 グルーポンの類似サイトを次から次へと：Hermione Way, "The Problem With Silicon Valley Is Itself," The Next Web, July 13, 2011.

180 4 人組のナイジェリア人少女たち：Emil Protalinski, "Forget Apps and Useless Startups," The Next Web, November 7, 2012.

182「それは何かを殺してしまうだろう」：Mark Graham, "Will Broadband Internet Establish a New Development Trajectory for East Africa?" *The Guardian*(UK), October 7, 2010.

183 分権化されたデータ管理技術：Ruth Simmons, Peter Fajans, and Laura Ghiron, "Scaling Up Health Service Delivery," World Health Organization, 2007.

184 たぶん聞いたことがないだろうが、アフリカ最大のバーチャルソーシャルネットワーク："Bringing

139 タンザニア北西部の農村地帯では：Mahmood Mamdani, *Citizen and Subject: Contemporary Africa and the Legacy of Late Colonialism* (Princeton University Press, 1996), 206.

140「ソウェト議会」：Michelle Obama, "Remarks by the First Lady During Keynote Address at Young African Women Leaders Forum," June 22, 2011. www.whitehouse.gov.

141「頭脳の流出」：Bernard Mumpasi Lututala, "The Brain Drain in Africa: State of the Issue and Possible Solutions," The Council for the Development of Social Science Research in Africa and the Woodrow Wilson Center, 2012. このほか Richard M. Scheffler, "Estimates of Health Care Professional Shortages in Sub-Saharan Africa by 2015," *Health Affairs* 28, no. 5 (September/October 2009).

141 移民管理に関する国務省会議：Hillary Clinton and Maria Otero, US Department of State Global Diaspora Forum, May 17-18, 2011.

142 ギニア人移民はアメリカにやってくると：Abdulai Bah, "Free Conference Call 'Radio' for African Immigrants," Feet in 2 Worlds, August 10, 2011.

146 出稼ぎ移民からサハラ以南アフリカへの送金："World Migration Report 2011: Africa Regional Overview," International Organization for Migration, 2011.

146 移民アフリカ女性ネットワーク（DAWN）：www.dawners.org.

147 エリトリアの内戦：Mike Pflanz, "Eritrea Accused of Planning Terrorist Attacks on Its Neighbours," *The Telegraph* (UK), July 28,2011.

148 多くの移民が人生をやり直すために母国へ戻っていった：Kate Eshelby, "It's Hard Here but This Is My Country' : Thousands Return to South Sudan After Independence," *Metro* (UK), December 12, 2012.

第６章　テクノロジーの地図

154 アメリカからの飛行機がコートジボワールに着陸したとき：Lawrence Summers, "Remarks of Lawrence H. Summers at the Presidential Summit on Entrepreneurship," April 27, 2010. www.whitehouse.gov.

155 この 10 年間で新規利用者が急激に増加：Jenny Aker and Isaac Mbiti, "Mobile Phones and Economic Development in Africa," *Journal of Economic Perspectives* 24, no. 3 (Summer 2010).

156 サファリコムは……予測していた：同上。

156「通信業界のＡＫ－４７」：J. M. Ledgard, "Digital Africa," *The Economist: Intelligent Life Magazine,* Spring 2011.

157 マリ北部では："Mali Music Culture Defined by the Cell Phone," WBUR, February 25, 2013.

157 ＳＥＡＣＯＭ：Michael Wilkerson, "Tuesday Map: Broadband Hits Africa," *Foreign Policy*, June 23, 2009.

157 アフリカのインターネット通信速度：Ledgard, "Digital Africa." このほか Alex Perry, "Silicon Savanna: Mobile Phones Transform Africa," *Time,* June 30, 2011; Opera, State of the Mobile Web, June 2011 も参照。

157 携帯電話のデータ通信量："The Mobile Economy: Sub-Saharan Africa 2014," *GSMA Intelligence,* October 2014.

159 サイバー空間でのワープ：Neal Stephenson, "Mother Earth Mother Board," *Wired,* December 1996.

160『中央集権』とはすなわち……：Sokari Ekine, ed., *SMS Uprising: Mobile Activism in Africa*

起こしている。Jean-Pierre Filiu, "Could Al Qaeda Turn African in the Sahel?" Carnegie Endowment for International Peace, June 2010; Adam Nossiter, "Islamists' Harsh Justice on Rise in North Mali," The New York Times, December 28, 2012 および "Analysis: Understanding Nigeria's Boko Haram Radicals," IRIN News, July 18, 2011 を参照。

132 人々は命綱を投げ返す場合もある：Rosenberg, *Join the Club*, 45-46. ティナ・ローゼンバーグ『クール革命』

132 直接服薬確認療法：R. Bayer and D. Wilkinson, "Directly Observed Therapy for Tuberculosis: History of an Idea," The Lancet 345, no. 8964 (June 17, 1995): 1545-48. このほか Katherine Floyd et al., "Comparison of Cost Effectiveness of Directly Observed Treatment (DOT) and Conventionally Delivered Treatment for Tuberculosis: Experience From Rural South Africa," BMJ,1997.

133 モザンビークのエイズ患者：Celia Dugger, "Sharing Burdens of Living With AIDS," The New York Times, September 26, 2011.

134 僻地での診療所不足："Task Shifting to Tackle Health Worker Shortages - Global Recommendations and Guidelines," World Health Organization, January 2008. このほか "Task Shifting in Uganda: Case Study," USAID, Washington, DC: Futures Group, Health Policy Initiative, Task Order 1 report, 10; および "Tanzanian Surgeon With a 500,000-Child Waiting List," Africa Review, May 14, 2012 も参照。

135 医師ではない病院の職員：Kathryn Chu et al., "Surgical Task Shifting in Sub-Saharan Africa," PLOS Medicine 6, no. 5 (2005). このほか Centro Evangelico de Medicina do Lubango, www.ceml.net も参照。

135 伝統治療師："Guidelines for Registration of Traditional Medicines in the WHO African Region," World Health Organization Regional Office for Africa, 2010. このほか "WHO Traditional Medicine Strategy 2002-2005," World Health Organization, 2002 も参照。

136 治療行動キャンペーン：Mark Heywood, "South Africa's Treatment Action Campaign: Combining Law and Social Mobilization to Realize the Right to Health," Journal of Human Rights Practice 1, no. 1 (2009): 14-36.

137 10代の間での新たなＨＩＶ感染を防ぐことを目的とした調査：O. Shisana et al., "South African National HIV Prevalence, Incidence, Behaviour and Communication Survey 2008: A Turning Tide Among Teenagers?" Human Sciences Research Council, 2009; および Pascaline Dupas, "Do Teenagers Respond to HIV Risk Information? Evidence From a Field Experiment in Kenya," American Economic Journal: Applied Economics 3 (January 2011): 1-34.

138 マッキンゼー・アンド・カンパニーがサハラ以南のアフリカの新興企業1300社に……質問をした：David Fine et al., "Africa at Work: Job Creation and Inclusive Growth," McKinsey Global Institute, August 2012.

138 イアン・カーマ大統領の親族：Yvonne Ditlhase, "All the President's Family, Friends and Close Colleagues," Mail and Guardian Centre for Investigative Journalism, November 2, 2012.

138 アフリカの十数カ国の有権者たち：Daniel N. Posner, "Regime Change and Ethnic Cleavages in Africa," *Comparative Political Studies* (2007): 40. このほか Michael Bratton et al., "Voting Intentions in Africa: Ethnic, Economic or Partisan?" Commonwealth & Comparative Politics 50, no.1 (2012): 27-52.

139 経済的・環境的関心に基づく衝突：全般的に参照したのは Eliza Griswold, *The Tenth Parallel: Dispatches From the Fault Line Between Christianity and Islam* (Farrar, Straus and Giroux, 2010).

UNDP, Earth Institute at Columbia University.

109 サックスのプロジェクトにはかなりの費用がかかる：Michael Clemens, "New Documents Reveal the Cost of 'Ending Poverty' in a Millennium Village," Center for Global Development, March 30, 2012; および Michael Clemens, "Why a Careful Evaluation of the Millennium Villages Is Not Optional," Center for Global Development, March 18, 2010. MVPからの反論については、Paul Pronyk, "The Costs and Benefits of the Millennium Villages: Correcting the Center for Global Development," April 3, 2012. を参照。

110 アフリカの国家元首たちに向けた 2004 年のスピーチ：Jeffrey Sachs, "Statement to the African Leaders at the Closed Session of NEPAD," African Union Summit, Addis Ababa, Ethiopia, July 7, 2004.

111 基調講演：www.VillagesinAction.com.

112 著書『Getting Better（改善の兆し）』の中で：Charles Kenny, Getting Better: Why Global Development Is Succeeding-and How We Can Improve the World Even More (Basic Books, 2011), 79-80.

113 多次元的貧困指数："Policy - a Multidimensional Approach," Oxford Poverty and Human Development Initiative. www.ophi.org.uk.

第 5 章　家族の地図

118 孤独なボウリング：Robert D. Putnam, Bowling Alone: The Collapse and Revival of American Community (Simon and Schuster, 2000). ロバート・パットナム『孤独なボウリング』（柴内康文訳、柏書房、2006 年）

118 アメリカ人の 4 人に 1 人が近しい友人や親友と呼べる人がいなかったそうだ：Miller McPherson et al., "Social Isolation in America: Changes in Core Discussion Networks Over Two Decades," American Sociological Review 71, no. 3 (June 2006).

121 マラウイで水資源プロジェクトに携わっているあるカナダ人：Owen Scott, "The Things We Rely On," Barefoot Economics, December 8, 2010.

121 ゲイツ財団が……拠出したとき：Donald G. McNeil Jr., "Ghana: A Grant Meant to Curb Infant Mortality Focuses on Getting Mothers to the Hospital," The New York Times, October 29, 2012.

124 貸し借りをしている：Christopher Udry, "Risk and Insurance in a Rural Credit Market: An Empirical Investigation in Northern Nigeria," *The Review of Economic Studies* 61, no. 3 (1994).

125「私の身内には、いまでは村の全員が含まれているというわけ」："Keep Out! The Disadvantages to Living in a Rural Community," Lizzy Travelz, September 15, 2011.

125 研究者たちが突き止めた：Timothy Conley and Christopher Udry, "Learning About a New Technology: Pineapple in Ghana," American Economic Review 100, no. 1 (2010): 35-69.

130 公共の場での宣言：Sarah Kopper, "Female Genital Cutting in the Gambia: A Case Study of Tostan," PhD dissertation, Oregon State University, June 2010, pp. 22-25. このほか Celia Dugger, "Senegal Curbs a Bloody Rite for Girls and Women," The New York Times, October 15, 2011 も参照。

130「繁栄の福音」：Philip Jenkins, The New Faces of Christianity: Believing the Bible in the Global South (Oxford University Press, 2006), 91-92.

130 イスラム原理主義者による活動：最近のナイジェリアにおけるボコ・ハラム、イスラム・マグレブ諸国におけるアルカーイダ、そしてマリにおけるアンサル・ディーンのような厳格で暴力的なイスラム原理主義者たちの暗躍は、それぞれに宗教を理由とする治安への不安を人々の間に引き

93 靴メーカーのＴＯＭＳ：Richard Stupart, "7 Worst International Aid Ideas," Matador Network, February 20, 2012. このほか "FHI 360 announces that Kenya will be the second country to participate in TOMS Shoe-Giving initiative," Press Release, August 16, 2013 も参照。

96 サドラーに宛てた公開書状：Mariéme Jamme, "Another Bad Aid Idea for Africa," MariemeJamme.com, April 30, 2010.

97 ザンビア人経済学者ダンビサ・モヨ：Dambisa Moyo, Dead Aid: Why Aid Is Not Working and How There Is a Better Way for Africa (Macmillan, 2009), 27. ダンビサ・モヨ『援助じゃアフリカは発展しない』（小浜裕久訳、東洋経済新報社、2010 年）

97 国際ＮＧＯのほとんどが：Nancy Birdsall and Homi Kharas, "Quality of Official Development Assistance Assessment (2010)," Center for Global Development, October 2010.

99 人口 1 人当たりの収入が減少した：Moyo, Dead Aid. ダンビサ・モヨ『援助じゃアフリカは発展しない』

99 援助流入と現地政府が果たす機能とは反比例の関係にある：Deborah Bräutigam, "Aid Dependence and Governance," Expert Group on Development Issues, 2000. このほか C. Lu, M. T. Schneider, P. Gubbins, K. Leach-Kemon, D. Jamison, and C.J.L. Murray, "Public Financing of Health in Developing Countries: A Cross National Systematic Analysis," The Lancet, April 17, 2010.

99 世界銀行からの援助と引き換えに：Paul Collier, The Bottom Billion: Why the Poorest Countries Are Failing and What Can Be Done About It (Oxford University Press, 2007), 109. ポール・コリアー『最底辺の 10 億人』（中谷和男訳、日経ＢＰ社、2008 年）

100「日曜大工（DIY）式の海外援助革命」：Nicholas Kristof, "D.I.Y. Foreign-Aid Revolution," The New York Times Magazine, October 20, 2010.

102 単純化された内容：Michael Wilkerson, "Joseph Kony Is Not in Uganda (and Other Complicated Things)," Foreign Policy, March 7, 2012.

103「安楽椅子の皮肉屋」：Nicholas Kristof, "Viral Video, Vicious Warlord," The New York Times, March 14, 2012.

103「白人の救世主産業コンプレックス」：Teju Cole, "The White Savior Industrial Complex," The Atlantic, March 21, 2012.

104 ミレニアム開発目標：United Nations Resolution A/RES/55/2, "United Nations Millennium Declaration," September 18,2000. 国連総会決議 55/2「国連ミレニアム宣言」（2000 年 9 月 18 日）。このほか UNDP Human Development Report 2003, Millennium Development Goals: A Compact Among Nations to End Poverty (Oxford University Press, 2003). 国連人間開発報告書 2003「ミレニアム開発目標（MDGs）達成に向けて」も参照。

105 アフリカの各国がこの目標を達成しようと尽力していて：Africa Renewal/Afrique Renouveau 24, nos. 2-3 (August 2010): 4.

106 怒りよりは悲しみに満ちた分析：Jeff Waage et al., "The Millennium Development Goals: A Cross-Sectoral Analysis and Principles for Goal Setting After 2015," The Lancet 376, no. 9745: 991-1023.

106 相互に関連し合う発展：全般的に参照したのは Amartya Sen, *Development as Freedom* (Oxford University Press, 1999). アマルティア・セン『自由と経済開発』（石塚雅彦訳、日本経済新聞社、2000 年）

107 2009 年におこなわれたダンビサ・モヨとの討論：Munk Debates, "Foreign Aid Does More Harm Than Good," June 1, 2009. www.MunkDebates.com.

109 ミレニアム・ヴィレッジ・プロジェクト："A Solution to Extreme Poverty: Millennium Villages,"

ロン・アセモグル、ジェイムズ・A・ロビンソン『国家はなぜ衰退するのか：権力・繁栄・貧困の起源』（鬼澤忍訳、早川書房、2013年）

81 はるかに小さいシエラレオネでは：Robert Bates, When Things Fell Apart: State Failure in Late-Century Africa (Cambridge University Press, 2008), 102.

82 アフリカで単一政党が一年権力の座に居座り続けるごとに：Ann E. Harrison, Justin Yifu Lin, and L. Colin Xu, "Explaining Africa's (Dis)advantage," NBER Working Paper No. 18683, January 2013.

82 アフリカ民族会議（ＡＮＣ）：Eve Fairbanks, "You Have All the Reasons to Be Angry," The New Republic,March 4, 2013.

83 1990年代以来、海外援助は：Stephen Knack, "Does Foreign Aid Promote Democracy?" Munich Personal RePEc Archive, July 1, 2003.

84 モーガン・ツァンギライ：Brian Hungwe, "Has Zimbabwe's Morgan Tsvangirai Been Tarnished by Power?" BBC News, July 28, 2013.

85 たとえば、ＧＤＰだ：Abhijit Banerjee and Esther Duflo, "Growth Theory Through the Lens of Development Economics; "Massachusetts Institute of Technology, 2004. このほか Alwyn Young, "The African Growth Miracle," draft paper, London School of Economics, August 2012; Laura Gray, "How to Boost GDP Stats by 60%," BBC News, December 8, 2012; and Morten Jerven, "Lies, Damn Lies, and GDP," *The Guardian* (UK), November 20, 2012 も参照。

87 ケニアの在職議員たち：Edwin Mutai, "Treasury Releases Sh10bn Balance for CDF Projects," Business Daily (Kenya), January 2,2013.

87 アキーユ・ムベンベはこう書いている：Bates, When Things Fell Apart,53.

87「バングラデシュ」: Will Ruddick, "Bangla-Pesa Turmoil," Koru Kenya, June 3, 2013; および Ritchie King, "Kenyan Authorities Are Mistaking a New Local Currency for a Separatist Movement," Quartz, June 11, 2013.

第4章　ほしくないもの

92 ジェイソン・サドラー：Nick Wadhams, "Bad Charity? (All I Got Was This Lousy T Shirt!)," Time, May 12, 2010.

92 投資家で慈善家のジャクリーン・ノヴォグラッツ：Jacqueline Novogratz, The Blue Sweater: Bridging the Gap Between Rich and Poor in an Interconnected World (Rodale, 2009), 3. ジャクリーン・ノヴォグラッツ『ブルー・セーター――引き裂かれた世界をつなぐ起業家たちの物語』（北村陽子訳、英治出版、2010年）

93 古着はビジネスにとってはありがた迷惑だ：Garth Frazer, "Used-Clothing Donations and Apparel Production in Africa," The Economic journal,October 2008. このほか Sally Baden and Catherine Barber, "The Impact of the Second-hand Clothing Trade on Developing Countries," Oxfam, September 2005; および Laura Seay, "Why World Vision's Free T-Shirts Will Hurt the Poor," EthicsDaily.com, February 24, 2011 も参照。

93 古着による略奪に多種多様な呼び名をつけている：Meri Nana-Ama Danquah, "Dead White People's Clothes," The Root, March 5, 2009.

93 ケニア人経済学者ジェイムズ・シクワティ："For God's Sake, Please Stop the Aid!" interview with Der Spiegel International,July 4, 2005.

93 ＳＷＥＤＯＷ："#SWEDOW," Tales From the Hood, April 20, 2010.

York Times Magazine, September 18, 2011.
54 非公式経済活動での経験：David Lingelbach et al., "What's Distinctive About Growth-Oriented Entrepreneurship in Developing Countries?" UTSA College of Business Center for Global Entrepreneurship Working Paper No.1, March 2005.
55 世界中で、灰色経済は：TheInformalEconomy.com.
56 自由民主主義研究所（ＩＬＤ）の調査："Country Diagnosis: Lagos, Nigeria," Institute for Liberty and Democracy, 2009. www.ild.org.pe.
56 スティーヴ・ダニエルズも、著書『Making Do（間に合わせる）』（未邦訳）：Steve Daniels, *Making Do: Innovation in Kenya's Informal Economy* (Analogue Digital, 2010), 19.
57 低品質の小麦粉についての記事：Nicholas Schmidle, "Smuggler, Forger, Writer, Spy," *The Atlantic,* October 4, 2010.

第３章　しくじり国家

67 政府の予算の６割："Draft Somaliland National Development Plan (NDP) 2012-2016," Somaliland Ministry of National Planning and Development, October 2011.
68 海外支援や介入なしにやっていくこと：Nicholas Eubank, "Taxation, Political Accountability, and Foreign Aid: Lessons from Somaliland," Stanford Graduate School of Business, March 26, 2011. このほか Mary Harper, *Getting Somalia Wrong? Faith, War and Hope in a Shattered State* (Zed Books, 2012) も参照。
70 ガーナ人のジョージ・アイッティ：George Ayittey, *Africa in Chaos: A Comparative History* (Palgrave Macmillan, 1997).
72 スワジランドでは："Strikers Demand Democracy and Pay Raises in Swaziland," *The New York Times,* August 1, 2012.
72 法的機関までもが：Joseph M. Isanga, "Rethinking the Rule of Law as Antidote to African Development Challenges," in *Legitimacy, Legal Development and Change: Law and Modernization Reconsidered,* ed. David K. Linnan, 59-80 (Ashgate Publishing, 2012).
73 たとえばマラウイでは：WikiLeaks cable 05ROME3782 (2005-11-16), USUN ROME TRIP REPORT SOUTHERN AFRICA OCTOBER 13-20,2005.
75『Lawlessness and Economics（非合法と経済）』（未邦訳）という気の利いたタイトルの本：Avinash K. Dixit, *Lawlessness and Economics: Alternative Modes of Governance* (Princeton University Press, 2004).
75 80 年後、アフリカ統一機構（ＯＡＵ）は：Organization of African Unity Secretariat, "Resolutions Adopted by the First Ordinary Session of the Assembly of Heads of State and Government Held in Cairo, UAR, From 17 to 21 July 1964."
78 アフリカの全世帯の 73％が：Pierre Englebert, *State Legitimacy and Development in Africa* (Lynne Rienner Publishers, 2000), 47.
78「パートタイムの」難民たち：Mary Schenkel, "Congo-Kinshasa: Part-Time Refugees Commute Between Congo and Uganda," Radio Netherlands Worldwide, June 18,2012.
80 エングルバートは、こう指摘する：Englebert, *State Legitimacy and Development in Africa,*77.
80 ジェイムズ・Ａ・ロビンソンが呼ぶところの「収奪的」な体制：Daron Acemoglu and James Robinson, Why Nations Fail: The Origins of Power, Prosperity, and Poverty (Crown Business, 2012). ダ

原注

（＊文頭数字は本文中のページ）

題辞

架空の地図を本物だと信じて使う者：Schumacher, *Small Is Beautiful: Economics as If People Mattered* (Harper Perennial, 1973). E・F・シューマッハー『スモール イズ ビューティフル』（小島慶三・酒井懋共訳、講談社学術文庫、1986年）＊『人間復興の経済』（斎藤志郎訳、佑学社、1976年）もあり。

第1章　方向感覚

10 唖然としている：Herodotus, *The History of Herodotus,*440 B.C.E, trans. George Rawlinson.

12 スピークがナイルを探検したころ：Alan Moorehead, *The White Nile* (Penguin, 1965), 124. アラン・ムーアヘッド『白ナイル』（篠田一士訳、筑摩書房、1963年）

26 物が大量にある状態が普通：この節に出てくる国民総所得の数字はすべて、世界銀行より。

28「ウマンデ・トラスト」："Bio-centres Change the Lives of Locals," *The Standard* (Kenya), March 9, 2009.

30 身動きが取れなくなってしまってはいけない：Binyavanga Wainaina, "How to Write About Africa," *Granta* 92 (Winter 2005).

第2章　カンジュ

36 1995年から1998年にかけて："$242m 419 Scam Trial Collapses," *The Register* (UK), July 20, 2004; および Benjamin Weiser, *"Nigerian Accused in Scheme to Swindle Citibank," The New York Times,*February 20, 2009.

36 元アメリカ合衆国国務長官コリン・パウエル："Colin Powell Digs African Hip Hop," BBC News, October 15, 2008.

38 俺はナイジェリアのラゴスで、貧しい家に生まれた："Interview with a Scammer Part One" ScamDetectives.co.uk, January 22,2010.

39 自分が受けた教育の経験から：Daniel Morrow, "Excerpts From an Oral History Interview with Steve Jobs," Smithsonian Institution, April 20, 1995.

40 作家ルイ・シュデ＝ソケイ：Louis Chude-Sokei, "Invisible Missive Magnetic Juju: On African Cybercrime," The Fanzine, October 24, 2010.

43 政治科学者ジョエル・ミグダル：Joel Migdal, *Strong Societies and Weak States: State-Society Relations and State Capabilities in the Third World* (Princeton University Press, 1988).

43 オランダ人建築家で都市計画家のレム・クールハース：Bregtje van der Haak with Rem Koolhaas, interview, "Lagos Wide and Close," July 5, 2002.

47 どれも4万～20万ドルの低予算：Norimitsu Onishi, "Step Aside, L.A. and Bombay, for Nollywood," *The New York Times,*September 16, 2002. このほか Mridul Chowdhury et al., "Nollywood: The Nigerian Film Industry," Harvard Business School and Harvard Kennedy School, May 2, 2008 も参照。

50 深い、神経生物学的な根：Laurie Leitch and Loree Sutton, "The Missing Link: The Biology of Human Resilience," Threshold Globalworks, April 2012.

51 ジャーナリストのポール・タフ：Paul Tough, "What If the Secret to Success Is Failure?" *The New*

[著者]

ダヨ・オロパデ

Dayo Olopade

ナイジェリア系アメリカ人ジャーナリスト。国際政治、開発政策、テクノロジーを取材している。ワシントンとナイロビで特派員を務め、『アトランティック』誌、オンラインメディア『デイリー・ビースト』、『フォーリン・ポリシー』誌、『ニューヨーク・タイムズ』紙、『ワシントン・ポスト』紙などに寄稿している。イェール大学で学士号、法学士号、経営学修士号を取得。ニューヨーク在住。

[訳者]

松本裕

Yu Matsumoto

オレゴン州立大学卒。訳書に『アフリカ 動き出す 9 億人市場』『私は、走ろうと決めた。』『フェアトレードのおかしな真実』『社会的インパクトとは何か』(以上、英治出版)、『ビジネスモデル・エクセレンス』(日経 BP 社)、『大脱出』(みすず書房)など。

●英治出版からのお知らせ
本書に関するご意見・ご感想を E-mail（editor@eijipress.co.jp）で受け付けています。また、英治出版ではメールマガジン、ブログ、ツイッターなどで新刊情報やイベント情報を配信しております。ぜひ一度、アクセスしてみてください。

メールマガジン　：会員登録はホームページにて
ブログ　：www.eijipress.co.jp/blog
ツイッター ID　：@eijipress
フェイスブック　：www.facebook.com/eijipress

アフリカ 希望の大陸
11億人のエネルギーと創造性

発行日　2016年 8月31日　第1版　第1刷

著者　ダヨ・オロパデ
訳者　松本裕（まつもと・ゆう）
発行人　原田英治
発行　英治出版株式会社
〒150-0022 東京都渋谷区恵比寿南 1-9-12 ピトレスクビル 4F
電話　03-5773-0193　FAX　03-5773-0194
http://www.eijipress.co.jp/
プロデューサー　安村侑希子
スタッフ　原田涼子　高野達成　岩田大志　藤竹賢一郎　山下智也
鈴木美穂　下田理　田中三枝　山見玲加　平野貴裕
山本有子　上村悠也　渡邉吏佐子
印刷・製本　大日本印刷株式会社
校正　株式会社ヴェリタ
装丁　英治出版デザイン室
翻訳協力　株式会社トランネット　www.trannet.co.jp

ISBN978-4-86276-236-8　C0034　Printed in Japan

世界を変えるデザイン

ものづくりには夢がある

シンシア・スミス編　槌屋詩野監訳　北村陽子訳

世界の 90%の人々の生活を変えるには？　夢を追うデザイナーや建築家、エンジニアや起業家たちのアイデアと良心から生まれたデザイン・イノベーション実例集。『世界一大きな問題のシンプルな解き方』著者ポール・ポラック氏の寄稿が収録。

定価：本体 2,000 円＋税　ISBN978-4-86276-058-6

ネクスト・マーケット［増補改訂版］

「貧困層」を「顧客」に変える次世代ビジネス戦略

C・K・プラハラード著　スカイライト コンサルティング訳

新たなる巨大市場「BOP（経済ピラミッドの底辺＝貧困層）」の可能性を示して全世界に絶大な影響を与えたベストセラーの増補改訂版。企業の成長戦略を構想する上でいまや不可欠となった「BOP」を、骨太の理論と豊富なケースで解説。

定価：本体 3,200 円＋税　ISBN978-4-86276-078-4

ブルー・セーター

引き裂かれた世界をつなぐ起業家たちの物語

ジャクリーン・ノヴォグラッツ著　北村陽子訳

世界を変えるような仕事がしたい。理想に燃えてアフリカへ向かった著者が見たものは、想像を絶する貧困の現実と、草の根の人々の強さと大きな可能性だった。世界が注目する社会起業家、アキュメンCEOが記した全米ベストセラー。

定価：本体2,200円＋税　ISBN978-4-86276-061-6

アフリカ　動きだす 9 億人市場

ヴィジャイ・マハジャン著　松本裕訳

いま急成長している巨大市場アフリカ。数々の問題の裏にビジネスチャンスがあり、各国の企業や投資家、起業家が続々とこの大陸に向かっている！　豊富なケーススタディからグローバル経済の明日が見えてくる。

定価：本体 2,200 円＋税　ISBN978-4-86276-053-1

僕らはソマリアギャングと夢を語る

「テロリストでない未来」をつくる挑戦

永井陽右著

ある日知ってしまった紛争地ソマリアの問題を、「何とかしたい」と思い立つ著者。「無理だ」と言われ続けながらも、日本とアフリカで仲間を集め、「自分たちだからできること」を探し続けた末に出会ったのは、「テロリスト予備軍」と呼ばれる同年代のギャングだった。

定価：本体1,500円＋税　ISBN978-4-86276-222-1